HARALD SCHNEIDER
Pfälzer Bausünden

HOCHSTRASSENDESASTER Nur wenigen Eingeweihten ist es bekannt: Der Bau der Ludwigshafener Hochstraßen in den 1960er und 1970er Jahren ist mit einem gefährlichen Geheimnis verbunden. Als ein Bogenschütze im Turmrestaurant des Ebertparks einen Mitarbeiter der Marketinggesellschaft der Stadt Ludwigshafen, kurz Lukom, ermordet, bringt die Tat den anwesenden Kommissar Palzki auf die Spur dieses hochbrisanten Skandals, der Auswirkungen bis in die Gegenwart hat.

Nach weiteren Taten steht für Palzki fest, dass der geplante Abriss der baufälligen Hochstraße fatale und tödliche Folgen für das Zentrum der Metropolregion hätte. Nebenbei entdeckt er auch noch interne Planungen zu dem Abriss des Rathauscenters und dem Neubau des Kreishauses des Rhein-Pfalz-Kreises, die nicht an die Öffentlichkeit gelangen dürfen. Der Kommissar kommt einem raffinierten Vertuschungsmanöver auf die Spur, in das auch die lokale Politikprominenz verstrickt zu sein scheint …

© Peter Kauert

Harald Schneider, 1962 in Speyer geboren, wohnt in Schifferstadt und arbeitet als Betriebswirt in einem Medienkonzern. Seine Schriftstellerkarriere begann während des Studiums mit Kurzkrimis für die Regenbogenpresse. Der Vater von vier Kindern veröffentlichte mehrere Kinderbuchserien. Seit 2008 hat er in der Metropolregion Rhein-Neckar-Pfalz den skurrilen Kommissar Reiner Palzki etabliert, der neben seinem mittlerweile neunzehnten Fall »Pfälzer Bausünden« in zahlreichen Ratekrimis in der Tageszeitung Rheinpfalz und verschiedenen Kundenmagazinen ermittelt. Im Jahr 2017 erreichte Schneider bei der Wahl zum Lieblingsautor der Pfälzer den 3. Platz nach Sebastian Fitzek und Rafik Schami.

HARALD SCHNEIDER

Pfälzer Bausünden

Palzkis 19. Fall

GMEINER

Immer informiert

Spannung pur – mit unserem Newsletter informieren wir Sie
regelmäßig über Wissenswertes aus unserer Bücherwelt.

Gefällt mir!

Facebook: @Gmeiner.Verlag
Instagram: @gmeinerverlag
Twitter: @GmeinerVerlag

Besuchen Sie uns im Internet:
www.gmeiner-verlag.de

© 2020 – Gmeiner-Verlag GmbH
Im Ehnried 5, 88605 Meßkirch
Telefon 07575 / 2095 - 0
info@gmeiner-verlag.de
Alle Rechte vorbehalten
1. Auflage 2020

Lektorat: Claudia Senghaas, Kirchardt
Herstellung: Mirjam Hecht
Umschlaggestaltung: U.O.R.G. Lutz Eberle, Stuttgart
unter Verwendung eines Fotos von: © Dirk / stock.adobe.com
Druck: CPI books GmbH, Leck
Printed in Germany
ISBN 978-3-8392-2747-3

INHALT

PERSONENGLOSSAR

Fiktives Personal

Reiner Palzki	Kriminalhauptkommissar in Schifferstadt
Klaus P. Diefenbach	Dienststellenleiter der Kriminalinspektion Schifferstadt
Jürgen	Palzkis Kollege
Stefanie	Palzkis Ehefrau mit den Kindern Melanie, Paul, Lisa, Lars
Frau Ackermann	Die Frau, die schneller spricht als ihr Schatten
Dr. Matthias Metzger	Not-Notarzt ohne Kassenzulassung
Dietmar Becker	Regionalkrimiautor
Bernhard Zuse	wird ermordet
Heiner Gruber	wurde ermordet
N.N.	Bauingenieur, wird ermordet

*

Reales Personal

Markus Lemberger	Mitarbeiter der Ludwigshafener Kongress- und Marketing-Gesellschaft (Lukom)
Yann Fürst	Kollege von Markus Lemberger

Jutta Steinruck	Oberbürgermeisterin von Ludwigshafen
Clemens Körner	Landrat des Rhein-Pfalz-Kreises
Paul Platz	Kultur-Ermöglicher Kreisverwaltung Rhein-Pfalz-Kreis
Lara Deuerling	Freiwilliges Kulturelles Jahr Kreisverwaltung
Anatol Elert	Pächter Turmrestaurant Ebertpark
Jochen und Doris Bruch	Geschäftsführer Getränke Bruch
Manfred Storck	Presbyter Friedenskirche
Gunter Engler	Hobbydetektiv
Günter Wallmen	Unfallchirurg, Lehrling und Doktorand von Prof. Dr. Metzger
Martin Kempf	Statiker, Gewinner Echtrollenauslosung
Steffen Boiselle	Cartoonist und Restaurantzeichner (100 % PÄLZER!)

KAPITEL 1
DER ANTHRAZITFARBENE
BOGENSCHÜTZE

Es hätte so ein schöner Tag werden können.

Ludwigshafen ist die Hölle.

Egal, wo ich hinschaute, mir wurde sofort schwarz vor Augen. Der Schwindel steigerte sich in eine diabolische Ekstase, die Lebensfeindlichkeit meiner Umgebung war unermesslich. In Ludwigshafen würde ich elendig sterben. Und zwar jetzt, in den nächsten Minuten oder sogar Sekunden. Leider hatte ich keinen Albtraum: den eigenen Tod vor Augen zu sehen, war bittere Realität. Ich hatte geahnt, auf welch lebensgefährliches Abenteuer ich mich einließ, als es hieß, nach Ludwigshafen fahren zu müssen. Mit Händen und Füßen hatte ich mich zu wehren versucht, vergeblich. Nur meiner eisernen Konstitution war es zu verdanken, dass ich so lange durchhalten konnte. Rheingönheim und Mundenheim, die ersten Vororte der größten pfälzischen Stadt, bereits dort hing mein Leben am seidenen Faden. Aber hier, mittendrin im Großstadtgetto der Stadtteile Hemshof oder Friesenheim, keine Ahnung, wo die Grenze verlief, hatte sich der seidene Faden zur lockeren Atomwolke verdünnt, eigentlich war es nur noch ein Hoffnungsschimmer. Ich schloss die Augen, da inzwischen die optischen Wahrnehmungen diffus und unbrauchbar waren.

»So, wir sind da.«

Das Bremsmanöver kam völlig überraschend. Mein Schädel knallte mit voller Wucht gegen die Windschutzscheibe.

»Warum haben Sie sich abgeschnallt, Palzki?« Der Fahrer reichte mir ein Taschentuch, während er die Scheibe nach einer Verunreinigung absuchte.

Benebelt wie ich war, tupfte ich die Platzwunde auf meiner Stirn. »Weil ich aus dem Wagen springen wollte«, nuschelte ich.

»Alles in Ordnung mit dir, Reiner?«, rief es aus dem Fond.

Ich öffnete die Tür, stieg mit wackligem Gang aus und erbrach mich direkt am Zaun, der den Parkplatz begrenzte. Auch hier leistete mir das Taschentuch gute Dienste. Gegen den sich schnell entfaltenden Geruch war ich machtlos.

Inzwischen waren auch die anderen Wageninsassen ausgestiegen. Die beiden Damen, die im Fond gesessen hatten, waren spürbar blass um die Nase, aber in wesentlich besserer Verfassung als ich. Vielleicht hatten sie die chaotische und extrem kriminelle Fahrweise meines Chefs nicht im Detail mitbekommen, weil sie sich mit einer intensiven Unterhaltung abgelenkt hatten.

»Jetzt schnappen wir noch etwas frische Luft, dann geht's rein in die gute Stube.« Der gut gelaunte Dienststellenleiter der Schifferstadter Kriminalpolizei deutete ein paar Kniebeugen an, deren Vollendung aber wegen seiner steifen und maßgeschneiderten Uniform, letztendlich aber wegen der massenhaften Orden und Abzeichen, die an dieser befestigt waren, zum Scheitern verurteilt waren.

»Und passend zu unserem Exkurs haben wir herrliches Wetter, meine Damen«, sagte Klaus P. Diefenbach zu seiner und meiner Frau. »Fast könnte man meinen, hier wäre es schöner als in meiner Heimatdienststelle Schifferstadt.« Er drehte sich einmal um seine Achse und schaute, als wäre er das erste Mal an diesem Ort.

Ich dagegen war froh, einigermaßen gerade stehen zu können. Von Schönheit konnte ich nicht allzu viel sehen: ein sandiger Großparkplatz und im Hintergrund die Friedrich-Ebert-Halle. Die Halle war in die Jahre gekommen, galt aber immer noch als architektonisch wertvolle Veranstaltungshalle. Dort besuchte ich als Jugendlicher meine ersten Konzerte. Nach dem Debüt mit Smokie folgten Uriah Heep, Barclay James Harvest und viele weitere.

Meine Frau holte mich zurück in die Gegenwart, indem sie an meiner Krawatte herumzerrte. »Puh, riechst du aber komisch aus dem Mund. Willst du einen Bonbon?«

Ich wollte keinen Bonbon, sondern heim und den kneifenden Anzug ausziehen. Selbstredend nicht im Wagen von KPD, wie wir den Dienststellenleiter wegen seiner Initialen nannten. »Ich glaube, mir wird schlecht. Am besten ist es, wenn ich mir ein Taxi rufe und mich nach Hause fahren lasse. Kommst du ohne mich klar, Stefanie?«

Erneut zeigte sich, wie durchsetzungsschwach ich im Umgang mit meiner Frau war. Im Beruf stand ich meinen Mann und galt nach meiner eigenen Einschätzung als respektable Autoritätsperson, in der Familie versagte dieser Charakterzug regelmäßig, was leider auch meine Kinder seit Jahren viel zu häufig gnadenlos ausnutzten.

»Kommt nicht in die Tüte«, fuhr mich meine Frau barsch an. »Zugegeben, der Fahrstil von Herrn Diefenbach war ein wenig ruppig und sportlich, das ist aber kein Grund, deinen Chef mit seiner schweren Entscheidung alleine zu lassen.«

Ruppig und sportlich? Ob der krassen Fehleinschätzung musste ich hart schlucken. Wir waren mindestens zwei Dutzend Mal dem Tod nur durch reinen Zufall entkommen.

KPD fuhr kein Auto, er flog ein Überschallflugzeug auf Straßenniveau. Hinzu kam, dass er extrem kurzsichtig war, sich aber keine Blöße gab und daher keine Brille trug. Das würde einen Vorgesetzten gegenüber seinen Untergebenen diskreditieren, hatte er einmal gesagt. Nach seiner Fahrweise zu urteilen, nahm er Gegenstände, die weiter als einen Meter von ihm entfernt waren, nur als verwischte Schatten wahr.

Der Fahrstil KPDs war das eine. Das andere war der Grund unserer Fahrt: Mein Chef steckte tief in den Vorbereitungen zu seinem 60. Geburtstag, eine Angelegenheit von höchster Priorität. Die Gästeliste strotzte nur so von regionaler und überregionaler Prominenz. Um der Feier ein geeignetes Ambiente zu verleihen, war er seit Wochen in der Region unterwegs, um für diesen Superevent geeignete Restaurants zu testen. Nur die Besten der Besten kamen für seinen Geburtstag infrage, war seine Devise. Heute stand das Turmrestaurant am Ebertpark auf dem Kalender, das vor wenigen Jahren von einem neuen Pächter übernommen worden war.

Der Super-GAU war, dass er dieses Mal nicht nur seine Frau mitnahm, sondern zusätzlich Stefanie und mich. Geplant war das nicht, aber kürzlich hatten meine Frau und ich zufällig meinen Chef im privaten Rahmen auf einer Veranstaltung getroffen. In der Pause kamen er und Stefanie ins Gespräch, und wie es zu erwarten war, ging es schnell um kulinarische Themen. Mein Einwurf, dass es nichts Leckeres gab als die hochkalorischen Monsterburger bei meiner geliebten Speyerer Currysau, wurde mit bösen Blicken abgestraft. Meine Frau, eingefleischte Vegetarierin, fachsimpelte mit KPD, und ich stand wie ein Depp daneben und glaubte, die beiden unterhielten sich in Swahili.

»Nein, das geht so nicht.«

KPD riss mich aus meinen Gedanken. Verständnislos schaute ich auf. Der Blick meines Vorgesetzten war in Richtung Turmrestaurant gerichtet, kaum 100 Meter von unserem Standort entfernt.

»Das ist nicht gut für mein neues Schuhwerk«, fuhr KPD fort. »Warum hat man diesen Sandweg nicht asphaltiert? Palzki, öffnen Sie mal das Gittertor, damit ich näher an das Restaurant fahren kann.«

Ohne eine Antwort abzuwarten, stieg er in seinen Wagen und ließ den Motor an. Gemeinsam mit unseren Frauen öffnete ich das unverschlossene Tor, das den Parkplatz vom Ebertpark trennte.

Das Turmrestaurant war, zumindest von vorn betrachtet, streng symmetrisch angelegt. Zentral in der Mitte stand der vieleckige und dreistöckige Turm, der durch die unterschiedlichen Etagenhöhen Ähnlichkeiten mit einer Hochzeitstorte oder einer Kaffeemühle hatte. Die gelb-weiße Fassadengestaltung mit den fast raumhohen Fenstern ging nahtlos in die beiden rechteckigen Nebengebäude über, die das Bauwerk zu einer architektonisch interessanten Einheit verschmolzen. Der Eingang und die über die gesamte Breite verlaufende Außenterrasse lagen ein paar Treppenstufen erhöht über dem Entree des Ebertparks. KPD parkte direkt in der Sichtachse zwischen zentralem Eingang und einer mehrsternig angelegten Brunnenanlage auf der Wiese des Parks. In einem auf der Außenterrasse integrierten Blumenbeet stand die mannshohe Skulptur eines nackten anthrazitfarbenen Bogenschützen, der gerade den Bogen spannte. Aus dem Winkel, aus der ich die Szene betrachtete, sah es aus, als würde der Schütze in diesem Moment seinen Pfeil in meine Richtung abschießen. Noch witziger war allerdings, dass der Schütze aufgrund seines höheren Standpunktes direkt auf dem Wagendach meines Vorgesetzten zu stehen schien. Dies bemerkte mit einem Lachen auch meine Frau, die sofort reagierte und mit ihrem Smartphone fotografierte. Schnappschuss gegen Pfeilschuss, dachte ich amüsiert.

KPD, wenig feinfühlig wie stets, war längst zur Eingangstür vorgegangen und wartete ungeduldig auf uns. »Wir sind gerade noch so in der Zeit«, sagte er mit einem Blick zur Uhr, als wir zu ihm aufgeholt hatten.

Die Tür führte direkt in das Zentrum des Rondells. Das Ambiente empfand ich als geschmackvoll elegant, ohne allzu luxuriös zu wirken. Der komplette Rundbau war innen hohl, das heißt, ohne störende Zwischendecken. Im ersten Obergeschoss gab es eine umlaufende Empore, neben der Theke entdeckte ich die Treppe nach oben. Zu beiden Seiten des Turminneren konnte man zum einen direkt in die bestuhlten Räumlichkeiten der Nebengebäude gelangen, zum anderen führten großzügige Durchgänge nach hinten, wo ich die Küche und die Toiletten vermutete.

KPD zeigte auf einen Tisch. »Die telefonische Reservierung hat ja schon mal geklappt. Mal schauen, wie meine Bewertung nach dem Dinner ausfällt.« Er ließ seine Frau nicht nur stehen, er beachtete sie nicht einmal, während er als Erster Platz nahm. Ich hingegen ließ den beiden Damen den Vortritt, während ich das Schild auf dem Tisch belächelte: »Reserviert für Klaus P. Diefenbach, den guten Dienststellenleiter der Kriminalinspektion Schifferstadt«. Ich dachte an den Pächter dieser Location und hoffte, dass er nicht nur bei der telefonischen Annahme der Reservierung ein dickes Fell für die Macken KPDs hatte, sondern auch in den folgenden Stunden.

»Nein, ihr habt das immer noch nicht begriffen.«

Erstaunt drehte ich mich nach hinten und sah am Nachbartisch drei Personen sitzen, die rege diskutierten. Als sie mich wahrnahmen, senkte der Wortführer seine Stimme. Daraufhin rückten sie ihre Köpfe näher zusammen.

Mein Chef hatte dies nicht mitbekommen, da er längst die Getränkekarte durchstöberte. Kurz darauf kam die Bedienung, und er bestellte für uns ohne Rückfrage einen Aperitif. Das war mir recht, auch wenn ich nicht wusste, was er bestellt hatte. Ich hoffte, dass es einigermaßen trinkbar war.

»Guten Abend, Herr Diefenbach.« Ein freundlich lächelnder Mann im weißen Hemd war zu uns getreten. Er wartete keine Antwort ab, sondern gab KPDs Frau und danach Stefanie die Hand. »Mein Name ist Anatol Elert«, stellte er sich vor. »Wir haben miteinander telefoniert, Herr Diefenbach. Ich bin der Pächter des Turmrestaurants. Ich darf Sie und Ihre Gäste recht herzlich willkommen heißen.«

»Dann wollen wir mal sehen, ob Ihr guter Ruf der Realität entspricht«, antwortete KPD erneut völlig taktlos. »Für meinen 60. Geburtstag muss es nicht nur das Beste, sondern das Allerbeste sein. Mein Lebensmotto lautet nämlich, ganz vorne zu stehen, ist immer noch zu weit hinten.«

Erneut kam es zu einem kurzen Wortgerangel am Tisch nebenan. Elert zeigte sich nur kurz irritiert, bevor er KPD weiter schmeichelte. »Davon bin ich überzeugt, Herr Diefenbach. Unsere Expertisen haben wir bereits besprochen, und per Briefpost habe ich Ihnen jede Menge Referenzen zugeschickt.«

»Ja ja«, unterbrach KPD. »Das war alles in Ordnung, sonst wäre ich schließlich nicht gekommen. Was können Sie uns empfehlen?« Mein Chef blätterte in der Speisekarte, dann stutzte er. »Was sind das für komische Bilder?« Er zeigte auf kleine Zeichnungen, mit denen die Karte aufgelockert war. »Damit kann ich gar nichts anfangen. Fakten, Fakten, Fakten, lautet meine Devise.«

»Die bringen mich um, wenn die das erfahren.«

Das Trio am Nachbartisch bemerkte die unbeabsichtigte Aufmerksamkeit. »Tschuldigung«, murmelte einer der drei.

In der Zwischenzeit hatte ich einen Blick in die Karte geworfen und einen großen Verdacht, wer der Urheber der Zeichnungen sein könnte. »Steffen Boiselle?«, fragte ich aufs Geratewohl.

»Treffer«, antwortete Elert lächelnd. »Herr Boiselle ist in der Tat für diese, wie ich meine, sehr gelungenen Zeichnungen verantwortlich. Wir bekommen sehr viel positives Feedback.«

»Boiselle?«, hakte mein Chef nach. »Woher kenne ich den Namen, Palzki? Habe ich den mal festgenommen?«

Ich musste aufgrund der Unwissenheit meines Chefs grinsen. »Nein, Herr Diefenbach. Steffen Boiselle ist der bekannte Pfälzer Karikaturist, der in der RHEINPFALZ am SONNTAG die herrlich schrägen Cartoons zeichnet. 100 % PÄLZER!, davon haben Sie doch bestimmt schon gehört.«

»Mag sein«, antwortete er lapidar. »Trotzdem kann ich damit in einer Speisekarte nichts anfangen.«

»Unseren Gästen gefällt es«, sagte Elert vorsichtig.

»Steffen Boiselle ist ein Freund von Dietmar Becker«, erklärte ich meinem Chef weiter. »Die beiden haben Ihnen schon mehrfach bei der Auflösung von Verbrechen geholfen.«

Nur mit Widerwillen kam mir dieser Satz über die Lippen. Becker, der ewige Archäologiestudent störte mich seit Jahren bei der Aufklärung schwieriger Fälle. Um seinen Unterhalt zu finanzieren, jobbte er nebenbei als freier Mitarbeiter der hiesigen Tageszeitung. Viel schwerwiegender war die Tatsache, dass er sich als Regionalkrimiautor in der Kurpfalz etabliert hatte. Um sich aus der Menge der Autoren hervorzuheben, versuchte er die Authentizität seiner mehr als kruden Geschichten mit zweifelhaften Mitteln zu erhöhen. Becker, dem falschen Fuffziger, war es tatsächlich gelungen, sich bei KPD einzuschleimen. Regelmäßig erhielt er seitdem inoffizielle Informationen über den Stand von streng geheimen Ermittlungen. Als Gegenleistung hatte der Student in seinen Krimis den Dienststellenleiter nach KPD benannt. Seitdem hatte KPD seine eigene Krimireihe, und die Fans der Reihe, viele können es nicht sein, stürmten ein- oder zweimal im Jahr die Buchhandlungen, um den neuesten Diefenbach zu erwerben. Was mich noch viel mehr ärgerte, war der Umgang mit meiner Person. Irgendwann kamen KPD und Becker auf die Idee, einen sogenannten Antiprotagonisten in die absolut irrwitzigen Handlungen einzubauen, der Diefenbach ständig bei der Aufklärung der Kriminalfälle störte. Klar, dass sie dafür ungefragt meinen guten Namen nutzten. Seitdem kam ich überall ständig in Erklärungsnot, um meinen guten Ruf halbwegs zu verteidigen. In der Wirklichkeit war es nämlich genau andersrum: Ich selbst löste die verzwicktesten Fälle, immer von diversen Störfeuern vonseiten des Studenten bombardiert, und KPD erntete stets die Lorbeeren. Dies war seit Jahren mein trauriges Schicksal.

»Ach der«, antwortete KPD ohne sichtliche Regung. »Was hat das mit diesen komischen Zeichnungen in der Karte zu tun?«

Elert versuchte ihn abzulenken. »Herr Boiselle ist heute übrigens ebenfalls bei uns zu Gast. Eine Hochzeitsgesellschaft, die hinten im großen Saal feiert, hat ihn als Hochzeitszeichner gebucht.«

KPD gab sich immer noch nicht zufrieden. »Hochzeits-zeichner, was soll das denn? Kann man da nicht einfach fotografieren?«

Ich übernahm die Erklärungen für Elert. »Herr Boiselle wird rege für Hochzeiten und andere Festlichkeiten gebucht. Dort karikiert er die Gäste, die dann ein schönes Andenken an das Fest mit nach Hause nehmen können. Wäre das nicht auch etwas für Ihren 60. Geburtstag, Herr Diefenbach? Die Prominenz würde sich bestimmt über Karikaturen freuen.«

KPD überlegte nur kurz. »Nein, Palzki, das mache ich auf keinen Fall. Mit Zeichnungen und Karikaturen wird immer die Wirklichkeit verfälscht. Für meine Feier enga-giere ich erstklassige Fotografen. Für mich zählen nur die Realität und wie Sie bereits wissen: Fakten, Fakten, Fakten.«

Ich merkte, dass das Thema Boiselle beendet werden musste. Wahllos strich ich mit dem Finger über die Speise-karte und blieb verblüfft an einem Punkt hängen. »Genau das nehme ich«, sagte ich voller Freude. Dass ich auf der Karte ein Gericht fand, das ich namentlich zuordnen konnte, verschaffte dem Turmrestaurant auf meiner persönlichen Liste erste Bonuspunkte. Für das Cordon bleu, eines mei-ner Lieblingsgerichte außerhalb des Universums der Curry-sau, gab es einen Punktezuschlag. Der Abend war gerettet.

»Hast du das schon der Polizei gesagt?«

»Um Himmels willen, wie soll ich das be…«

Schon wieder hatte sich die Herrenrunde am Nach-bartisch verbal hochgepuscht. Anatol Elert reagierte und wandte sich mit ruhigen und freundlichen Worten an das Trio. Ich verstand von dem kurzen Gespräch keine Zusam-menhänge, erkannte jedoch, dass Elert die Personen persön-lich kannte. Nach einem kurzen kollektiven Lachen kam Elert zu uns zurück und nahm den Faden wieder auf. »Einmal Cordon bleu für Sie, mein Herr. Damit haben Sie eine gute Wahl getroffen. Haben Sie die Zeichnung neben dem Gericht gesehen? Laut Herrn Boiselle ist Cordon bleu das Lieblingsgericht eines gewissen Reiner Palzki, der in den hiesigen Regionalkrimis des Autors Dietmar Becker mitspielt. Herr Becker ist und isst übrigens auch regelmäßig hier bei uns. Ob es diesen Reiner Palzki tatsächlich gibt, wie Herr Boiselle behauptet, weiß ich allerdings nicht. Ich habe leider nur wenig Zeit zum Lesen.«

Während KPDs blasse Frau wie schon die ganze Zeit völlig teilnahmslos dasaß und keinen Mucks von sich gab, reagierte meine Frau mit einer entsetzten Mimik. Viel schlimmer aber war, dass KPD gerade etwas sagen wollte.

Rüde nahm ich ihm das Wort: »Ich nehme trotzdem das Cordon bleu. Der ganze Krimiquatsch ist mir völlig egal.« Symbolisch knallte ich die Speisekarte zu. »Was willst du essen, meine liebe Gattin?«, fragte ich in Richtung Stefanie.

Da nun Stefanie ihre Bestellung aufgab, war für KPD Sendepause. Als er an der Reihe war, bestellte er für sich und seine Frau mit weitschweifenden Erklärungen mir absolut unbekanntes Zeug, ohne weiter auf die Themen Zeichnungen, Boiselle oder Cordon bleu einzugehen.

»Ich gehe noch schnell auf die Toilette«, sagte meine Frau nach dem Aperitif. Nach ein paar Minuten kam sie zurück. In der Hand hielt sie einen Flyer, den sie mit einem verschmitzten Lächeln in ihre Handtasche steckte.

»Einen Flyer von Steffen Boiselle?«, fragte ich neugierig.

»Boiselle?«, fragte sie überrascht. »Nein, den habe ich überhaupt nicht gesehen.«

Meine Neugierde war damit nicht befriedigt. Ich wollte gerade noch mal nachfassen, da sprach mich KPD an. »Was ich Ihnen schon immer mal sagen wollte, Palzki: Dass Sie nicht gerade zu meinen fähigeren Untergebenen gehören, das wissen Sie bestimmt selbst. Aber meine von mir sehr gut geführte Dienststelle muss auch mal einem schwachen Untergebenen eine zweite Chance geben. Klar, bei Ihnen ist es bereits die wasweißichwievielte Chance, aber darum geht es mir heute nicht. Sie sind mir in Ihrem Grundcharakter einfach zu passiv, Palzki. Während ich auch einmal einem gesuchten Verbrecher mit vollem Körpereinsatz hinterherhechte, bleiben Sie sitzen und verkünsteln sich anschließend ausschließlich in reine Verwaltungsarbeit. Protokolle schreiben und so. Ich weiß, dass Sie körperlich nicht so auf dem Damm sind, wie man es Ihrem Alter nach erwarten dürfte. Aber ein wenig mehr Aktivität würde ich mir von Ihnen schon wünschen. Zeigen Sie mir, dass Sie mehr können, als nur dazusitzen und nichts beizutragen.«

Mit einem Blick zu Stefanie gab ich ihr zu verstehen, genau zuzuhören. Sie glaubte mir nämlich regelmäßig meine Berichte über KPD nicht. Ich würde maßlos übertreiben, entgegnete sie meist. Nun wurde sie selbst Zeuge und hörte mit erschrockener Miene zu.

Während KPD sich immer weiter in verbale Beleidigungen hineinsteigerte, kam das Essen. Zunächst allerdings nur mein Teller. Das Cordon bleu ließ mir meine Magensäure aufpoppen. Ohne Rücksicht auf die anderen, im Hintergrund sah ich allerdings, dass in wenigen Sekunden auch die anderen Essen serviert werden würden, schnappte ich mir Messer und Gabel und schnitt ein für mich gerade noch essbar großes Stück ab. Das Stück Fleisch berührte bereits meine Lippen, als am Nebentisch ein brutaler Schrei ertönte. Der Schrei war noch nicht verklungen, da schepperten die Teller mit Diefenbachs Essen und dem meiner Frau mit einem dumpfen Knall zu Boden, während die Bedienung in den nach wie vor aktiven Schrei einfiel. KPD, hinter dessen Rücken die Teller auf den Boden knallten, erschrak dermaßen, dass er rückwärts vom Stuhl direkt in den Porzellanscherbenhaufen und das Essen kippte. Meine Frau zeigte ebenfalls eine Reaktion: Sie schnellte von ihrem Platz hoch und warf dabei ihr volles Glas um, dessen Flüssigkeit mein Cordon bleu ruinierte. Nur KPDs blasse Frau saß da, als sei sie nicht nur taub, sondern querschnittsgelähmt.

Während sich KPD auf dem Boden sortierte und seine missliche Lage begriff, rannte die Bedienung weg. So war für mich der Blick frei zum Nebentisch, wo der das Chaos auslösende erste Schrei hergekommen war. Zwei Personen des Trios standen neben dem Tisch, ihre Gesichter waren kreideweiß. Sie starrten auf den dritten im Bunde: einen in seinem Stuhl versunkenen Mann Anfang 60 mit leicht ergrautem Haar. Sein Gesichtsausdruck drückte Entsetzen und Überraschung gleichzeitig aus: Mit seinem plötzlichen Ableben hatte er sicherlich nicht gerechnet. Der Tod kam bestimmt nicht freiwillig, worauf der große, sich vergrößernde Blutfleck, der sich durch sein hellblaues Hemd drückte, hinwies. Ich selbst hatte schon einige Menschen sterben sehen und noch viel mehr, die bereits tot waren, als ich sie das erste Mal sah. Todesarten kannte ich wie Sand am Meer, auch ziemlich skurrile. Diese Art von Tod kannte ich bisher nur aus dem Fernsehen und dort nur aus den vielen Western, die ich als Kind und Jugendlicher so sehr schätzte.

Ziemlich zentral zum Brustbein war ein Sportpfeil in den Körper des Opfers eingedrungen. Meine Gedanken rotierten wie wild. Wie konnte sich ein Schütze mit Pfeil und Bogen in diesem überschaubar großen Rundbau in Position gebracht haben, um diesen, meiner Meinung nach extrem genauen Herzschuss abzugeben? Nirgendwo gab es geeignete Verstecke, doch dann bemerkte ich, dass der Pfeil in einem relativ schrägen Winkel in den Mann eingedrungen war. Selbst wenn man bedachte, dass das Opfer saß und der Täter stand, passte der Winkel Pfeil zu Mann nicht. Der einzige Rückschluss führte unmittelbar zum Ziel: Während die anderen nach wie vor auf die Leiche schauten, hob ich meinen Blick. Auf der Empore hantierte eine in einem dunklen Overall verhüllte Person mit der mutmaßlichen Tatwaffe. Sie musste sich ihrer Sache sicher sein, denn sie packte in aller Ruhe irgendwelche Utensilien in eine Tasche. Ich sprang, abgesehen von KPDs Frau, als Letzter auf und hüpfte behände über meinen Chef, der in den Scherben und dem Essen kniete und lautstark herumschimpfte. Er rief mir etwas hinterher, doch auf meinem Weg zur Treppe, die auf die Empore führte, verstand ich nur Bruchteile.

Die Treppenstufen, die ich hinaufeilte, hallten hart durch das Rondell, in dem eine merkwürdige Stille eingekehrt war. Keine Schreie waren mehr zu hören, nur geschocktes Gemurmel. Meiner Erfahrung nach würde es noch einen kurzen Moment dauern, bis sich die Anspannung der Zuschauer löste und wahrscheinlich eine Panik ausbrach. Zu diesem Zeitpunkt begriffen die meisten Zeugen, dass der Täter durchaus mehrere Opfer im Visier haben könnte. Ich dagegen wusste es besser. Der Schütze hatte seine Tat vollendet und war dabei, zu verschwinden. Wohin auch immer. Die Treppe war augenscheinlich der einzige Weg nach oben. Ich hatte kaum die Hälfte geschafft, da bemerkte mich der Vermummte. Um mich mit seinem Bogen zu bedrohen, war die Waffe viel zu umständlich zu handhaben, und es war vor allem zu zeitraubend, sie zu spannen. Der Täter, der wohl nicht mit einem Verfolger rechnete, rannte die kreisrunde Empore entlang. Zunächst folgte ich ihm, doch dann erkannte ich, dass es sich um einen Trick handeln könnte. Wenn er schneller war als ich, so konnte er nach einer Runde als Erster zur Treppe gelangen und nach unten fliehen. In dem heillosen Durcheinander im Restaurant würde bestimmt niemand auf die Idee kommen, sich ihm in den Weg zu stellen. Mit dieser Feststellung war ich allerdings in der Zwickmühle: Würde ich ihn nicht verfolgen, könnte er von der gegenüberliegenden Seite der Empore in aller Seelenruhe seinen Bogen spannen und auf mich anlegen. Verstecke oder Rückzugsorte gab es hier keine. Ein paar Tische und Stühle nebst gastronomischem Equipment, das darauf hindeutete, dass hier oben hin und wieder Empfänge oder kleinere geschlossene Gesellschaften stattfanden. Alternativ konnte ich nach unten gehen und die Polizei rufen. Würde es mir gelingen, das Restaurant zu evakuieren, damit der in die Enge getriebene Schütze nicht unbedacht von oben weitere Gäste erschoss?

Mein Gegner schien ähnliche Überlegungen anzustellen, nur mit umgekehrtem Vorzeichen. Mit seiner Reaktion hatte ich nicht gerechnet: Er stieg nach oben. Der dritte Stock des zentralen Turms war nur ein Scheinstockwerk. Wie ein Hut war er auf dem Emporestockwerk aufgesetzt. Innen gab es weder eine Zwischendecke noch eine sichere Möglichkeit, um nach oben zu gelangen. Keine Ahnung, wie die kleinen Fenster im oberen Bereich gereinigt wurden. Der Mörder hängte sich seine Tasche um und warf den Bogen auf den Boden. Dann sprang er behände auf das Geländer der Empore, welches vor einem Sturz in das Restaurant schützte. Völlig ohne Anstrengung zog er sich nach oben zu einer umlaufenden Bordüre. Ein kurzer Schwung und er hing wie ein Affe knapp unter der Decke neben einem der Fenster. Aus seiner Tasche zog er einen Gegenstand, der aussah wie eine Zündkerze, einem effektiven Gegenstand, um auch dickere Scheiben zu zertrümmern. Drei oder vier Schläge, mehr benötigte er nicht, um das Glas verletzungsfrei aus dem Rahmen zu schlagen. Ein kurzer Blick zu mir, ich stand inzwischen nur noch wenige Meter von ihm entfernt, und er verschwand durch das Loch nach draußen.

Mein Adrenalinspiegel war maximal gesättigt, ich fühlte mich wie Superman. Ohne mich um mein Alter und meine körperlichen Fähigkeiten zu kümmern, versuchte ich, mich auf das Geländer der Empore zu schwingen. Meine Schienbeine knallten schmerzhaft an den umlaufenden Handlauf. Ich hatte bereits bei der ersten sportlichen Aktion kläglich versagt. Wenn ich es nicht einmal aus eigener Kraft auf das Geländer schaffte, wie sollte ich da oben an das Fenster rankommen? Im ersten Moment dachte ich daran, mir aus einem Tisch und ein paar Stühlen eine Hilfestellung aufzubauen. Doch dazu hatte ich nicht die Zeit. Außerdem wurde mir langsam bewusst, dass meine objektive körperliche Belastungsfähigkeit mit der subjektiven nicht ganz nach meinen Wünschen übereinstimmte. Vor ein paar Jahren noch, oder waren es tatsächlich schon Jahrzehnte, hätte ich bei solch einer Verfolgungsjagd garantiert nicht den Kürzeren gezogen.

Da ich mich nach wie vor zu den Gewinnertypen zählte, konnte ich nicht so vorschnell aufgeben. Der Weg war das Ziel, und hier gab es mehrere Wege. Da mir der eine Weg wegen meiner momentanen körperlichen Schwäche verwehrt war, nahm ich den alternativen Weg. Wozu gab es eine Treppe nach unten? Der Täter musste umständlich und sicherlich nicht gefahrlos vom Gebäude klettern, während ich einfach die Treppe nehmen konnte. Ziemlich außer Atem rannte ich nach unten. Immer noch standen die Gäste und die Bekannten des Opfers herum und diskutierten. Ich konnte nur hoffen, dass irgendjemand inzwischen die Polizei gerufen hatte. KPD war es nicht. Der saß hoffnungslos überfordert auf dem Boden und schrie mit Herrn Elert herum, den er anscheinend als Hauptverantwortlichen ausgemacht hatte. Als mein Chef mich entdeckte, rief er nach mir, doch ich ignorierte seine Rufe. Hatte er mir vorhin nicht Passivität vorgeworfen und dass er selbst stets den Mördern hinterherjagte? Hoffentlich bemerkte meine Frau meine Aktivitäten und den Unterschied zu dem Verhalten meines Chefs. Ohne mich weiter um das Chaos im Restaurant zu kümmern, stürmte ich nach draußen. Kaum im Freien, sah ich, wie die Gestalt an der Dachrinne des rechten Nebengebäudes hinunterkletterte. Überrascht sah der Mörder in meine Richtung. Dass ich so schnell auftauchte, damit hatte er wohl nicht gerechnet. Nun entschied nur die reine Fitness. Wer war schneller, er oder ich?

Das Wettrennen dauerte nur kurz und war alles andere als fair. Mein Gegner sprang in einen Lieferwagen, und wenige Augenblicke später heulte der Motor auf. Ich hatte inzwischen die Außenterrasse hinter mir gelassen und stand mitten auf dem Weg. Da die Wahrscheinlichkeit sehr hoch lag, dass mich der Mörder einfach über den Haufen fuhr, sprang ich in letzter Sekunde zur Seite. Ein aus dem Fenster gestreckter Mittelfinger war vorläufig sein letztes Lebenszeichen.

Die Aufschrift des Lieferwagens verblüffte mich: Getränke Bruch. Der Oggersheimer Getränkehandel mit mehreren Filialen war bei einem meiner früheren Fälle in den Fokus der Ermittlungen geraten: Speziell einer der beiden Geschäftsführer galt damals lange Zeit als einer meiner Hauptverdächtigen. Auch wenn es sich damals nicht bewahrheitete, so war ich immer noch felsenfest davon überzeugt, dass das Unternehmen seine Geheimnisse besaß, die mindestens hart an der Grenze zur Illegalität lagen oder diese Grenze sogar überschritten.

War der Täter wirklich so selbstsicher, dass er mit dem Wagen des eigenen Unternehmens zum Tatort fuhr? Handelte es sich um den damals verdächtigen Geschäftsführer? Die Statur könnte passen. Ich hatte noch eine weitere Idee: Getränke Bruch belieferte jährlich das Parkfest, das größte Ludwigshafener Volksfest, das im Juni auf dem Parkplatz zwischen Turmrestaurant und Friedrich-Ebert-Halle gefeiert wurde. Was wäre, wenn der Händler auch das Restaurant belieferte und die heutige Lieferung als Tarnung für den Anschlag nutzte?

Mein Puls hatte sich nur unwesentlich beruhigt. Während der Lieferwagen in hohem Tempo über den Parkplatz nach vorne zur Erzbergerstraße raste, hatte ich eine meiner berühmten Spontanideen. Der Gedanke sprang mich förmlich an, da ich direkt vor KPDs Luxuskarosse stand. Zwei, drei Schritte, und meine Vermutung bestätigte sich: Mein Chef schloss niemals seinen Wagen ab. Seine Fahrlässigkeit ging sogar noch einen Schritt weiter. Bei KPDs Wagen, der für einen normal sterblichen Polizeibeamten unbezahlbar war, handelte es sich um eine schlüssellose Variante. Am Armaturenbrett gab es einen Taster, der den Motor startete. Das funktionierte aber nur, wenn der Fahrer gleichzeitig einen verschlüsselten Funkchip bei sich trug. Da KPD für solche technischen Spielereien kein Verständnis hatte und bereits mehrmals den Chip verlegt hatte, hatte er diesen der Einfachheit halber im Handschuhfach deponiert. »Meinen Wagen klaut sowieso keiner«, hatte er mal behauptet und bisher damit sogar recht gehabt. Vielleicht lag es an der auffälligen Sonderlackierung. Die Grundfarbe war zwar neutralweiß, doch auf beiden Seiten prangte in roter Farbe groß der Schriftzug »Hier fährt Klaus P. Diefenbach, der gute Polizeichef aus Schifferstadt«. Auf dem Heck des Wagens stand ein weiterer Spruch. Mit solch einem auffälligen Wagen würde sich kein noch so dreister Dieb auch nur eine Sekunde befassen.

Ich legte den ersten Gang ein und gab vorsichtig Gas. Es war nicht vorsichtig genug. KPDs Luxusgut gab eindeutig lebensverkürzende Geräusche aus dem Motorraum von sich, während es mich hart in den Sitz drückte. Nachdem der Wagen ein paar wilde Bocksprünge hingelegt hatte, konnte ich erschrocken vom Gas gehen. Quasi aus dem Stand heraus hatte der Wagen in Nullkommairgendwas Sekunden auf 80 Stundenkilometer beschleunigt. Und das im ersten Gang. Ein Hochschalten erübrigte sich, da ich das Ende des Parkplatzes erreicht hatte und die kurze Steigung hoch zur Erzbergerstraße nutzte, ein gewagtes Bremsmanöver zu testen. Die Bremsen funktionierten. Vielleicht hätte KPD für solche Fälle ein paar Kotztüten im Handschuhfach deponieren sollen, dann würde es jetzt im Fahrzeuginnern nicht so streng riechen. Gegen die letzten Sekunden war jede Achterbahnfahrt ein Mittagsschläfchen. In der Ausfahrt touchierte ich ein paar Büsche, die kratzend über den Lack zogen, und mit dem Kotflügel einen leeren Blechmülleimer. Kaum zu glauben, was da alles so in der Gegend herumstand und Autofahrer wie mich in der Konzentration unnötig ablenkten.

Ich hatte den Lieferwagen nach Norden in Richtung Sternstraße fahren sehen. Wegen der nicht so ganz angepassten Geschwindigkeit schloss ich recht zügig zu dem Wagen auf. Ein paar entgegenkommende Fahrzeuge und rund eine Handvoll Fußgänger wichen mir geschickt aus. Alles in allem hatte ich bei meinen ersten Fahrversuchen mit KPDs Wagen den gleichen Fahrstil drauf, wie mein Chef ihn immer hatte. Falls es zu Beschwerden kommen sollte, der Name des Ansprechpartners stand schließlich groß und deutlich auf dem Wagen.

Auf der ewig langen und kerzengeraden Sternstraße in Richtung Westen bemerkte mein Gegner, dass er verfolgt wurde. Die Sternstraße war der absolute Liebling der hiesigen Straßenbauunternehmen und Versorgungsbetriebe. Seit gefühlten Jahrzehnten war ununterbrochen mindestens eine Teilstrecke aufgrund von Bauarbeiten in der Benutzung eingeschränkt. Die Baustellen wechselten in der Regel wöchentlich und völlig unvorhersehbar ihren Standort, was die Befahrung dieses wichtigen BASF-Zubringers für die dort arbeitenden Personen zu einer besonderen Herausforderung machte.

Mit waghalsigen Lenkmanövern versuchte er, außerhalb und auch innerhalb der Baustellenbereiche ein Überholen zu verhindern. Doch das hatte ich sowieso nicht vor. KPDs Karosse hatte zwar ein paar Pfund mehr Gesamtgewicht als mein privater Mittelklassewagen, doch aus dem Physikunterricht wusste ich nur zu gut, wer der Gewinner und der Verlierer war, wenn ein, vielleicht sogar noch beladener, Lieferwagen in einen Pkw knallte.

Im Nu rasten wir über die Bahnbrücke. Die große Ampelanlage zwischen Oggersheim und der Unfallklinik wurde komplett ignoriert. Wie in einem alten Slapstickfilm driftete der Lieferwagen zwischen dem abbremsenden Gegenverkehr in Richtung Osten zur Mannheimer Straße. Nur durch ein Wunder gab es weder Blechschäden noch Verletzte.

KAPITEL 2
DER UNHEIMLICHE GETRÄNKEHÄNDLER

Ich hatte mich noch nicht beruhigt, da gab es bereits das nächste waghalsige Fahrmanöver. Dort, wo von der Mannheimer Straße rechts die Semmelweisstraße zur Unfallklinik abzweigte, verschwenkten die Straßenbahngleise, die sich von Oggersheim kommend zwischen den Fahrstreifen befanden, nach rechts über die Straße. Genau an dieser Stelle schoss der Lieferwagen über die Gleise hinweg auf die Gegenspur und wurde zum Geisterfahrer. Ich sah, wie der Lieferwagen auf den Firmensitz des Getränkehändlers Bruch einbiegen wollte. Da in diesem Moment ein PKW zum Tor heraus kam und auf die Straße abbog, sah es für einen Moment so aus, als würde es zu einem Frontalzusammenstoß kommen. Der Fahrer des Transporters riss das Lenkrad herum, um weiterhin als Geisterfahrer auf der Mannheimer Straße zu bleiben. Als Verfolger wurde ich Zeuge, wie der Getränkewagen 50 Meter weiter mit einer erneuten Drift durch den Lieferanteneingang des Firmensitzes von Getränke-Bruch rutschte. Das halb geschlossene Metalltor, das gerade von einer Person geschlossen wurde, flog aus der Verankerung und knallte an den Torpfosten.

Ich handelte ein wenig gefahrbewusster. Bevor ich dem Wagen auf das Firmengelände folgte, ließ ich den aus dem ersten Tor kommenden Verkehrsteilnehmer passieren, der mir aggressiv den Vogel zeigte. Sekunden später erreichte auch ich den Lieferanteneingang. Das an den Pfeiler geknallte

Metalltor fiel in dem Moment, als ich die Stelle passierte, zurück, was zu weiteren Lackschäden und mutmaßlichen Dellen an KPDs Wagen führte.

Im ersten Moment dachte ich an ein Déjà-vu: Vor wenigen Jahren war ich bereits einmal Teilnehmer einer äußerst wilden Verfolgungsjagd quer über das Betriebsgelände von Getränke-Bruch. Zusammenhanglose Erinnerungsbruchstücke schwirrten mir durch den Kopf, während ich dem Transporter näher kam. Damals hatte hier eine Lehrerin aus England den wertvollen Oldtimer ihres deutschen Gastgebers geschrottet, als sie den Mörder ihrer Freundin verfolgte. Auch ich trug damals meinen Part dazu bei und hatte in einer körperlich überaus strapaziösen Jagd den Mörder zu Fuß durch die weitläufigen und verwinkelten Hallen des Betriebes verfolgt. Nur wegen eines blöden Zufalls war ich damals gescheitert. Letztendlich führten meine Ermittlungen dennoch zum Ziel, auch wenn KPD wie immer die Lorbeeren dafür einheimste.

Der Lieferwagen sauste über das Betriebsgelände nach hinten. Der Fahrer touchierte mit dem Außenspiegel einen waghalsig gestapelten Turm mit vollen Cola-Zero-Kisten, der erst zwei- oder dreimal bedenklich hin und herschwankte, bevor er der Schwerkraft nachgab und mit lautem Getöse zu Boden krachte. Jedenfalls das meiste davon. Einige der Plastikflaschen wurden aus den Kästen katapultiert und zerplatzten auf der Motorhaube und der Windschutzscheibe des Dienstwagens. Durch die von mir während der Fahrt geöffnete Seitenscheibe spritzte mir die klebrige Brühe entgegen. Intuitiv, vielleicht auch zufällig, hatte ich an dem reichhaltigen Armaturenbrett die Scheibenwischer entdeckt und eingeschaltet. Die Gummis waren nicht colatauglich, wie ich sofort an dem sich bildenden Schmierfilm feststellte. Im Blindflug raste ich weiter, trotz der Colakisten, die sich lautstark in den Radkästen zerkleinerten und dem Reifenprofil sicherlich nicht allzu wohlgesonnen waren.

Die Lichtverhältnisse waren noch einigermaßen befriedigend, sodass ich mich aufgrund der vorhandenen Ortskenntnisse gut orientieren konnte. Der Transporter raste ungebremst ein kleines Gefälle zum hinteren Ende des Betriebsgeländes hinunter, wo in dem Unterstand eines kleinen Nebengebäudes unzählige Bierzeltgarnituren lagerten. Mit Ausnahme der Zufahrt zu dem Gebäude, die allerdings von beiden Seiten möglich war, gab es keine weiteren Möglichkeiten, zu entkommen. Auf der einen Seite begrenzte eine hohe Mauer das Gelände zum Real-Markt, zur anderen Seite ein hoher Zaun vor einem tiefen Graben. Ohne nachzudenken, fuhr ich ebenfalls nach hinten. In der Kurve knallte ich in ein gutes Dutzend Bierzeltgarnituren, weil eine der Colakisten endgültig die Lenkung blockiert hatte. Da die Bierzeltgarnituren der physikalischen Kraft nicht gewachsen waren, rutschte mir die obere Hälfte des Stapels entgegen. Die Fahrerseite war von außen blockiert, auch der Motorbereich war komplett mit Holz bedeckt. Fluchend schnallte ich mich ab und dankte insgeheim meinem Chef, dass er sich einen Wagen mit solch großem Fahrgastraum gegönnt hatte. Ohne Verrenkungen konnte ich zum Beifahrersitz rüberrutschen und die Tür öffnen. KPDs Wagen sah von außen nicht mehr so ganz fabrikfrisch aus, stellte ich mit Kennerblick fest. Da er bestimmt eine Vollkaskoversicherung besaß, machte mir das wenig Sorgen. Sorgen machte ich mir um den Transporter, dem es ganz ähnlich wie mir ergangen war. Auch er hatte seine Geschwindigkeit in dem Gefälle des Wegs unterschätzt und war im angrenzenden Zaun gelandet. Im Gegensatz zu meiner Ungeschicklichkeit konnte sich der Täter mithilfe des Rückwärtsgangs selbst befreien. Dadurch hatte ich nun ein kleines Problem: Ich stand mitten auf dem Weg, auf dem der Fahrer flüchten wollte. Und es sah so aus, als legte er es darauf an, mich zum zweiten Mal überfahren zu wollen. Mit einem tollkühnen Sprung auf die Motorhaube von KPDs Wagen rettete ich mein Leben. Da dort immer noch Teile der Bierzeltgarnituren lagen, ergänzte ich meine persönliche Schmerzbilanz mit dem einen oder anderen Hämatom. Die schmierige Colasoße auf der Haube und der Scheibe besorgte den Rest. Ich sah aus wie Bruce Willis, nachdem er sich durch mehrere Wolkenkratzer mit Armeen von fiesen Banditen gekämpft hatte. Und fühlen tat ich mich genauso. Ratlos sah ich nach oben, wo der Mörder mit seinem Transporter schon fast die Be- und Entladezone zwischen den Hauptgebäuden erreicht hatte. Ich war im Begriff aufzugeben, da sah ich, wie dem Transporter ein anderer LKW oder zumindest ein größeres Fahrzeug aus Richtung der überdachten Ladezone entgegenkam. Da das Fahrzeug seine Scheinwerfer voll aufgeblendet hatte und sich noch zwischen den Hallen befand, konnte ich keine Details ausmachen. Dem Mörder blieb nichts anderes übrig, als auszuweichen. Er zog nach rechts, wo sich ein Freigelände mit einem Leergutlager befand. Im Hintergrund befand sich ein Aufzug, der nach unten ins Weinlager führte. Vor diesem Aufzug hatte ich vor ein paar Jahren den schlimmsten Anblick meines Lebens erdulden müssen: Ein Mörder hatte mit einem Gabelstapler, auf dem sich eine Europalette Getränke befand, eine Frau an der Aufzugswand regelrecht zerquetscht. Diesen Anblick werde ich mein Leben lang nicht vergessen.

Während mir diese schrecklichen Gedanken durch den Kopf gingen, fuhr der Transporter, stark abbremsend, auf den Aufzug zu. Nanu, dachte ich, da passt der doch niemals rein. Ich schöpfte Hoffnung und nahm die Verfolgung wieder auf. Dieses Mal zu Fuß. Ich näherte mich dem Transporter, der fast zum Stillstand gekommen war. Den anderen Kleinlaster, der ebenfalls auf dem Freigelände angekommen war, registrierte ich nur am Rande.

Die Tür des Transporters wurde aufgerissen. Ich sah nur einen Arm, dann war nichts mehr. Ein ohrenbetäubender Knall und mehrfache Echos, die den infernalischen Lärm an den Hallenwänden verstärkten, ließen um ein Haar meine Trommelfelle platzen. Die Explosion zerfetzte den gesamten vorderen Teil des Transporters. Aus der sich rapide ausdehnenden Detonationswolke flogen irgendwelche Teile in alle Richtungen. Nachdem ich den ersten Schock überwunden hatte, hechtete ich auf den Boden. Der Aufprall war mindestens so schmerzhaft wie das größere Metallstück, das mir an das Schienbein schoss. Doch da war noch etwas: Da es nicht ganz so heftig wie der Betonboden und das Metallteil war, bemerkte ich das Ding erst, als ich bereits stöhnend auf dem Boden lag und die aus den Resten des Transporters lodernden Flammen entdeckte. Mit einer Handbewegung wischte ich das klebrige Stück an meiner Stirn zur Seite. Die Masse fiel zu Boden, und ich konnte es begutachten. Der Bruchteil einer Sekunde genügte, und ich erbrach mich auf dem organischen Haufen, der dermaßen deformiert war, dass ich unmöglich sagen konnte, zu welchem Körperteil des Mörders es gehörte.

Der Hall des Explosionslärms verstummte, nur die übliche Geräuschkulisse eines brodelnden Feuers war zu hören. Die Hitze wurde immer stärker, ich befand mich viel zu nahe am Brandort. Meinen kompletten Mageninhalt und vermutlich den größten Teil der Schleimhaut hatte ich inzwischen verloren, während ich mich wie ein Reptil in Richtung Verkaufshalle kämpfte. Erst nach ein paar Metern fiel mir auf, dass der zweite Lastwagen verschwunden war. An einem leeren Bierkasten zog ich mich hoch und schaffte es mit Mühe, einen zweiten Kasten herumzudrehen und mich draufzusetzen. Immer noch versuchten Reste der Magenschleimhaut meinen Körper zu verlassen, die Speiseröhre brannte wie die Hölle. Selbst eine Großpackung gegen Sodbrennen würde mir im Moment nicht helfen können. Mit einem Ekelgefühl wischte ich mir mit dem Ärmel ohne Unterlass über die Stirn. Ich war mit meinen Kräften am Ende, ich war nur Millimeter vor dem Kollabieren. Meine Nerven widersprachen dem typischen Männerklischee, dass unser Geschlecht nicht multitaskingfähig war, mit multiplen Schmerzen an gefühlt Dutzenden Stellen meines Körpers.

»Hallo, was ist da passiert?«, rief plötzlich eine überraschte Stimme aus dem Durchgang. Ein Mann kam näher. In Zeitlupentempo drehte ich mich um, und wir erkannten uns zeitgleich.

»Herr Palzki, was machen Sie hier? Was ist los? Sind Sie mit dem Transporter an den Aufzug gefahren? Warten Sie, ich rufe Ihnen einen Krankenwagen.«

Ich ließ Jochen Bruch, einen der beiden Geschäftsführer walten. Er zog sein Mobiltelefon aus der Tasche. Nachdem er den Rettungsdienst informiert hatte, wandte er sich wieder mir zu.

»Soll ich auch die Feuerwehr rufen?« Bruch schien eindeutig mit der Situation überfordert zu sein, obwohl er bei Weitem noch nicht alles wusste.

Ich schüttelte den Kopf, was nun auch noch zu heftigen Kopfschmerzen führte. »Das Feuer ist doch aus. Rufen Sie lieber die Polizei.«

Der Geschäftsführer stand auf der Leitung. »Aber Sie sind doch von der Polizei, Herr Palzki.« Er trat einen Schritt näher und rümpfte mit einer alles sagenden Grimasse die Nase. Olfaktorisch konnte ich seine Reaktion gut nachvollziehen. »Haben Sie etwas getrunken, Herr Palzki? Was ist mit unserem Transporter passiert? Warum sind Sie an die Aufzugstür gefahren?«

Anhand des Schadensbildes war es nicht auf den ersten Blick ersichtlich, dass der Transporter ein paar Meter vor Erreichen der Wand explodiert war.

»Rufen Sie die Polizei an«, wiederholte ich. »Den Transporter bin ich nicht gefahren, sonst wäre ich jetzt tot.« Viel besser als tot sah ich zwar nicht aus, aber Fakt war Fakt.

»Sie waren nicht der Fahrer?«, hakte Bruch überrascht nach. »Aber wer war es dann? Doch nicht etwa …«

Ich deutete stumm auf den von mir mit Mageninhalt angereicherten Fleischhaufen wenige Meter vor uns.

»Was ist das?«, fragte Bruch naiv und trat ein paar Schritte vor.

»Bleiben Sie hier!«, befahl ich streng, doch er hatte sich schon zu mir umgedreht. An seinem kreideweißen Gesicht sah ich, dass er die Masse und die Situation erkannt hatte.

»Ist das …«, krächzte er mühsam heraus. Er zog erneut das Handy aus der Tasche und meldete, mit mehrfach versagender Stimme, den Todesfall.

Es dauerte nicht lange, bis die Ludwigshafener Polizei mit großer Mannschaft angefahren kam. Trotz Bruchs bruchstückhafter Ortsbeschreibung hatten die Beamten die Durchfahrt genommen und uns sofort entdeckt. Der Geschäftsführer hatte sich während der Wartezeit auf einen Bierkasten neben mir gesetzt und fast die ganze Zeit mit dem Kopf geschüttelt. »Der arme Bernd«, krächzte er mehrfach vor sich hin. Bestimmt vermutete er, dass dieser Bernd den Transporter gefahren haben könnte. Wie auch immer, das würden die Kollegen schnell feststellen.

»Herr Palzki, was issn do los?«, plärrte mich eine Beamtin an, die ich zwar von einem früheren Einsatz her kannte, deren Name mir aber nicht einfallen wollte. »Erscht die Sach bei ihrm Chef do im Restora vum Ewertpark und jetztert do beim Bruch. Iss des wenigschtens ähn Ufall oder is do a ähner umgebrocht worre?«

Wir wurden von zwei Rettungssanitätern unterbrochen, die meinen Zustand erkannten und mich versorgen wollten. »Gleich«, sagte ich zu ihnen und versuchte aufzustehen, was beim dritten Anlauf klappte. Jochen Bruch mischte sich ein. »Einer meiner Fahrer ist mit dem Laster an die Wand gefahren. Warum der Transporter explodiert ist, weiß ich nicht. Da vorne liegen Leichenteile herum. Glaube ich jedenfalls.«

»Ähn Ufall, wenigschtens ebbes«, meinte die Ludwigshafener Beamtin emotionslos. »Ich hab schunn gedenkt, dess wird jetzert ähn riesegroße Tatort unn ich muss widder Iwwerstunne anordne.«

»Das war kein Unfall«, sagte ich. Der Schwindel in meinem Kopf hielt sich in Grenzen.

»Was jetzert, wie?«, sagte meine Berufskollegin und wandte sich an Bruch: »Sie hawwe doch ewe gsagt, dass des ähn Ufall gewesst is, oder? Wer sinnen Sie iwwerhaupt?«

»Mein Name ist Jochen Bruch«, antwortete dieser. Seine Stimme hatte er erstaunlich schnell wieder unter Kontrolle. »Ich bin der Geschäftsführer dieses Unternehmens. Einer meiner Mitarbeiter, der Bernd, muss mit dem Wagen direkt an die Wand des Aufzugs gefahren sein.«

Meine Berufskollegin wurde hellhörig und unterbrach

sofort: »Muss? Hänn Se des gsehe oder vermute Se dess blos?«

»Was heißt vermuten«, antwortete Bruch unsicher. »Die Situation ist doch eindeutig. Und dass der Bernd heute mit der Tour dran war, das weiß ich ganz genau.«

Die Beamtin rollte mit den Augen. Ich kannte den Grund nur zu gut. Dieses Verhalten war typisch für sogenannte Knallzeugen, die den Unfall oder die Tat nicht direkt gesehen haben und erst durch den Knall oder Schuss darauf aufmerksam wurden und sich das vorher Geschehene zusammenreimten. »Hänn Se jetztert zugeguckt oder net?«

»Hat er nicht«, antwortete ich an seiner Statt. »Nur ich habe zugeschaut.«

»Unn, was issn passiert, Herr Palzki?«

»In dem Transporter saß der Täter vom Turmrestaurant im Ebertpark. Er floh mit dem Getränkelaster bis auf dieses Gelände. Ich habe ihn mit einem PKW verfolgt. Den PKW habe ich weiter hinten bei den Bierzeltgarnituren geparkt. Ich habe den Transporter zu Fuß bis hierher verfolgt. Kurz bevor er die Wand erreicht hatte, bremste er ab. Und dann kam es zu einer Explosion. Der Laster war zu diesem Zeitpunkt noch ein paar Meter von der Wand entfernt.«

Die Sanitäter fummelten an mir herum und zogen mir Teile meiner Bekleidung aus.

»Unn sunscht hänn Se nix gsehe?«

»Doch. Der Täter war gerade im Begriff auszusteigen, als die Explosion folgte. Vielleicht hat er versehentlich eine Handgranate entsichert und dann in der Hektik im Führerhaus verloren.«

Die Ludwigshafener Kollegin nickte langsam. »So kannes gwese sei. Vielleicht hot er die Granat zu Ihne schmeisse wolle?«

»Niemals würde Bernd so etwas tun«, meldete sich Jochen Bruch erbost. »Außerdem stand heute nicht die Belieferung des Turmrestaurants an. Da muss es sich um einen Irrtum handeln.«

»Der Lastwagen«, fiel mir ein. Die beiden blickten mich erstaunt an.

»Ja, da war noch ein zweiter LKW, ein größerer«, berichtete ich weiter. »Der kam kurz vor der Explosion aus der Durchfahrt herausgefahren. Ich konnte keine Details erkennen, da er aufgeblendet hatte. Außerdem war ich mit der Verfolgung des Transporters beschäftigt.«

»Unn dann?«

Ich zuckte mit den Achseln. »Als ich den ersten Schock der Explosion überwunden hatte, war er verschwunden.«

»War es einer von uns?«, fragte Jochen Bruch nach. »Bei unserem Fuhrpark steht auf der Seite immer der Firmenname.«

»Keine Ahnung. Wie gesagt, ich habe nichts Genaues erkannt.«

»Ich weiß, was zu tun ist«, sagte der Geschäftsführer. »Ich gehe ins Büro und erstelle eine Liste mit unserem Fuhrpark und schaue, wer heute die Laster gefahren hat. Alle unsere Fahrzeuge haben TomTom-Geräte, die wir jederzeit orten können.«

»Dess is ä Word«, sagte die Ludwigshafener Beamtin. »Dann kennen wir do in Ruh uns die Sache angucke. Herr Palzki, ich kumm später zu Ihne ins Krankehaus gefahre, um noch ä paar Froge zu stelle. Geht dess in Ordnung?«

»Ich will nicht ins Krankenhaus«, wehrte ich mich, obwohl es sicherlich das Beste wäre. »Mir geht es schon wieder viel besser.«

»So siehts awwer net grad aus. Unn stinke tun Se a wie

verrickt. Gucken Se, dass Sie ins Krankenhaus kumme. Do wärren Se sogar gewäsche.«

Ich beharrte auf meinen Standpunkt. Die beiden Sanitäter wussten nicht, wie sie sich verhalten sollten.

»Darf ich Ihnen einen Vorschlag machen, Herr Palzki?« Jochen Bruch zeigte nach vorne zur Durchfahrt. »Während ich ins Büro gehe, können Sie in unseren sanitären Anlagen duschen. Einen Arbeitsoverall und ein paar Schuhe kann ich Ihnen gerne ausleihen. Ihre Kleider sind ja nicht mehr so, äh, so frisch.«

Ich versuchte mich in einem kurzen Lächeln. »Danke, Herr Bruch, ich werde Ihren Vorschlag gerne annehmen.« Ich atmete auf, da damit das Thema Krankenhaus hoffentlich erledigt war. Knochenbrüche oder Schlimmeres hatte ich augenscheinlich nicht davongetragen, die zahlreichen Hautabschürfungen und blauen Flecken würden von alleine verheilen. Ein paar Maximaldosen Ibuprofen in den nächsten Tagen, und mir würde es wieder blendend gehen. Ich verabschiedete mich vorerst von der Ludwigshafener Kollegin. »Ich schaue nachher bei Ihnen vorbei, wenn ich geduscht habe.«

»Besser so«, antwortete sie wortkarg und rümpfte die Nase. Dann wandte sie sich ihren Mitarbeitern zu.

»Wollen Sie etwas trinken?«, fragte mich Jochen Bruch, als wir die Rampe hoch in Richtung Büros gingen. »Wissen Sie eigentlich, warum Pfälzer nie Durst haben?«

Sofort präsentierte er mir die Antwort: »Weil der Pfälzer vorher trinkt.«

Mit Schrecken fiel mir wieder diese Charaktereigenschaft des Geschäftsführers ein, mit dem er mich bereits bei meinen vorherigen Ermittlungen bis aufs Blut genervt hatte: das Erzählen von den unpassendsten Witzen zu den unpassendsten Zeitpunkten. Wobei er dies selbst nicht merkte und man ihm auch keinen Vorsatz vorwerfen konnte. Er war schlicht und einfach der geborene Witzeerzähler. Die meisten davon bekam er von seinen Kunden erzählt, und da er ein phänomenales Gedächtnis besaß, war er ein reger Verteiler dieser Witze, die in meinen Augen nicht immer lustig waren.

Ich reagierte kaum auf die Auflösung seines Rätsels. Trotzdem folgte sogleich das nächste: »Wissen Sie, was Vorgesetzte trinken, Herr Palzki?«

»Champagner«, antwortete ich müde mit Blick auf KPD.

»Falsch«, antwortete Bruch. »Leitungswasser.«

»Und was haben Sie für mich zu trinken?«, versuchte ich es mit einem kleinen Gegenscherz. Wir standen mitten im Vollgutlager.

Der Geschäftsführer lachte kurz auf. »Schnaps zum Betäuben und danach eine Cola Zero? Wir haben auch 300 Sorten Bier und 1.100 Sorten Wein.«

»Schnaps muss nicht sein«, gab ich zurück. »Das mit der Cola Zero haben Sie sich aber gut vom letzten Mal gemerkt.«

»Mein Gedächtnis lässt mich nur selten im Stich, Herr äh, wie war doch gleich Ihr Name? Ich hole Ihnen schnell eine eiskalte Cola. Und danach Handtücher und was zum Umziehen.«

»Aber nicht zu kalt«, scherzte ich. »Mein Zahnfleisch ist leicht entzündet.«

Lachend verließ mich der Geschäftsführer und kam bereits nach kurzer Zeit zurück. »Ich hoffe, dass Ihnen der Overall passt und Sie nichts gegen den Werbeaufdruck ›Alles geht zu Bruch‹ haben. In dem Zusammenhang habe ich eine gute Idee: Ich werde bei Gelegenheit Ihren Chef fragen, ob nicht alle Polizeibeamte in der Vorderpfalz mit unserem Firmenwerbespruch auf dem Rücken der Uniformen ausstaffiert werden können. Das wäre mal ein effektives Sponsoring. Ihr Chef ist ja, wie ich weiß, für kreative Ideen offen, die Geld in seine Schwarzgeldkasse bringen.« Mit einem dreisten Grinsen zeigte er mir den Weg zur Dusche, bestimmt hatte er das mit dem Sponsoring ernst gemeint. »Kann sein, dass es ein bisschen dauert, bis warmes Wasser kommt«, meinte er und schenkte eine Cola in ein mitgebrachtes Glas ein. »Einschenken ist das schönste Schenken«, meinte er.

Ich trank die Cola in einem Zug leer. »Exakt die korrekte Temperatur«, lobte ich ihn. Meine Zunge und meine entzündete Speiseröhre verweigerten mir den Geschmackskick.

Im nackten Zustand konnte ich meinen geschundenen Körper im Spiegel betrachten. Hier und da ein mittleres bis großes Pflaster und ein paar Wochen Zeit, dann würde mein Adoniskörper wieder im besten Licht erstrahlen.

Eine gefühlte Ewigkeit später hatte ich es geschafft. Der weit geschnittene Overall war zwar modisch kein Highlight, aber ich war sowieso nicht der Karl-Lagerfeld-Typ.

»Steht Ihnen gut«, meinte eine Frauenstimme, als ich in den Büroräumen erschien. Doris Bruch, Jochens Ehefrau, lächelte mich an. »Jochen hat mir kurz berichtet, Herr Palzki. Es freut mich, dass Sie das Abenteuer einigermaßen heil überstanden haben. Das letzte Mal, als Sie auf unserem Gelände Rambo gespielt hatten, ging es ebenfalls glimpflich für Sie aus. Machen Sie das öfter, Autos und Transportern nachzurennen?«

Ich verzichtete auf eine Antwort. Stattdessen griff ich beidhändig in die offene Keksdose, die zentral auf dem Tisch platziert war. »Meine Lieblingskekse«, sagte ich kaum verständlich mit vollem Mund, »das haben Sie sich gut gemerkt.«

»Wir arbeiten stets kundenorientiert«, mischte sich ihr Mann ein. »Passen die Kleider?«

Da ich gerade Nachschub einlud, konnte ich nicht antworten. Der Brei tat meiner Speiseröhre gut, sodass ich mehrfach nachdosierte.

Jochen Bruch trank aus einem riesigen Glas, wobei ich nicht sagen konnte, ob der Inhalt alkoholisch war oder nicht. Der Geschäftsführer schien meine Gedanken zu erraten. »Wer in Baden fünf Schoppen trinkt, ist Alkoholiker. In der Pfalz ist er der Fahrer.«

Während ich mich essensmäßig therapierte, verfolgte ich ein geflüstertes Gespräch zwischen dem Ehepaar.

»Wieso bist du eigentlich in der Firma?«, fragte der weibliche Part. »Du hast doch gesagt, dass du …«

Der männliche Part unterbrach den weiblichen. »Äh, da war, ja, äh, das erkläre ich dir später.« Ich warf einen kurzen Blick zum Geschäftsführer und bemerkte Schweißperlen auf seiner Stirn.

»Und warum bist du mit dem Rad hier?«, hakte Doris Bruch unverdrossen weiter. »Du wolltest doch den großen …«

»Nein«, unterbrach ihr Mann erneut und viel zu laut. »Ich erklär's dir später, Schatz. Ich bin gerade noch rechtzeitig gekommen.« Er drehte sich zu mir um und sprach auf einmal recht laut. »Stimmt's, Herr Palzki?«

Ich gab ihm kopfnickend recht, obwohl ich keine Ahnung hatte, wozu er rechtzeitig gekommen sein sollte. Benötigte er seine Anwesenheit für ein Alibi? Steckte er sogar als großer Boss hinter dem Attentäter? Schon bei meinen letzten Ermittlungen wurde ich das Gefühl nicht los, dass mit dem Unternehmen irgendetwas nicht stimmte. Mein Bauchgefühl hatte mich bisher nur selten getrogen. Eigentlich noch nie.

»Herr Palzki?«, fragte der Geschäftsführer mit sanfter Stimme. »Ich hab's noch nicht ganz verstanden. Sie haben den Toten mit Ihrem Wagen vom Turmrestaurant im Ebertpark hierher zu uns verfolgt, ist das so richtig? Ich weiß inzwischen, dass der Tote nicht unser Bernd ist. Vor ein paar Minuten habe ich mit ihm telefoniert. Er hatte heute seine Tour sehr früh beendet und ist längst zu Hause angekommen. Bis jetzt konnte ich allerdings nicht herausfinden, ob der Transporter, der explodierte, derjenige war, mit dem Bernd vorher unterwegs war.«

»Ich habe nur das Werbebanner gesehen. Den Fahrer konnte ich nicht erkennen, Herr Bruch. Darum kümmern sich die Kollegen. Es wäre gut, wenn Sie ihnen die Information mit Bernd weitergeben würden.«

»Ich gehe raus und gebe Bescheid«, sagte Doris Bruch und verschwand. Wahrscheinlich siegte die Neugier.

»Hoffentlich sind die Leichenteile inzwischen abgedeckt«, sagte der Getränkehändler. Er druckste ein wenig herum. »Herr Palzki, hat der Tote in unserem Hof vorher in dem Restaurant jemanden umgebracht? Das hat Ihre Kollegin doch so gesagt, oder?«

Ich nickte. »Mit Pfeil und Bogen«, erklärte ich. »Eine in unserer Region eher unübliche Mordwaffe.«

»Kennt man das Opfer?«, bohrte Bruch vorsichtig weiter, versuchte dabei aber einen möglichst uninteressierten Eindruck zu erwecken.

»Das ist noch nicht so ganz klar«, antwortete ich ausweichend. »Warum interessiert Sie das?«

»Ach, nur so«, erwiderte er. »Ich habe einige Bekannte, die regelmäßig im Turmrestaurant essen gehen.« Er versuchte, mit einem pseudowitzigen Rätsel von dem Thema abzulenken. »Wie sagt man, wenn der Sohn den Vater unter den Tisch trinkt?«

Während ich verzweifelt zur Decke schaute, kam die Antwort: »Erzeugerabfüllung.«

Da ich die Keksdose mittlerweile aus medizinischen Gründen geplündert hatte, gab es für mich keinen Grund mehr, in dem Büro zu verweilen. Zum Abschluss trank ich die auf dem Tisch stehende zweite Cola und nahm die daneben liegende Schmerztablette. »Ich geh dann mal wieder in den Hof zu den Beamten, Herr Bruch. Vielen Dank für die Kleider und die Unterstützung. Ich bringe Ihnen das Zeug in den nächsten Tagen wieder vorbei.«

Den Geschäftsführer wurde ich nicht los. Da wir uns auf seinem Grund und Boden befanden, konnte ich ihm nicht so ohne Weiteres verbieten, mit nach hinten zu kommen.

»He, Herr Palzki, Sie sehe jo widder ganz manierlich aus, so frisch geduscht. Alles in Ordnung oder wollen Se doch besser ins Krankehaus?«

»Mir geht's prächtig«, sagte ich, obwohl es nicht stimmte. Bis die Tablette wirkte, würde es noch dauern. »Haben Sie neue Erkenntnisse?«

Die Ludwigshafener Kollegin schaute mich herausfordernd an. »Hexe kenne mer net. Des kennen vielleicht ihr in Schifferstadt, wir in Ludwigshafe schaffen awer noch anerkannte Regle und Gsetze.« Sie zeigte in Richtung Explosionsstelle. »Vun dem Kerl, der do drin gehockt hot, sinn nur noch ä paar Klumpe iwrich gebliewe. Net viel greeser als des, was Sie abgekricht hawwen.«

Ich sah, dass überall Beamte herumliefen. Auch dort, wo ich den großen LKW gesehen hatte, wurde fieberhaft nach Spuren gesucht.

»Do unne bei de Bierzeltgarniture, wo Ihr Wage steht, do waren mer noch net, Herr Palzki. Aus der Ferne sieht des awer wie ähn Totalschade aus. Ich hoff, dass des keen neie Wage war.«

»Ist nicht meiner«, sagte ich. KPD wird mich umbringen, wenn er erfährt, dass sein neuer Dienstwagen nur noch Schrottwert hatte.

»Sie kenne jetztert gern hemfahre, Herr Palzki. Mir brauche Sie do nimmi. Wenn noch was is, melde mir uns schun.«

Selbiges wollte ich auch gerade vorschlagen. Doch mit dem Fahren war es nicht so leicht. Auch Jochen Bruch erkannte das Dilemma. »Ich fahre Sie zum Turmrestaurant, Herr Palzki. Doris kann solange die Stellung halten. Normalerweise wäre mein Bruder Helmut hier, doch der hat zurzeit Urlaub.«

Ich behaupte, dass den meisten Ermittlern der letzte Satz des Getränkehändlers absolut unverdächtig vorgekommen wäre. Ein lapidarer Nebensatz, der nicht einmal Eingang in eine Ermittlungsakte finden würde. Ohne mich selbst loben zu wollen, hatte ich sofort die Brisanz des Satzes erkannt und dauerhaft in meinem Gedächtnis abgespeichert. Auch wenn die damaligen Ermittlungen bei der Firma Bruch schon eine Zeit lang zurücklagen, so war mir immer noch in Erinnerung, dass sich auch damals Jochens Bruder Helmut im Urlaub befand. Dies konnte Zufall sein, doch mit meiner jahrelangen Erfahrung als hochpsychologisch geschulter Kriminalbeamter wusste ich, dass es so etwas wie Zufall nicht gab. Hinter dem Urlaub Helmut Bruchs musste ein System stecken. Wickelten die Brüder in einem Hinterzimmer zwielichtige Geschäfte ab und Helmut Bruch war für die Beschaffung illegaler Produkte zuständig? Oder war der in Urlaub befindliche Bruder unschuldig, und Jochen nutzte dessen Abwesenheit für Geschäfte, die nichts mit Getränkehandel zu tun hatten, aber wegen Illegalität hochprofitabel waren?

»Das ist der Wagen meiner Frau«, sagte Jochen Bruch, als wir in den Nissan Qashqai einstiegen. »Normalerweise lässt sie mich damit nicht fahren, doch hier handelt es sich um eine Notlage.«

Interessant, dachte ich. Persönliche Neugier als Notlage zu betiteln, war mehr als dreist. Ich sagte nichts, da ich Nutznießer dieser vermeintlichen Notlage war. Als wäre Bruch mit meinem Chef verwandt, hielt dieser nicht auf dem Parkplatz vor der Friedrich-Ebert-Halle an, sondern fuhr durch das Tor direkt in den Park hinein und parkte vor dem Restaurant in einer Lücke zwischen diversen Einsatzfahrzeugen.

»Wissen Sie, Herr Palzki, wie man dazu sagt, wenn man bei 40 Grad Celsius einen Kasten Bier im Auto stehen lässt?« Er lachte kurz auf, bevor er die Auflösung sagte: »Bierquälerei.«

KAPITEL 3
DAS GASTHAUS AM EBERTPARK

»Da dürfen Sie nicht parken.« Jochen Bruch war noch nicht richtig ausgestiegen, da kam ein übereifriger Beamte angerannt.

»Ich darf.« Bruch blieb cool und deutete in Richtung Beifahrertür, aus der ich mich gerade herausquälte.

»Herr Palzki?« Der Beamte war mehr als überrascht, als er mich erkannte. »Wir dachten, Sie sind …?«

»Tot?«, ergänzte ich, nicht minder überrascht. »Wie kommen Sie auf diese unrealistische Idee?«

»Das hat man uns erzählt. Bei Getränke-Bruch soll ein Lastwagen explodiert sein. Es soll mehrere Tote gegeben haben.« Ihm fiel der Overall auf. »Sie haben ja auch einen Overall der Firma an.«

»Es gibt nur einen Toten«, mischte sich Bruch ein. »Es ist aber kein Mitarbeiter von mir.« Er bemerkte, dass er sich noch nicht vorgestellt hatte. »Mein Name ist Jochen Bruch, ich bin der Geschäftsführer des Unternehmens. Ich unterstütze Herrn Palzki bei seinen Ermittlungen.«

Das war mir längst klar, auch wenn es bisher unausgesprochen war. Schon das letzte Mal hatte er sich in aufdringlicher Art und Weise in die polizeilichen Ermittlungen eingemischt. Und dabei war er sogar einer meiner Hauptverdächtigen. Ich musste schauen, dass ich ihn schnell wieder loswurde.

»Ich renne schnell rein und gebe Bescheid, dass Sie leben, Herr Palzki«, frohlockte der Beamte.

»Lassen Sie mal, das mache ich selbst. Passen Sie hier draußen weiter auf Falschparker auf. In Ludwigshafen ist das ein Dauerthema.« Ich ging die Terrasse hoch, dabei bemerkte ich, dass dem Bogenschützen die Pfeilspitze fehlte.

Als ich die Tür zum Restaurant öffnete, schallte mir ein weiblicher Schrei entgegen, der nur schwer zu ertragen war.

»Reiner!«, schrie Stefanie, die mich sofort erkannt hatte. »Du lebst?« Sie rannte zu mir und umarmte mich fest. Tränen flossen. Meine diversen lädierten Körperteile zuckten zusammen. »Oh, du bist ja verletzt!« Sie betrachtete die sichtbaren Verletzungen und schluchzte.

»Ist alles halb so schlimm«, sagte ich in ruhigem Ton. »Ich lebe, und die Verletzungen sind nur Kleinkram.«

»Aber die Meldung über die Explosion!« Stefanie war noch nicht wieder beruhigt. »Das hat alles so real geklungen. Jemand hat gesehen, wie du dem Täter nachgefahren bist. Und als die Meldung mit der Explosion und mehreren Toten reinkam …« Sie schluchzte weiter.

In den nächsten Minuten hatte ich damit zu tun, neben meiner Frau auch anderen mir bekannten Personen zu versichern, dass ich lebe und es mir gut ging. Anatol Elert meinte es besonders gut, indem er mir ein frisch gezapftes Pils in die Hand drückte.

Irgendwann tauchte KPD auf. Dass ich lebte, schien ihn nicht zu irritieren. »Wusste ich doch, dass Sie nicht tot sind, Palzki«, plärrte er und begann sofort, mich nach üblicher Methode zu beleidigen. »Haben Sie den Mörder mal wieder entkommen lassen? Ihr Vorgehen heute Abend war symptomatisch für Ihr Verhalten. Ihr Körpereinsatz bei der Verfolgung von Verdächtigen ist schlicht gesagt ungenügend. Das Schauspiel, das Sie hier im Restaurant abgeliefert haben, war einfach erbärmlich.«

Mir platzte der Kragen. »Warum sind Sie nicht selbst dem Mörder nachgerannt?« Am liebsten würde ich KPD am Hals schnappen und ihn kräftig durchschütteln. Gedanklich hatte er wesentlich Schlimmeres verdient, doch das ist nicht druckreif.

»Weil Sie reagiert haben, Herr Palzki.« KPD war um keine Antwort verlegen. »Ich wollte Ihnen eine Chance geben und habe Ihr Verhalten aus der Beobachterrolle heraus bewertet. Dass Sie versagen, habe ich zwar vermutet, aber nicht gewusst. Außerdem hätte ich, wenn ich Ihnen nachgerannt wäre, einen meiner Orden verlieren können.« Mit einem arroganten Lächeln streckte er mir seine metallgeschützte Brust entgegen.

Mir fiel nichts mehr ein. Mit Mordgedanken wandte ich mich ab, doch mein Chef war noch nicht fertig.

»Und jetzt zum wichtigsten Teil: Wir beide gehen nach draußen und begutachten meinen Dienstwagen. Wehe Ihnen, ich finde auch nur einen einzigen Fingerabdruck auf dem Handschuhfach. Immerhin haben Sie sich meinen Wagen rechtswidrig angeeignet.«

Ich glaubte, nicht richtig zu hören. Heute Abend gab es zwei Tote und mein Chef hatte nichts Besseres zu tun, als seinen Dienstwagen auf Kratzer und Verschmutzungen zu untersuchen.

»Ihr Wagen ist nicht da, ich habe ihn nach der Fahrt zum Polieren gebracht. Ich habe eine Werkstatt gefunden, die nach der neuartigen BZG-Methode arbeitet.«

KPD nickte. »Wenigstens daran haben Sie gedacht.« Was sich hinter der BZG-Methode verbarg, interessierte ihn anscheinend nicht. Dabei war ich richtig stolz auf meine spontan kreierte Abkürzung für Bierzeltgarnitur.

Stefanie war wie ich geschockt über die Reaktion meines Chefs. Ich hoffte, dass sie mir nun zukünftig glaubte, wenn ich zu Hause von dem idiotischen und unsozialen Verhalten KPDs erzählte.

»Was ist mit deinem Anzug?«, fragte sie, um von KPD abzulenken, der sich verkrümelt hatte. »Warum hast du dich umgezogen?«

»Der wurde beim Einsatz samt Krawatte leider etwas beschädigt. Herr Bruch hat mir diese Ersatzklamotten ausgeliehen.« Ich schaute mich nach dem Getränkehändler um, doch auch ihn konnte ich nirgendwo entdecken. Überhaupt war der Turmbereich des Restaurants fast menschenleer, von einer Handvoll Beamter abgesehen, die vor allem an dem Tisch beschäftigt war, wo das Opfer starb. Den Toten hatte man inzwischen abtransportiert. »Hat man die Gäste nach Hause geschickt?«

Stefanie verneinte. »Die Gäste, die wie wir im Hauptbau saßen, sind im linken Nebenbau. Die Hochzeitsgesellschaft befindet sich hinten im großen Saal. Natürlich wurde die Musik abgeschaltet. Das läuft ein bisschen blöd für die Gesellschaft, aber es müssen alle Anwesenden registriert werden, und die Untersuchung des Tatorts hat nun mal Priorität.«

»Und mit dir ist alles in Ordnung?« Ich schaute Stefanie in die Augen. »Du hast den Mord immerhin direkt miterlebt. Keinen Schock oder so?«

Meine Frau runzelte die Stirn. »Ganz wohl ist mir nicht, am schlimmsten war die vermeintliche Todesnachricht von dir. Aber jetzt geht es schon wieder besser. Es ist ja nicht das erste Mal, dass ich einen Mord live miterlebe, bloß weil ich mit dir unterwegs bin.«

»Weiß man, wer der Tote ist?«

»Irgendein Mitarbeiter von der Lukom. Das waren alles Lukom-Mitarbeiter, die am Nebentisch gesessen und heftig diskutiert haben. Mehr weiß ich nicht.«

Die Lukom war mir ein Begriff. Es handelte sich um die Ludwigshafener Kongress- und Marketing-Gesellschaft, einer Tochtergesellschaft der Stadt Ludwigshafen. Unter anderem organisierte das Unternehmen Großveranstaltungen und war für das Management mehrerer Veranstaltungshäuser wie der Friedrich-Ebert-Halle und dem Pfalzbau zuständig.

»Hat sich KPD wieder über Gebühr bei den Kollegen eingemischt?«

Stefanie schüttelte den Kopf. »Der blieb brav im Hintergrund. Keine Ahnung, was mit dem los ist. Vielleicht kannte er das Opfer?«

»Das ist in der Tat sehr seltsam. Wo ist er jetzt überhaupt?«

»Vorhin war er in der Küche bei Herrn Elert. Davor sind die beiden wild gestikulierend durch das Restaurant gelaufen. Ich glaube, KPD ist gedanklich längst wieder bei seiner privaten Feier.«

Ich war hochgradig verwirrt. Klar, KPDs Feier hatte zurzeit in seinem Leben höchste Priorität. Selbst ein dritter Weltkrieg würde ihn von seinen Plänen nicht abbringen. Trotzdem, ein Mord direkt hinter seinem Rücken, solch eine Profilierungsmöglichkeit würde er sich niemals entgehen lassen. Den Grund musste ich unbedingt in Erfahrung bringen. »Ich gehe mal nach hinten.«

Ich nahm den rechten Durchgang. Verblüfft registrierte ich vereinzelte Lacher. Was war da los? Neben dem Eingang zum großen Saal war ein Tisch aufgebaut, an dem zwei Beamte sowie, dem edlen Anzug nach, einer der Hochzeitsgäste saßen und miteinander sprachen.

»Gehören Sie zur Gesellschaft?«, fragte mich einer der Beamten, als ich in den Saal gehen wollte, um den Grund des Gelächters ausfindig zu machen.

»Sehe ich so aus?«, antwortete ich mit einer Gegenfrage und zeigte auf den Werbespruch auf meinem Overall.

»Ach so«, antwortete er, erkannte mich aber im gleichen Moment. »Mensch, Herr Palzki, wie sehen Sie denn aus? Vorhin wurde uns gesagt, dass Sie im Einsatz gestorben sind, dann hieß es später, dass Sie doch leben. Was stimmt denn nun?«

Diese absolut doofe Frage konnte der Kollege meiner Meinung nach nur damit entschuldigen, wenn er seit drei Tagen im Dauereinsatz war und unter heftigem Sauerstoffdefizit stand. »Ich bin ein Geist«, antwortete ich wenig geistreich und ging kopfschüttelnd in den Saal.

Das hochgedimmte Saallicht sorgte für eine trostlose Stimmung. Die meisten der Gäste saßen in unterschiedlich großen Gruppen an den Tischen und unterhielten sich in gedämpftem Ton. Das Hochzeitspaar entdeckte ich erst auf den zweiten Blick. Es stand, durch andere Gäste verdeckt, neben einem Stehtisch, an dem eine mir bekannte Person agierte. Nun kannte ich auch den Grund der Heiterkeit, die ausnahmslos aus Richtung des Tisches kam.

Er bemerkte mich erst, als ich direkt neben ihm stand, so vertieft war er in seine Arbeit.

»Herr Palzki«, stieß er erschrocken aus. Fast hätte er seinem Kunstwerk einen Strich durch die Rechnung gemacht. Er legte den Stift weg und gab mir die Hand. »Ich freue mich, dass es Ihnen gut geht, Herr Palzki. Als vorhin diese blöde Fake-Nachricht kam, stürzte für mich die Welt zusammen. Die Kurpfalz ohne unseren Kommissar Palzki, das wäre ja so, als würde man den Weinanbau verbieten.«

Das ging runter wie Öl. Endlich mal jemand, der meine Fähigkeiten und positive Charaktereigenschaften zu schätzen wusste.

»Jochen Bruch hat mich bereits in Kurzform aufgeklärt«, sprach er weiter. Jetzt nahm ich den Geschäftsführer wahr, der schräg hinter ihm stand.

»Ja«, unterbrach Bruch, »als ich erfahren habe, dass Herr Boiselle anwesend ist, bin ich ihn gleich suchen gegangen. Wissen Sie noch, Herr Palzki, wie wir beide Ihnen das letzte Mal bei den schwierigen Ermittlungen mit den Grumbeeren geholfen haben?«

»Dietmar Becker war auch dabei«, ergänzte Steffen Boiselle, der als Cartoonist und Inhaber eines Verlags zur Prominenz der Region zählte.

Schlagartig wurden mir die damaligen Umstände zurück ins Gedächtnis gerufen. Drei Hobbydetektive auf einmal, das war für mich ein harter und fast unüberwindbarer Brocken. Überall, wo ich im Laufe der Ermittlungen auftauchte, war mindestens einer der drei bereits dort. Dermaßen intensive Störfeuer hatte ich vorher nie erlebt. Und das will was heißen. Einmischungen war ich seit Jahren von dem Regionalkrimiautor und Archäologiestudenten Dietmar Becker gewohnt. Dubios, skurril und absolut unglaubwürdig waren seine Geschichten, gemischt mit Protagonisten, die es niemals in der Realität geben konnte, und Tatorten, die es ausschließlich in seiner Fantasie gab. Ich wusste nicht, warum er sich mir bei den schwierigen Fällen immer an die Fersen heftete, denn den Quatsch, den er immer schrieb und der dann auch noch von einem renommierten Verlag veröffentlicht wurde, hatte mit den verbrecherischen Realitäten, mit denen ich es täglich zu tun hatte, nicht das Geringste zu tun. An Becker hatte ich mich nach so vielen Jahren einigermaßen gewöhnt und musste zugeben, wenn auch nur ungern, dass er mir das eine oder andere Mal mit einem kleinen Hinweis geholfen hat. Natürlich nur zufällig.

Irgendwann kam dann Steffen Boiselle ins Spiel. Der Zeichner war in seinem Metier begabt, das gab ich neidlos zu. Leider kannte er Dietmar Becker gut und spielte wie dieser gerne Detektiv. Als Verlagschef aus Neustadt schien er über viel Tagesfreizeit zu verfügen, sodass er schon das eine oder andere Mal gemeinsam mit seinem Buddy Dietmar auf Pirsch ging, um zu beweisen, dass Privatpersonen effektiver als die Polizei Verbrecher überführen können. Was natürlich regelmäßig nicht funktionierte, auch wenn die beiden anderes behaupteten. Im Gegensatz zu Becker, der nicht einmal davor zurückschreckte, sich mit KPD anzufreunden, um an Interna zu kommen, mochte ich den angenehmen Charakter von Boiselle sehr. Seine beschauliche und besonnene Art war stets ein Ruhepol während der hektischen Verbrecherjagd.

Damit nicht genug, war dieses Mal auch Jochen Bruch mit von der Partie. Auch er spielte für sein Leben gerne Sherlock Holmes und löste, wie er mir einmal berichtete, in seiner Freizeit gerne Ratekrimis, wenn er nicht gerade Schach spielte. Es war typisch für ihn, dass er nach unserer Ankunft im Restaurant Boiselle aufsuchte, um ihm die Neuigkeiten zu erzählen. Spätestens morgen früh würde Dietmar Becker zu dem Duo stoßen, wenn er nicht längst hier war.

»Alles in Ordnung, Herr Palzki?« Der Zeichner sah mich besorgt an, weil ich ein paar Sekunden lang in Gedanken versunken war.

»Passt alles«, sagte ich. »Schönes Bild, das Sie da grad malen.«

Steffen Boiselle lachte. »Ich karikiere gerade das Hochzeitspaar«, erläuterte er. Tatsächlich sah die Zeichnung dem Paar, das neben uns stand, sehr ähnlich, wenn auch zeichnerisch überzogen, was ja typisch für eine Karikatur war. »Ich bin heute mal wieder als Hochzeitszeichner gebucht.

Da wegen des Todesfalls die Feier ins Wasser fällt, die Gäste aber noch nicht heimdürfen, zeichne ich die ganze Zeit die Gäste weiter. Die meisten haben bereits ihr eigenes Porträt, das sie selbstverständlich mit nach Hause nehmen dürfen. Das frischgetraute Ehepaar hätte ich planmäßig erst in einer guten Stunde vor allen Gästen gemalt, doch bis dahin dürfen die Leute wohl endlich heim.« Er sah mich fragend an. »Finden Sie es pietätlos, was ich da mache, Herr Palzki?«

»Machen Sie nur weiter«, empfahl ich. »Ein bisschen Zerstreuung tut allen gut. So können die Gäste wenigstens eine schöne Erinnerung an die Hochzeit mit nach Hause nehmen.«

»Wir werden die Feier selbstverständlich nachholen«, unterbrach uns der Bräutigam. »Gegen höhere Gewalt kann man nichts machen. Wir sind jedenfalls froh, dass wir Herrn Boiselle für den ganzen Tag engagiert haben.«

Ich verabschiedete mich und verließ den Saal. Gegenüber dem Foyer ging es zu den Toiletten und dem Küchenbereich. Niemand stoppte mich, als ich das Heiligtum des Restaurants betrat. Hier fand ich auch KPD, der mit Anatol Elert sprach und dabei heftig gestikulierte.

»Palzki, kommen Sie her!«, rief KPD, als er mich wahrnahm. Unwillig ging ich auf die beiden zu.

»Ich habe mit Anatol einen Deal gemacht«, offenbarte KPD. Dass mich dieser Satz sofort an Donald Trump erinnerte, war schlimm genug. Dass mein Chef mit dem Pächter bereits beim ersten Zusammentreffen per Du war, verhieß weitaus Schlimmeres.

Elert nickte ernst. »Ihr Vorschlag, Herr, äh, dein Vorschlag, lieber Klaus, hat mir sofort gefallen.«

KPD strahlte überheblich, was ihn einem amerikanischen Präsidenten noch ähnlicher werden ließ. »Meine Ideen sind immer famos.« Er wandte sich mir zu. »Herr Palzki, Anatol Elert hat ein Problem, bei dem ich ihm helfen werde. Sie haben es selbst mitbekommen: In seinem Restaurant wurde ein Mann getötet. Das ist natürlich für das Renommee eines solchen Hauses alles andere als eine gute Werbung. Ich werde alles tun, um zu beweisen, dass die Tat nichts mit dem Restaurant zu tun hat und die Gäste auch in Zukunft exzellent bedient werden, ohne Angst haben zu müssen, ermordet zu werden.«

»Das Opfer arbeitete in einer Gesellschaft, die zu der Stadt Ludwigshafen gehört«, mischte sich Elert nervös ein. »Ich habe Angst, dass der Pachtvertrag gekündigt wird oder keine offiziellen Veranstaltungen mehr bei uns stattfinden. Keine Ahnung, was das für Auswirkungen ...«

»Ja ja«, unterbrach KPD ungeduldig. »Ich habe das alles vollumfänglich verstanden. Ich werde den Täter in kürzester Zeit finden, damit wieder Ruhe einkehrt. Als Gegenleistung werde ich in Zukunft alle meine privaten Feiern sowie die Dienstempfänge im Turmrestaurant begehen. Und zwar zu dem von uns ausgehandelten Sonderpreis. Die Menükarten stimmen wir vorab jeweils gemeinsam ab. Und zwar ohne diesen Bilderquatsch.«

Irgendetwas war an der Sache faul. Die Gegenleistung, die KPD erhielt, klang für mich plausibel. Nur der von KPD zu erbringende Part, da galt es nachzuhaken. »Und wie wollen Sie den Verbrecher überführen, Herr Diefenbach? Die Ludwigshafener Kollegen sind Ihnen nicht gerade wohlgesonnen. Die werden Sie bestimmt nicht in die Ermittlungsakte schauen lassen.«

KPD grummelte vor sich hin. »Das weiß ich auch, Palzki. Sie werden das für mich übernehmen. Als Dienstvorgesetzter delegiere ich diese leichte Aufgabe an Sie. Besorgen Sie mir nähere Informationen. Insbesondere zu dieser seltsamen Tischgesellschaft, die neben uns gesessen hatte. Anatol sagte mir, dass es alles Mitarbeiter der Lukom waren. Sie wissen doch hoffentlich, was die Lukom ist?«

Ich zog desinteressiert die Schultern hoch. Mein Interesse, für KPD die Kohlen aus dem Feuer zu holen, hielt sich sehr in Grenzen.

»Wusste ich es doch«, antwortete mein Chef und seufzte. »Anatol, du brauchst keine Angst zu haben. Ich habe leider ad hoc keinen fähigen Untergebenen zur Verwendung. Selbstverständlich werde ich jeden einzelnen Schritt von Herrn Palzki überwachen und ihn entsprechend lenken. Sobald es ein bisschen anspruchsvoller wird, greife ich als guter Chef selbst ein. Du wirst sehen, Anatol, der Fall ist ruckzuck abgeschlossen. In wenigen Tagen ist unser Restaurant wieder aus der Schusslinie, pressemäßig gesehen.«

Der Pächter zeigte deutliche Zeichen von Unsicherheit, die KPD nicht bemerkte. Wichtige soziale Errungenschaften der Menschheit wie Empathie waren meinem Chef fremd. Als Dienststellenleiter stand er mit seiner Empathielosigkeit nicht allein. Überdurchschnittlich viele Chefs vom Inhaber bis zum Geschäftsführer konnten oder wollten sich nicht in die Lage ihrer Mitarbeiter einfühlen. Einer Studie zufolge betraf diese negative Verhaltensweise im überdurchschnittlichen Maß sogar Geschäftsführer von sozialen Unternehmen. Ein Satz dieser Studie hatte sich mir eingeprägt: Empathielosigkeit zeigt sich in der Unternehmensführung vor allem dann, wenn ständig von einem Unternehmensleitbild gesprochen wird, an dass sich die Führung des Unternehmens selbst nicht hält, dies aber nicht bemerkt.

KPD zeigte sich stattdessen zufrieden. »So, dann wäre das Wichtigste geregelt. Du kannst mich nun, wie vereinbart, nach Hause fahren, Anatol.«

»Prima«, sagte ich, »ich hole schnell unsere Frauen.«

KPD kräuselte die Stirn. »Sie haben da was grundlegend falsch verstanden, Palzki. Anatol fährt mich nach Hause, sonst keinen. Gut, meine Frau werden wir mitnehmen müssen, das muss halt sein. Aber Sie? Sie gehen unverzüglich an die Arbeit. Um 9 Uhr morgen früh erwarte ich in meinem Büro einen ersten Zwischenbericht. Aber wehe, Sie vergessen irgendwelche Details. Was wichtig ist und was nicht, das entscheide ausschließlich ich.«

»Und wenn mir die Ludwigshafener Kollegen keine Informationen geben?«, fragte ich zaghaft.

»Mensch, Palzki, nun stellen Sie sich nicht dümmer an als Sie sind«, polterte KPD. »Ihnen wird schon etwas einfallen. Fragen Sie diesen dubiosen Getränkehändler, den Sie vorhin beigeschleppt haben. Intuitiv würde ich sagen, dass er zum Täterkreis gehört. Und getäuscht habe ich mich noch nie. Oder fragen Sie diese Lukom-Leute. Die sind doch noch da, Anatol, oder?«

»Ja ja«, beeilte sich dieser mit der Antwort. »Die sitzen im linken Anbau. Ich kann Herr Palzki mit ihnen bekannt machen, da ich die Personen kenne.«

»Na, ist das nichts?«, fragte KPD überheblich. »Sie bekommen Ihre Arbeit sogar auf dem Silbertablett präsentiert. Nur die Fragen stellen, die müssen Sie noch selbst.« Abrupt sah er Anatol an. »Können wir nun endlich fahren?«

»Ich stelle Herrn Palzki noch schnell den Lukom-Mitarbeitern vor, dann fahre ich dich heim, Klaus. Den Rest unserer neuen Küche zeige ich dir bei unserem nächsten Termin.«

Ohne mich von meinem Chef zu verabschieden, folgte ich Herrn Elert zum Nebensaal.

KAPITEL 4
DIE BANDE DER LUKOM

»Herr Lemberger«, sprach der Pächter die beiden an, die sofort aufschauten. Ich blickte in verheulte und geschockte Gesichter. »Darf ich Sie mit Herrn Palzki bekannt machen? Er saß während der Tat am Nachbartisch. Herr Palzki ist Beamter der Kriminalpolizei Schifferstadt. Darf er Ihnen und Ihrem Kollegen ein paar Fragen stellen?«

»Wieso aus Schifferstadt?«, fragte einer der beiden, bei dem es sich offensichtlich um Lemberger handelte. »Wir sind doch in Ludwigshafen. Die hiesigen Beamten haben uns längst Löcher in den Bauch gefragt. Warum sollen wir noch mal ...« Er stockte. »Sie sind Herr Palzki, habe ich das eben richtig verstanden? Reiner Palzki?«

Ich nickte vorsichtig.

»Das ist ja der Hammer«, bekam ich zur Antwort. »Setzen Sie sich zu uns.« Fast gewaltsam zog er mich auf einen freien Stuhl. Anatol Elert schlich davon, ohne noch etwas zu sagen.

Lemberger strich mir wie einem kleinen Kind über den Kopf. »Das ist so, als würde es das Schneewittchen wirklich geben. Oder Rotkäppchen oder eine andere Figur aus der Märchenwelt.« Er bemerkte die Verständnislosigkeit seines Kollegen. »Weißt du denn nicht, wer Reiner Palzki ist? Das ist der Protagonist in den schrägen Krimis des Autors Dietmar Becker. Den musst du kennen, die Krimis spielen bei uns in der Kurpfalz.«

Der Angesprochene zuckte mit den Achseln: »Ich lese keine Krimis.«

Lemberger ließ den Einwand nicht gelten. »Du Kulturbanause. Dann leihe ich dir mal das eine oder andere Buch aus. Das musst du gelesen haben. Absolut verrückte Kriminalfälle und noch verrücktere Protagonisten. Der Autor schreibt zwar in der Danksagung, dass es viele der handelnden Personen tatsächlich geben soll, doch so irre kann die Welt gar nicht sein. Und die Hauptpersonen sind Reiner Palzki und sein Chef, der Dienststellenleiter der Kriminalinspektion Schifferstadt. Besonders die Figur Palzki ist schräger und chaotischer angelegt als alle anderen. Damit die Glaubwürdigkeit seiner Krimis nicht leidet, schreibt Becker im Anhang, dass Palzki und Diefenbach, so heißt sein Chef, keinem realen Vorbild entsprungen sind. Und jetzt kommt der wahrhaftige Reiner Palzki daher und stellt sich uns vor.« Er klopfte mir freudig auf die Schulter. »Ich kann es immer noch nicht so richtig glauben, Herr Palzki. Von der Statur her habe ich mir Sie so in etwa vorgestellt. Aber dieser Blaumann? Recherchieren Sie in geheimer Mission? Hat das mit Bernie zu tun?«

Verdammte Zwickmühle. Was sollte ich nun bloß tun? Mich der Lächerlichkeit preisgeben und bestätigen, dass Becker mich regelmäßig in seinen kruden Büchern als Mensch und Polizeibeamter diffamierte? Ich könnte wortlos aufstehen und gehen, was wahrscheinlich der einfachste und leichteste Weg war. Doch so richtig zufriedenstellen würde mich das nicht. Längst war ich in diesem Fall persönlich betroffen. Hatte ich mir nicht eine lebensgefährliche Verfolgungsjagd mit dem mutmaßlichen Mörder geliefert? War ich nicht an meine körperlichen Grenzen gegangen, um des Täters habhaft zu werden? Hatte ich nicht ein Wahnsinnsglück, bei der Explosion relativ unverletzt zu bleiben?

Nein, ich hatte längst das innere Verlangen, den Fall aufzuklären und die Hintergründe in Erfahrung zu bringen. Das hatte nichts mit dem Auftrag von KPD zu tun, sondern war allein meinem eisernen Willen geschuldet.

»Da muss eine Verwechslung vorliegen«, sagte ich ohne allzu viel Hoffnung. Früher oder später würde er doch die Wahrheit erfahren. »Ich kenne keinen Autor mit dem Namen Dietmar Becker.«

Lemberger kam ins Stottern. »Das, da, das ist doch nicht möglich. Aber Sie kommen schon aus Schifferstadt? Heißt Ihr Chef Klaus Diefenbach und wird von allen nur KPD genannt?«

»Und wenn schon«, antwortete ich salomonisch in eingeschnapptem Tonfall. »Darf ich Ihnen ein paar Fragen stellen?«

Mein Gegenüber hatte meine Frage nicht wahrgenommen. »Irre, da schreibt ein bekannter regionaler Schriftsteller Kriminalgeschichten über eine Polizeidienststelle, und die, die dort arbeiten, wissen das nicht einmal.«

»Wir haben keine Zeit für solchen Quatsch«, sagte ich eine Spur aggressiver. »In unserer Dienstzeit sind wir jede einzelne Minute im Einsatz, um die Bürger zu schützen. Schauen Sie sich nur unsere Kriminalitätsstatistik und die Aufklärungsquoten in der Vorderpfalz an. Sie und alle anderen Bürger sollten stolz auf die Polizei sein. Und wenn wir Polizeibeamte nach harter Arbeit nach Hause kommen, haben wir bestimmt keine Lust mehr auf Tatort und Co., egal ob im Fernsehen oder beim Lesen von irgendwelchen Fantasiekrimis. Wir erleben die harte Realität jeden Tag. Gerade vorhin habe ich mehrfach mein Leben riskiert, um den Mörder Ihres Kollegen zu fangen. Verstehen Sie jetzt, warum ich Ihnen ein paar Fragen stellen will?«

Die beiden wirkten eingeschüchtert. »Selbstverständlich, Herr Palzki«, entschuldigte sich Lemberger. »Gerne beantworten wir Ihre Fragen. Auch wir wollen wissen, wer Bernie ermordet hat und vor allem, warum.«

»Dann sind wir uns ja einig.« Ich hatte die Lage endlich im Griff. »Erzählen Sie mir mehr über diesen Bernie. Vorher dürfen Sie sich noch kurz vorstellen.«

»Mein Kollege heißt Yann Fürst. Wir arbeiten alle bei der Lukom. Das ist …«

»Ich weiß, was die Lukom macht«, unterbrach ich ihn. »War Bernie ebenfalls ein Kollege von Ihnen? Hat er auch einen Nachnamen?«

»Zuse, Bernie Zuse. Eigentlich Bernhard Zuse. Ja, Bernie ist von uns allen der am längsten Beschäftigte bei der Lukom. Er arbeitete bereits im Vorgängerunternehmen LUBEGE.«

»Ist er mit dem Computerpionier Konrad Zuse verwandt?«

Die zwei schauten verdattert. »Nicht, dass ich wüsste«, sagte Yann Fürst. »Er wohnte in der Pfingstweide, wenn Ihnen das weiterhilft.«

Erkennbar wusste das Duo mit Konrad Zuse nichts anzufangen, was mir aber auch nicht weitergeholfen hätte. »Warum haben Sie sich so lautstark gestritten? Bevor Herr Zuse ermordet wurde, meine ich.«

»Wir haben überhaupt nicht gestritten«, warf Lemberger ein und schaute seinen Kollegen an. »Oder hattest du den Eindruck?« Ein Kopfschütteln kam als Antwort.

Mein Nachhaken wurde durch eine neue Person im Keim erstickt.

»Darf ich bitte mal?« Eine Frau brachte zwei große Salatteller, die sie vor den Lukom-Mitarbeitern abstellte.

»Danke, Frau Elert«, sagte Yann Fürst, Lemberger bedankte sich ebenfalls.

Mein Magen legte einen Spontanknurrer in Orkanlautstärke hin, der Frau Elert heftig zusammenzucken ließ. Entsetzt schaute sie mich an. »Soll ich Ihnen auch einen Salatteller bringen?«

»Hätten Sie auch etwas Kalorienreicheres?«, fragte ich vorsichtig. »Es muss nicht unbedingt eine Schweinshaxe sein, aber vielleicht ein Cordon bleu oder so?«

»Selbstverständlich«, antwortete die Frau des Pächters. »Es wird nur etwas dauern, weil alles ein bisschen durcheinander läuft und die Untersuchung der Polizei noch im Gange ist.«

»Kein Problem«, entgegnete ich. »So schnell werde ich nicht verhungern.« Ein zweites magenmäßiges Donnergrummeln sprach gegen meine These.

»Darf ich den Salat mit Ihnen teilen?« Lemberger sah mich fragend an.

»Essen Sie ruhig, ich kann warten. Ich kann meine Fragen auch stellen, während Sie das Grünzeug essen. Zigaretten rauchen wäre schlimmer.«

»Also, wie gesagt, Herr Palzki, gestritten haben wir nicht. Wir haben lediglich diskutiert. Kann sein, dass ein paar Aspekte etwas emotional und unterschiedlich erörtert wurden, insgesamt waren wir aber auf einer Linie. Nicht wahr, Kollege?«

Fürst nickte mit vollem Mund. Mein Magen probte die nächste Rebellion.

»Um welche Aspekte ging es denn? Sehen Sie einen Zusammenhang mit der Tat?«

Einmal Ja und einmal Nein schallten mir zeitgleich entgegen. Genau dies war der Grund, warum es bei polizeilichen Vernehmungen keine Gruppenbefragungen gab. Da es nicht das erste Mal war, dass ich mich in einer rechtlichen Grauzone bewegte, sah ich keine Veranlassung, die Gruppenbefragung einzustellen. Im Gegenteil, ich erhoffte mir eine gegenseitige Befeuerung der Hintergrundinformationen, die ich in Einzelgesprächen vielleicht niemals erfahren würde. »Das müssen Sie mir jetzt näher erklären. So einig sind Sie sich ja nun doch nicht.«

»Doch«, kam es, zumindest sinngemäß und gleichzeitig zurück. Ein Grinsen konnte ich mir nicht mehr verkneifen. Ich bohrte weiter. »Hatte Herr Zuse Feinde? Ich meine, hatte er Angst vor jemand?«

»Seine Exfrau«, meinte Yann Fürst ohne nachzudenken. »Sorry, das ist mir nur gerade in den Sinn gekommen. Bernie steckte zurzeit in einem gewaltigen Rosenkrieg. Da ging es mächtig zur Sache. Das hat aber mit dem Mord an ihm nichts zu tun.«

»Sondern?«

Er zuckte mit den Achseln. »Mit seiner Exfrau hat das jedenfalls nichts zu tun. Ich weiß nicht einmal, ob die beiden inzwischen rechtskräftig geschieden sind. Über sein Privatleben haben wir heute Abend nicht gesprochen.«

»Ich glaube, wir reden aneinander vorbei«, versuchte Lemberger zu schlichten. »Sie wollen Näheres zum Mord erfahren, Herr Palzki, was völlig nachvollziehbar ist. Ich kann Ihnen sagen, dass Bernie sich weder verfolgt noch in Lebensgefahr sah. Wir können uns nicht im Geringsten vorstellen, warum er ermordet wurde.«

Yann Fürst war anderer Meinung. »Markus, denkst du nicht, dass es etwas mit dem verschwundenen Kollegen zu tun haben könnte?«

Ich wurde hellhörig. Eine verschwundene Person, warum habe ich das nicht sofort erfahren?

»Ach was«, antwortete Lemberger. »Das wäre ja völlig abwegig. Nein, da sehe ich absolut keine Verbindung.«

»Wie wäre es, Sie überlassen die Entscheidung mir, ob diese verschwundene Person etwas mit der Tat zu tun haben könnte. Wurde eine Vermisstenmeldung gestellt?«

»Das wissen wir nicht, Herr Palzki.«

Ich holte zweimal tief Luft, um nicht die Kontrolle über mich zu verlieren. »Seit wann wird diese Person vermisst?«

Ich versuchte es mit der Taktik der kleinen Schritte.

»Seit über 40 Jahren, so genau hat Bernie das nicht gesagt.«

»40 Jahre? Seit 40 Jahren wird einer Ihrer Kollegen vermisst? So lange sind Sie doch selbst nicht bei der Lukom, wenn ich Sie mir so anschaue.«

Yann Fürst übernahm. »Das hat auch niemand behauptet, Herr Palzki. Wir alle kennen diesen Exkollegen nicht. Das war, wie Sie richtig erkannten, lange vor unserer Zeit. Da gab es die Lukom noch gar nicht. Bernie sagte, dass es während der LUBEGE-Zeit passierte.«

Ein 40 Jahre alter Vermisstenfall. Ich sah mich schon im Geiste in alten staubigen Akten herumwühlen. Trotzdem, als Polizeibeamter musste ich weitere Informationen in Erfahrung bringen. »Warum hat Ihnen Herr Zuse von der alten Geschichte erzählt? Haben Sie einen Nostalgieabend abgehalten?«

Lemberger überlegte lange, bevor er antwortete. »Ich bin hin- und hergerissen, Herr Palzki. Das Thema, über das wir diskutierten, ist äußerst aktuell und politisch hochbrisant. Und da wir bei der Lukom arbeiten, also einer Tochter der Stadt Ludwigshafen, müssen wir sehr vorsichtig agieren. Daher haben wir auch den Beamten aus Ludwigshafen nichts erzählt. Wenn das durchsickern sollte und sich später als haltlos erweisen würde, würden unsere Köpfe rollen. Sinnbildlich natürlich, man würde uns bestimmt entlassen wegen imageschädlichen Verhaltens. Sie verstehen, was ich damit sagen will?«

Mir hatte das Wort »politisch« genügt. Dieses Wort stand für mich, zumindest im Zusammenhang mit polizeilichen Ermittlungen, regelmäßig als Synonym für Intrigen, Ränkespiele, Lügen und vieles mehr. Sobald Politik im Sinne von Taktieren ins Spiel kam, wünschte ich mir, einen unanständigen Beruf gelernt zu haben, zum Beispiel Lehrer, wegen der vielen Ferien.

Lemberger, der erneut eine überlange Pause eingelegt hatte, sprach weiter. »Wir sind bereit, Ihnen ein paar absolut vertrauliche Exklusivinformationen zu geben, Herr Palzki. Das machen wir nur, weil Sie von außerhalb unserer Stadt kommen. Natürlich haben wir noch eine andere Motivation: Falls sich die Geschichte von Bernie als wahr herausstellen sollte und Sie, lieber Herr Palzki, den Fall lösen, würde doch bestimmt der Autor Dietmar Becker ein Buch darüber schreiben, oder? Vielleicht sogar mit der Erwähnung unserer Namen?«

Mit naivem Blick schaute er mir in die Augen. Ich ging zum Schein auf seinen Vorschlag ein. »Mal schauen, was ich für Sie machen kann. Erzählen Sie mir erst mal, was Sie wissen.«

Markus Lemberger schaute kurz zu seinem Kollegen, der ein Nicken andeutete. Nach dieser Einverständniserklärung legte er los. »Über das Thema Hochstraßen wissen Sie Bescheid? Ich meine die in Ludwigshafen, Hochstraße Nord und Süd.«

Mir fiel die Kinnlade herunter. Ausgerechnet die hiesigen Hochstraßen, das politischste regionale Thema der letzten Jahre und bestimmt der nächsten 20 bis 30 Jahre in der Kurpfalz überhaupt. Das brisante Hochstraßendesaster konnte man in einem Atemzug mit dem Berliner Flughafen und Stuttgart 21 vergleichen.

Zwei Bundesstraßen hatte man in den 60er- und 70er-Jahren des vergangenen Jahrhunderts über die Innenstadt Ludwigshafens hinweg gebaut. Es handelte sich um die wichtigsten West-Ost-Verbindungen, da diese direkt in die beiden Rheinbrücken nach Mannheim übergingen. Ursprünglich gebaut für die Verkehrsverhältnisse von vor 50 Jahren, wurden die beiden Hochstraßensysteme längst nicht mehr dem aktuellen Verkehrsvolumen gerecht. Das eigentliche Problem lag weniger an den Zehntausenden PKWs, die täglich von der Vorderpfalz nach Mannheim oder umgekehrt fuhren, sondern an den vielen LKWs. Jeder einzelne Brummi schädigte die Straße aufgrund seines Gewichts mehr als 100.000-mal so stark wie ein PKW. Bei den Berechnungen für neue Straßen konnten die Ingenieure die PKWs im Prinzip vernachlässigen, die Abnutzung der Straßen erfolgt fast ausschließlich durch die LKWs. Vor wenigen Jahren stellte sich heraus, dass die Hochstraße Nord baufällig und nicht mehr reparabel war. Nach längerer Diskussion wurde beschlossen, diese abzureißen und durch eine ebenerdige Stadtstraße zu ersetzen. Die Fahrzeuglenker sollten nicht mehr über Ludwigshafen fahren, sondern mitten hindurch, wie es sich für eine anständige Großstadt gehörte. Die südliche Hochstraße sollte in der Bauphase, für die mehrere Jahre veranschlagt wurden, den Verkehr ihrer nördlichen Schwester mit aufnehmen. Bei Ertüchtigungsmaßnahmen des Südsystems wurde dann aber festgestellt, dass die Straße für den Verkehr untragbar war. Größer werdende Risse in den Pfeilern sorgten dafür, dass im Jahr 2019 die Südbrücke komplett gesperrt und im Jahr darauf abgerissen werden musste. Seitdem war Stehenstehen für viele Autofahrer ähnlich zeitintensiv wie der nächtliche Schlaf. Schlafen, Arbeiten und im Stau stehen, das war für viele Berufstätige, die täglich das Bundesland wechseln mussten, unter der Woche die einzigen Aktivitäten. Die Krankheits- sowie die Herzinfarktquote war seitdem in der Region nachweislich signifikant gestiegen. Und die Alternativen? Die dritte Rheinquerung bei Altrip wurde nie gebaut und wird es wohl nie werden. Die beiden Autobahnen weit nördlich von Ludwigshafen sowie bei Speyer waren gewaltige Umwege und verkehrsmäßig ebenso überlastet. Jeder noch so kleine Auffahrunfall im morgendlichen oder abendlichen Berufsverkehr sorgte über Stunden hinweg für einen verkehrstechnischen Stillstand zwischen Pfälzerwald und Odenwald.

»Herr Palzki?«, fragte Lemberger zaghaft. »Ist mit Ihnen alles in Ordnung?«

»Ja, ja«, antwortete ich und schluckte hart. »Ich war nur in Gedanken. Was haben die Hochstraßen mit Ihrem Kollegen zu tun?«

Lemberger rückte näher zu mir und sprach leiser als bisher. »Bernie will eine Verschwörung auf höchster politischer Ebene aufgedeckt haben. Zuerst dachten wir, dass er uns auf den Arm nehmen möchte, doch dann wurde er ein wenig konkreter. Allerdings klang alles ziemlich verworren, und ich muss zugeben, dass ich zumindest zu Beginn nicht so genau zugehört habe. Die Story war viel zu fantastisch.«

Yann Fürst hatte auch etwas zu sagen: »Ich hatte den Eindruck, es geht um das Kreishaus des Rhein-Pfalz-Kreises. Sie wissen doch, Herr Palzki, dass sich die Kreisverwaltung des Rhein-Pfalz-Kreises nicht im eigenen Kreisgebiet befindet, sondern wie eine Exklave in Ludwigshafen steht. Und dazu noch genau neben der Hochstraße Nord, die irgendwann abgerissen wird.«

»Das ist doch alles bekannt«, meinte Lemberger. »Die

Kreisverwaltung will ein neues Verwaltungsgebäude bauen, da das jetzige zu klein ist.«

»Wohl eher wegen des Lärms, wenn die Hochstraße abgerissen wird«, sagte Fürst.

Ich rollte mit den Augen. Das Duo, an dessen Tisch ich saß, bombardierte mich ausschließlich mit Vermutungen. »Stopp«, unterbrach ich die Diskussion. »Was genau hat Herr Zuse gesagt? Hat er explizit die Kreisverwaltung genannt?«

»Ja, äh, nein, nicht so genau«, wandte sich Lemberger. »Vielleicht hat es auch mit dem Ludwigshafener Rathauscenter zu tun. Auch das muss zum Teil abgerissen werden, wenn die neue Stadtstraße Nord gebaut wird.«

»Steht das Rathauscenter nicht bereits leer?«, fragte ich.

»Nur die oberen Etagen. Aber nicht wegen der Hochstraße, sondern wegen einer grundlegenden Renovierung. Die unteren Stockwerke müssen auch irgendwann geräumt werden. Was mit dem Einkaufszentrum passiert, weiß ich gar nicht. Vielleicht wird der ganze Komplex abgerissen und das Rathaus neu aufgebaut.«

»Heißt das, dass sowohl die Kreisverwaltung als auch das Ludwigshafener Rathauscenter zur Disposition stehen?« Ich schaute den beiden der Reihe nach in die Augen. Beide Gebäudekomplexe befanden sich in unmittelbarer Nachbarschaft auf recht großen Arealen. »Da wird dann ja die halbe Innenstadt plattgemacht.«

»Niemand weiß Genaues«, sagte Fürst. »Alles ist möglich.«

Mir schwirrte der Kopf. Mit den Fingern zählte ich auf. »Das bedeutet, wir haben als Erstes die Hochstraße Nord, die abgerissen und durch eine Stadtstraße ersetzt wird. Als Zweites das aktuelle Desaster mit der Hochstraße Süd.«

Lemberger hob drei Finger, dann vier. »Dann das Areal mit der Kreisverwaltung und viertens das Rathauscenter mit den vielen Einzelhändlern.«

Yann Fürst hob alle zehn Finger. »Und das sind nur ein paar der wirklich großen Brocken. Wir könnten Ihnen locker weitere Projekte in Ludwigshafen nennen, wo es eine Verschwörung geben könnte. Und wenn wir den Bogen weiter spannen, dann kommt der Berliner Platz hinzu und …«

»Ja, ist klar«, fuhr ihm Lemberger ins Wort. »Fakt ist aber, dass wir nichts Genaues wissen. Wir stochern im Heuhaufen herum, ohne zu wissen, ob es überhaupt eine Stecknadel ist, die wir suchen. Aber irgendjemandem muss Bernie auf die Spur gekommen sein, sonst hätte ihn wohl niemand ermordet.«

Ich wurde aus den beiden nicht schlau. Ich nahm einen neuen Anlauf. »Herr Zuse sprach doch von einem verschwundenen Kollegen, auch wenn es schon Jahre zurückliegt. Hat er wenigstens dazu Details genannt? Was waren die Aufgabengebiete des Kollegen?«

Simultanes Schulterzucken. »Im Straßenbauamt, glaube ich«, meinte Lemberger. »Jedenfalls sollen bei der Verschwörung, von der Bernie sprach, Personen bis in die höchsten politischen Kreise involviert gewesen sein.«

Ich wollte gerade einwenden, dass eine Jahrzehnte zurückliegende Verschwörung Schnee von vorgestern war, doch Yann Fürst war schneller: »Das damalige Komplott will Bernie nun nach so langer Zeit aufgedeckt haben, weil es einen brisanten Bezug zur Gegenwart gibt. Wenn die Geschichte öffentlich werden sollte, würde in Ludwigshafen und der Region kein Stein auf dem anderen liegen bleiben. So krass hatte er es formuliert.«

»Und warum hat er nichts Näheres darüber verraten?«

»Er wollte ja, aber er kam nicht mehr dazu.«

»Wieso?«, fragte ich, doch zeitgleich wurde mir die Antwort klar. »In dem Moment wurde er ermordet.«

Die Lukom-Mitarbeiter nickten. »Ein oder zwei Minuten später, und wir könnten Ihnen mehr zu der Sache sagen, Herr Palzki. Jedenfalls scheint Bernie einen Volltreffer gelandet zu haben, warum sonst hätte ihn jemand ermordet?«

»Ihren Ludwigshafener Kollegen haben wir davon natürlich nichts gesagt«, sagte Lemberger und legte seinen Zeigefinger vor den Mund.

»Na ja, so richtig viel haben Sie mir auch nicht gesagt«, antwortete ich.

»Weil wir nicht mehr wissen«, bekräftigte Yann Fürst.

»Wir haben aber beschlossen, dem Anschlag in eigener Regie nachzugehen«, trumpfte Lemberger auf. »Mal schauen, ob wir am Arbeitsplatz von Bernie etwas finden. Vielleicht kann ich die IT überreden, uns sein Outlook-Konto freizuschalten.«

»Vergessen Sie das. So schlau ist die Ludwigshafener Kripo allemal. Bis morgen haben die längst die Daten.«

Fürst lächelte. »Wir noch heute Abend«, meinte er. »Den IT-Leiter kennen wir sehr gut.«

Und schon wieder hatte ich es mit Hobbydetektiven zu tun. Warum fanden es so viele Menschen spannend, sich überflüssigerweise in Gefahr zu bringen und Polizist spielen zu wollen? Reichte es nicht vollkommen aus, wenn ich selbst im Auftrag meines Chefs halb illegal ermitteln musste?

»Wir halten Sie natürlich über unsere Erkenntnisse auf dem Laufenden, Herr Palzki. Gemeinsam werden wir das Geheimnis lösen.«

Die erhaltenen Informationen waren bisher sehr dürftig. Eigentlich waren es nur Vermutungen. Ich hatte nicht einmal einen kleinen Ansatzpunkt für meine persönlichen

Ermittlungen. »Hat Herr Zuse weitere Personen genannt? Traf er sich mit jemandem?«

Erneut erntete ich kollektives Schulterzucken.

»Das mit dieser Kirche, hat er da nicht kurz etwas erwähnt?«, fragte plötzlich Yann Fürst.

Lemberger nickte. »Die Friedenskirche, richtig. Die damals verschwundene Person soll dort Presbyter gewesen sein. Ich kann mich nicht mehr erinnern, in welchem Zusammenhang Bernie das erwähnt hatte. Dabei fällt mir ein, dass wir nicht einmal den Namen dieser Person kennen.«

Ich wurde hellhörig. Nicht, weil der Fall neben dem politischen Aspekt nun auch einen kirchlichen erhielt, sondern wegen des Worts Friedenskirche. Schon zweimal musste ich dort ermitteln, und jedes Mal deckte ich in den Gemäuern der Kirche ein Verbrechen auf.

»Das wird mir nicht weiterhelfen«, gab ich zu bedenken. »Selbst wenn ich eine Liste sämtlicher Presbyter der vergangenen Jahrzehnte in den Händen halten würde, wüsste ich trotzdem nicht, welche Person die Gesuchte ist.«

»Dafür haben Sie ja uns«, ereiferte sich Lemberger. »Wir schnüffeln solange in den Unterlagen von Bernie herum, bis wir den Namen haben.«

»Und wenn er ausschließlich privat recherchiert hat? Dann finden Sie im Büro von Herrn Zuse nichts.«

»Oh doch«, bekräftigte Fürst. »Bernie hat zwischen Beruf und Privatleben nie groß unterschieden. Die Daten auf seinem Handy werden bestimmt sehr aufschlussreich sein.« Er lächelte geheimnisvoll.

Ich winkte ab. »Ja, für die Ludwigshafener Kripo. Sie glauben doch nicht, dass diese Ihnen die Daten freiwillig rausrückt.«

»Wer spricht denn von den Ludwigshafener Beamten«,

flüsterte Markus Lemberger. Er griff in seine Jackentasche und zog für einen kurzen Moment ein Stückweit ein Handy hervor.

Ich ahnte Schlimmes. »Das ist nicht Ihres, oder?«

Wie erwartet schüttelte er den Kopf. »Bernie hat es auf dem Tisch liegen lassen. Nachdem er ermordet wurde, habe ich das Ding quasi sichergestellt.«

»Damit machen Sie sich strafbar«, erklärte ich ihm mit ernster Miene.

»Da fällt uns schon was ein«, entgegnete er süffisant. »Hauptsache, wir kommen erst mal einen Schritt weiter.« Lemberger sah mich streng an. »Aber denken Sie bitte daran, Herr Palzki: Falls sich die Sache als haltlos erweisen sollte, bleibt unser Gespräch unter uns. Unser Arbeitgeber darf nichts erfahren. Ich liebe meinen Job.« Er sah mich eindringlich an.

Anbetracht der blöden Situation, in der ich mich befand, nickte ich. Schließlich wurde ich von KPD beauftragt, und das allein war schon jenseits jeglicher Gesetzeslage. Das von den beiden Herren unterschlagene Mobiltelefon machte den Kohl auch nicht fett. »Dann warte ich ab, bis ich von Ihnen weitere Informationen bekomme. Falls ich morgen Zeit habe, werde ich eine Dienstfahrt zur Friedenskirche unternehmen, auch wenn das wahrscheinlich nichts bringt.«

»So machen wir es«, bestätigte Markus Lemberger. »Bis dahin haben wir das Handy von Bernie untersucht und Kontakt mit unserem IT-Kollegen aufgenommen.« Er schaute auf seinen Teller. »Und jetzt essen wir erst mal unseren Salat auf. Ich sehe gerade, Ihr Cordon bleu ist im Anmarsch.«

Direkt hinter der Bedienung, die mir einen Teller mit einem riesigen Stück Fleisch nebst Beilagen vor die Nase stellte, kam meine Frau angelaufen.

»Komm schon, Reiner, das Taxi, das ich bestellt habe, wartet draußen.«

Mit offenem Mund, beinahe wäre ein Schub Magensäure herausgelaufen, glotzte ich Stefanie an. »Kann das nicht noch ein paar Minuten warten?«

»Auf keinen Fall«, antwortete sie. »Komm schon, ich mache dir zu Hause eine schöne Gemüsesuppe und wärme dir den Rest des Tofus von gestern auf.«

Die Lukom-Mitarbeiter konnten ein gemeines Lächeln kaum verbergen. Wenn sie wenigstens mitleidig geblickt hätten. Seufzend stand ich auf. Ich zog eine Visitenkarte aus meinem Geldbeutel und legte sie auf den Tisch. »Damit Sie meine Kontaktdaten haben.«

Yann Fürst nahm die Karte an sich. »Faxnummer?«, fragte er erstaunt. »Sie arbeiten noch mit Fax?«

»Wegen der Geheimhaltung«, erklärte ich. »E-Mails werden meist abgefangen, aber mit einem Fax rechnet heutzutage kein Mensch mehr.«

Das Duo gab sich mit dieser Begründung zufrieden. Dass ich nach wie vor meine Probleme mit dem E-Mail-Programm auf unserer Dienststelle hatte, mussten sie nicht wissen.

Am Ausgang wurde ich von einem Polizeibeamten aufgehalten, den ich vorhin bei Getränke-Bruch gesehen hatte.

»Herr Palzki, wir haben beide Tatorte so weit aufgenommen und sämtliche Zeugen registriert und zum Teil bereits befragt. Wenn wir Fragen haben, kommen wir auf Sie zu.« Er sah mich eindringlich an. »Sie können Ihrem Chef sagen, dass wir seine Hilfe nicht benötigen. Nur für den Fall, falls ihr Schifferstadter mal wieder plant, euch in die Angelegenheiten anderer Dienststellen einzumischen. Und deswegen gebe ich Ihnen auch keine weiteren Detailinformationen. Sie wollten doch bestimmt gerade fragen, wie weit wir sind, oder?«

»Nein«, sagte ich knapp und ließ ihn stehen. Ein paar Meter weiter drehte ich mich um. »Trotzdem viel Glück bei den Ermittlungen.«

Die Taxifahrt war ein krasser Gegensatz zur Fahrweise meines Chefs. Ich konnte nur mit Mühe meine Augen offen halten. Die Müdigkeit war wie weggeblasen, als das Taxi vor unserem Haus hielt – und das hatte seinen Grund.

»Nanu, warum brennt in sämtlichen Zimmern Licht?« Unser Haus wirkte in der Nacht wie ein hell erleuchteter Weihnachtsbaum, da alle Rollläden aufgezogen waren. Mit einer mittelprächtigen Panik und stark erhöhtem Puls bezahlte ich den Taxifahrer, während Stefanie zum Eingang lief.

»Macht die Tür sofort wieder zu«, schallte es von innen, als sie die Eingangstür öffnete. »Wir wollen nicht noch mehr.«

Im ersten Moment bezog ich diese Aufforderung auf uns. Allerdings gab der Satz in Bezug auf uns Eltern keinen richtigen Sinn. »Was ist passiert?«, rief ich durch den Flur.

»Nichts Schlimmes«, rief der neunjährige Paul, und ich wusste, dass sich etwas Dramatisches in unserem Haus ereignet haben musste.

»Lasst bloß eure Schuhe an«, rief uns seine vier Jahre ältere Schwester Melanie aus dem Wohnzimmer entgegen.

Bestimmt ein Wasserschaden, dachte ich weiter. In Verbindung mit der Aufforderung, die Eingangstür zu schließen, war das ebenfalls nicht so logisch, sodass ich die Idee wieder verwarf. Im Wohnzimmer saßen die beiden auf der Couch. Ihre Füße lagen auf dem Tisch, was normalerweise nur ich machte.

»Wo ist Oma?«, fragte Stefanie, die ihre Mutter, die auf die einjährigen Zwillinge Lisa und Lars aufpasste, vermisste.

»Drüben«, meinte Paul. »Die hat sich im Kinderzimmer verbarrikadiert.«

»Verbarrikadiert?« Wir verstanden immer noch nicht. »Jetzt erzählt schon, was ist passiert?«

»Mein dummer Bruder mal wieder«, begann Melanie, worauf er ihr die Zunge herausstreckte. »Paul war bei Herrn Ackermann.«

Ich hatte es längst befürchtet, dass wieder einmal unser unliebsamer Nachbar hinter dem noch unbekannten Problem steckte. Unsere Nachbarn, die Ackermanns, wünschte man seinem größten Feind nicht. Frau Ackermann, die unter chronischem Sprechdurchfall litt und schneller sprach als der Schall, kostete jedes Mal viel Lebenszeit, wenn man ihr über den Weg lief. Es war fast unmöglich, einem ihrer gefürchteten Monologe, die durchaus Stunden dauern konnten, zu entkommen. Ihr Mann hingegen war der mutmaßliche Weltrekordinhaber in Tranfunzligkeit. Knapp 100 Prozent seiner Lebenszeit verbrachte er im Bett oder auf der Couch. Den homöopathischen Rest verbrachte er mit unserem Sohn Paul, um mit ihm gemeinsam irgendwelche Streiche auszubaldowern, die weder lustig noch kreativ waren, sondern ausschließlich gefährlich, illegal und oft genug kriminell. Bisher war es mir mit viel Fortuna stets gelungen, meinen Sohn aufgrund seines Alters aus der Schussbahn zu bringen, sodass er bisher polizeilich und jugendamtlich als unbescholten galt.

Meine Kinder hatten mich schon die ganze Zeit so seltsam angeschaut. Jetzt begann Melanie sogar zu lachen.

»Was ist denn los?«, fragte ich. »Sehe ich so komisch aus?«

»Ja«, antwortete Melanie. »Warst du bei einer Fasnachtsveranstaltung? Ich habe eben den Spruch ›Alles geht zu Bruch‹ gelesen. Hattest du nicht einen Anzug und Krawatte an, als du mit Mama gegangen bist?«

Statt meiner Antwort fing Stefanie laut zu seufzen an. »Der schöne Anzug. Ich gehe davon aus, dass er nicht mehr zu retten ist, oder?« Sie taxierte mich, und ich nickte fast unmerklich. »Dann werden wir wohl demnächst wieder nach Mannheim fahren müssen, um dir einen neuen Anzug zu kaufen. Es ist sowieso eine Schande, dass du nur einen einzigen hast.«

»Hattest«, mischte sich Melanie ungefragt ein. »Ich gehe auf keinen Fall mit, wenn du Papa einen neuen Anzug kaufst. Lieber gebe ich mich selbst zur Adoption frei.«

Meine Frau seufzte immer noch. »Ich kann mich noch gut an unseren letzten Einkauf erinnern. Erst nach mehreren Wochen hatte ich mich geistig regeneriert.«

»Du warst selbst schuld«, sagte ich schnell. »Hätten wir den Anzug im ersten Geschäft gekauft, der fast gepasst hat, dann wäre dir und mir die Tortur erspart geblieben. Du musst nicht denken, dass mir das Spaß gemacht hat. Aber seit diesem Einkaufstag kann ich die Männer gut verstehen, die ihre Frau umbringen.«

Stefanie war geistig ganz woanders. »Das nächste Mal wird es noch schlimmer. Wenn ich allein daran denke, wie wir nach Mannheim rüber kommen sollen, bei dem Theater mit den Hochstraßen, dem ständig anders fahrenden öffentlichen Nahverkehr und überhaupt, dem ganzen Verkehrschaos in Ludwigshafen und Mannheim. Vielleicht sollten wir besser nach Speyer fahren oder Neustadt? In Kaiserslautern soll es auch ein paar Fachgeschäfte geben.«

Um das Thema zu wechseln, stand ich auf und begann, in den anderen Zimmern das Licht auszuschalten.

»Das ist keine gute Idee, Papa«, rief mir Melanie nach. »Lass das Licht besser an.«

»Fürchtet ihr euch im Dunkeln?«, fragte ich, nach wie vor ratlos mitten im Wohnzimmer stehend.

»Das würdest du dich auch, Papa, wenn du den Grund wüsstest.«

Die Sache wurde immer geheimnisvoller. »Warum liegt ihr nicht längst im Bett?«

»Ich gehe heute ganz bestimmt nicht schlafen«, sagte Melanie. »Nicht, bis das Problem gelöst ist.«

»Dann erkläre mir endlich, was euer Problem ist.«

Stefanie, die ins Kinderzimmer zu ihrer Mutter und Lisa und Lars gegangen war, kam mit blassem Gesicht zurück. »Das darf nicht wahr sein«, stöhnte sie und ließ sich auf die Couch fallen.

»Ist mit den Zwillingen alles in Ordnung?«, fragte ich zur Sicherheit nach. Dass das Problem woanders lag, war mir aber klar, sonst hätte sich meine Frau nicht auf die Couch gesetzt.

»Los, Paul«, herrschte Stefanie ihren Sohn an. »Beichte es deinem Vater.«

Paul sah mich ängstlich an. »Es war keine Absicht«, wehrte er sich. »Das ist alles harmlos, hat Herr Ackermann gesagt.«

»Nichts ist harmlos, was unser Nachbar sagt und tut«, gab ich ihm zur Antwort.

»Melanie war begeistert«, meinte er.

»Da waren die Dinger ja auch noch in der Kiste, du Depp.« Melanie sah sich Hilfe suchend um. »Paul und Herr Ackermann haben auf der Wiese fünf weiße Mäuse gefangen und in einer Kiste mitgebracht.«

»Du hast sie niedlich gefunden«, unterbrach ihr Bruder.

»Aber nur, weil sie in der Kiste waren. Niemand hat gesagt, dass du die in der Wohnung herumlaufen lassen sollst.«

»Das war auch keine Absicht.«

Ach, du großer Mist. Nach dieser Hiobsbotschaft setzte ich mich zu Stefanie auf die Couch. Mäuse in der Wohnung, ein potenzieller Super-GAU. Es war allerdings nicht das erste Mal, was meine Kinder zum Glück nicht wussten. Als Melanie im Babyalter war, hatten wir eines Tages unfreiwilligen Besuch von zwei kleinen Mäusen, die sich durch die Terrassentür ins Innere der Wohnung verirrt hatten. Sobald es in der Wohnung leise war, fiepste es meist in der Küche hinter dem eingebauten Mikrowellengrill oder hinter der Spülmaschine. Ab und zu sahen wir eine Maus über den Fußboden huschen. Es dauerte knapp eine Woche, bis wir merkten, dass es sich um zwei Mäuse handelte, und eine weitere Woche, bis wir sie mit Lebendfallen gefangen hatten. Nachts hatten wir in der Küche und dem Wohnzimmer Kunststoffdübel aufgestellt, um die Laufwege der Tiere herauszufinden. Es waren aufreibende Tage, bis wir das tierische Problem gelöst hatten.

Nun hatten wir gleich fünf Mäuse in unserer Wohnung, was die Gefahr von Nachwuchs stark erhöhte. Ich fixierte Paul mit strengem Blick. »Und was hat Herr Ackermann gemacht, als die Tiere herumliefen?«

»Er ist zu sich rüber und hat zwei Fallen geholt«, antwortete er ängstlich. »Das sind Lebendfallen«, ergänzte er.

»Mit dem Licht versuchen wir, die Mäuse aus den Verstecken zu locken«, erklärte Melanie. In der Speisekammer haben wir das Licht ausgelassen und die Fallen aufgestellt.«

»Mit meinem Nutella«, sagte Paul und klang dabei stolz. »Das hat Melanie im Internet herausgefunden.«

»Und Herr Ackermann?«

»Der ist gegangen. Die Fallen können wir so lange behalten, bis wir die Mäuse gefangen haben.«

»Ich gehe heute Nacht nicht ins Bett«, sagte Melanie. »Allein der Gedanke, dass eine Maus in mein Bett hüpft, macht mich wahnsinnig.«

»Mäuse können bestimmt nicht die Treppe nach oben laufen«, beruhigte ich sie. Die Kinderzimmer der beiden befanden sich im ersten Stock.

»Oh doch«, konterte Paul. »Soll Melanie dir mal ein paar YouTube-Videos zeigen? Die Dinger können voll gruslig sein. Selbst durch die kleinsten Ritzen können die sich durchzwängen. Oft hocken sie hinter Schränken und so.«

Ich verfluchte die grenzenlose Verfügbarkeit von Informationen. Letztendlich einigten wir uns darüber, dass die Wohnzimmertür, die einzige Verbindung zum Treppenhaus, ab sofort konsequent geschlossen blieb. Gleiches vereinbarten wir mit der Kinderzimmertür zu Lisa und Lars, sodass sich die Mäuse mit Wohnzimmer, Küche und unserem Schlafzimmer zufriedengeben mussten. Meine Schwiegermutter zog es vor, die Nacht in einem Hotel zu verbringen, was ich generell für eine gute Idee hielt. Nachdem mir Paul den Standort der Fallen gezeigt hatte, zogen sich die beiden in ihre Zimmer zurück, während sich Stefanies Mutter verabschiedete.

»Was für ein Tag«, sagte ich, als wir beide allein im Wohnzimmer saßen und über die Situation nachdachten.

»Ich rufe gleich morgen früh den Kammerjäger«, sagte Stefanie. »Mir geht es hauptsächlich um die Gesundheit der Zwillinge. Ansonsten würden wir das Problem alleine lösen.«

»Früher oder später«, konterte ich und dachte an damals zurück, als ich nach dem Ende des Mäusebesuchs Mikrowellengerät und Spülmaschine ausbauen durfte, um eventuelle Hinterlassenschaften wie Nester zu entfernen.

»Am liebsten würde ich Herrn Ackermann Hausverbot erteilen. Aber nützen würde das nur wenig, wenn man sich überlegt, was er zusammen mit Paul schon angestellt hat. Weißt du noch, wie …«

»Ja ja«, unterbrach mich meine Frau. »Erinnere mich bitte nicht an diese Dinge. Sag mir lieber, was du wegen des Mords im Turmrestaurant und dem Anschlag bei dem Getränkehändler unternehmen wirst.«

»Dasselbe wie immer«, antwortete ich. »KPD verlangt von mir, dass ich mich in die Ermittlungen einmische. Folglich hat mein Chef den Schwarzen Peter, wenn es Ärger gibt. Morgen früh will er mich im Büro instruieren.« Ich rollte überdeutlich mit den Augen. »Du weißt ja, wie er ist. Heute hast du ihn endlich mal erlebt, wie er sich immer vor seinen Mitarbeitern gibt. Arroganter geht es nicht.«

»In der Tat, Reiner. Das war schon starker Tobak, was Herr Diefenbach losgelassen hat. Bisher dachte ich immer, du übertreibst. Wie ist so jemand Chef geworden? Er hat weder den kleinsten Funken Empathie noch einen Hauch von Gewissen. Für eine Führungsrolle ist der doch gänzlich ungeeignet.«

»Wem sagst du das, Stefanie. Fachlich ist er ebenfalls eine Niete. Sämtliche Personen in seinem näheren und weiteren Umkreis sind der identischen Meinung. Und trotzdem ist er Dienststellenleiter geworden. Ich habe mir sagen lassen, dass es häufig vorkommt, dass Führungskräfte wie Geschäftsführer für eine Rolle als Vorgesetzter völlig ungeeignet sind. Die haben ihren Job entweder erhalten, weil sie fachlich gut sind oder eben wegen Vitamin B. Beziehungen bringen oft mehr als Fachwissen. Und wenn diese Leute nicht mit Menschen umgehen wollen oder können, dann machen sie auf Autorität und hängen ihre Chefrolle raus. In jedem zweiten Satz kommen dann Wörter wie Dienstvorgesetzter oder Untergebener vor.«

»Reg dich mal wieder ab, Reiner«, sagte Stefanie erstaunt. »So aufgebracht habe ich dich selten erlebt.«

»Entschuldige bitte. Es ist heute halt viel passiert. Um die Mäuse kümmerst du dich morgen? Ich lasse mich dafür von KPD ärgern, bis zur Pension sind es leider noch ein paar Jahre.«

Wenig später gingen wir zu Bett. Ich fragte Stefanie, ob ich das Radio ganz leise laufen lassen soll, damit wir nicht von eventuellem Fiepen der Mäuse geweckt werden, doch sie meinte lapidar, dass die Tiere akustisch gegen mein Schnarchen keinerlei Chancen hätten.

Wie nicht anders erwartet, waren die Lebendfallen am nächsten Morgen leer. Nach einem kurzen Frühstück verabschiedete ich mich und fuhr zur Dienststelle. KPD stand mit angewinkeltem Arm und strengem Blick auf seine Armbanduhr mitten im Flur.

»Kommen Sie, Palzki, kommen Sie«, rief er hastig. »Hatten wir nicht Punkt 9 Uhr vereinbart?«

Ich nuschelte wegen meiner halbstündigen Verspätung etwas von Zeitverschiebung und Unpässlichkeit und folgte ihm in sein mondänes Büro. Büro war eigentlich der falsche Begriff, Saal würde es besser treffen. Mehr als zwei Drittel des Obergeschosses vereinnahmte ausschließlich KPD. Neben seinem opulenten Schreibtisch, der groß genug war, um darauf einen Walzer tanzen zu können, stand ein weiterer, noch größerer Tisch, der im ersten Moment wie eine Modelleisenbahn wirkte. Bei genauerem Hinsehen handelte es sich um ein recht exaktes 3D-Modell des Rhein-Pfalz-

Kreises nebst Ludwigshafen. Die kreisfreien Städte Frankenthal und Speyer sowie die umgebenden Landkreise waren weiße Flecken. Neugierig trat ich zu dem Modell und suchte unsere Dienststelle.

»Nanu«, staunte ich, als ich den überdimensionalen Kreisaufbau auf unserer Dienststelle entdeckte. »Haben Sie Ihre Untertasse auf das Gebäude gestellt?«

KPD war nur einen winzigen Moment verwirrt. »Da staunen Sie, was? Das ist mein neuer Hubschrauberlandeplatz. In Zukunft werde ich seltener mit meinem Dienstwagen unterwegs sein, sondern ganz bequem mit Chauffeur-Pilot in meinem Diensthelikopter. Das ist einer Person in meiner Wichtigkeit und Stellung mehr als angemessen.« Er streckte seine Brust heraus und lächelte überheblich.

»Braucht man da nicht eine Baugenehmigung?«, wollte ich wissen. »Darf man einfach so über das Kreisgebiet fliegen? Da müssen doch Tausend Dinge beachtet werden und Genehmigungen eingeholt werden.«

KPD lachte künstlich. »Das lassen Sie mal meine Sorgen sein, Palzki. Das habe ich alles mit unserem Landrat Clemens Körner besprochen. Der war mir sowieso noch einen Gefallen schuldig. Wir unterstützen uns gegenseitig, wo wir können. Herr Körner ist nämlich ein Mann von Welt und achtet meine Prinzipien. Wir sind uns in vielen Bereichen sehr ähnlich. Nur was seine Mitarbeiterführung angeht, da ist er ein bisschen lässiger als ich.«

Meinen Chef nach der Gegenleistung für die Genehmigung des Landeplatzes zu fragen, dürfte keinen Sinn haben. Ich bemerkte rund ein halbes Dutzend rote Flecken auf dem Landschaftsmodell. Einer davon in Limburgerhof und ein weiterer mitten im Naturschutzgebiet von Altrip. Irritierend daran war, dass vom Limburgerhofer

Fleck ein zusätzliches Bahngleis zum Bahnhof führte, das es in Wirklichkeit nicht gab. Zum Altriper Fleck führte eine mir bisher unbekannte vierspurige Straße. Die Neugier trieb mich zu meiner nächsten Frage. »Was planen Sie an diesen Orten, Herr Diefenbach? Werden dort Niederlassungen unserer Kriminalinspektion errichtet?«

KPD schien es nicht recht zu sein, dass ich die Flecken entdeckt hatte, er versuchte abzuwiegeln. »Das sind alles noch Gedankenspiele mit verschiedenen Varianten. Ich versuche Herrn Körner aus polizeirechtlicher Sicht bei einer seiner baldigen Entscheidungen zu helfen. Das ist aber nichts, was Sie als einfacher Beamter interessieren müsste. Kommen Sie bitte mit rüber zur Besprechungsgruppe.«

Ohne explizit aufgefordert zu werden, schnappte ich mir sofort eines der im Überfluss vorhandenen Lachsbrötchen, die auf dem Besprechungstisch standen. KPD verzog nur kurz sein Gesicht, bevor er ebenfalls zugriff.

»Solch eine gute Metzgerware werden Sie sich zu Hause von Ihrem Gehalt bestimmt nicht leisten können«, schmatzte er mit vollem Mund.

Ich ignorierte seine Gemeinheit, zumal mein Mund deutlich voller war als seiner. »Was gibt's Neues, Herr Diefenbach?«, fragte ich, nachdem er einigermaßen leer war.

KPD sah mich ungeduldig an. »Was soll diese Frage, Palzki? Diese Frage wollte ich Ihnen gerade stellen. Sie hatten doch gestern den ganzen Abend Zeit, Ermittlungen anzustellen und Zeugen zu befragen. Sagen Sie bloß, Sie haben die ganze Zeit ungenutzt verstreichen lassen? Wehe, wenn die Ludwigshafener Beamten den Fall vor uns lösen. Wie stehe ich denn dann vor Herrn Elert da? Ich habe ihm versprochen, dass ich sein Problem löse.«

Natürlich war mir klar, dass es nur um ihn selbst ging und seine Rabatte, die er im Turmrestaurant herausgeschlagen hatte.

»Ich bin schon ziemlich weit«, beruhigte ich ihn. »Nachher muss ich nach Ludwigshafen, um weitere Nachforschungen anzustellen. Es kann sein, dass ich in den nächsten Tagen viel im Außendienst sein werde, falls Sie mich vermissen sollten. Sobald ich verwertbare Ergebnisse habe, melde ich mich bei Ihnen.«

»Von wegen!«, konterte KPD rabiat. »Zweimal am Tag will ich Sie in meinem Büro sehen. Und das so lange, bis der Fall geklärt ist. Ich werde einen Teufel tun und Sie alleinverantwortlich diese schwierigen Ermittlungen führen lassen. Wie wollen Sie ohne meine Expertise den Ludwigshafener Beamten zuvorkommen? Ihnen fehlt doch jedwede Finesse.«

Er steigerte sich wie üblich in weitere Beleidigungen hinein, die ich, ebenso üblich, ignorierte, und ich frühstückte stattdessen ausgiebig.

»Und jetzt will ich wissen, was Sie herausgefunden haben«, schloss er seinen Monolog.

»Der Tote arbeitete bei der Lukom.«

»Das weiß ich längst«, unterbrach er mich harsch. »Was hat er dort gearbeitet? Wissen Sie inzwischen, was die Lukom macht?«

Ich schnaufte kurz durch. »Keine Ahnung, so viel Zeit hatte ich nun auch wieder nicht. Es kann sein, dass sich daraus ein politischer Fall entwickelt, vielleicht hat es was mit den Hochstraßen in Ludwigshafen zu tun.«

»Hochstraßen?« KPD stand auf und ging zu seinem Landschaftsmodell. Er grübelte und kratzte sich nervös am Kopf. »Das hätten mir Herr Körner und Frau Steinruck bei unserem letzten Meeting gesagt.« Er grübelte weiter. »Ich hoffe, dass mir die beiden nichts verschwiegen haben. Vielleicht sollte ich …«

»Was, Herr Diefenbach?«

»Ach nichts, Herr Palzki. Ich denke nicht, dass es etwas mit den Hochstraßen oder der Verlegung des, äh, nein, das können wir definitiv ausschließen.«

Längst hatte ich Lunte gerochen. Auch wenn es mit dem aktuellen Fall nichts zu tun hatte, war mein Chef in eine Geschichte verwickelt, die wohl größere politische Dimensionen einnahm. Ein Gedanke schoss mir durch die Synapsen. Vielleicht war es genau das, was der ermordete Lukom-Mitarbeiter herausgefunden hatte. Wenn meine neue Vermutung stimmen sollte, so war das nicht nur ungeheuerlich, sondern auch extrem brisant. Wenn ich diesen Fall aufklärte und KPD würde wie auch immer in den Machenschaften verstrickt sein, dann wäre er als Dienststellenleiter untragbar. Ich jubelte innerlich, das war meine Chance. So motiviert war ich, zumindest beruflich, schon lange nicht mehr.

»Okay, Herr Diefenbach, ich werde Ihnen zweimal am Tag Bericht erstatten. Ob es mir immer gelingt, nach Schifferstadt zu kommen, kann ich nicht versprechen. Ich denke, Sie sind einverstanden, wenn ich mich auf die Aufklärung des Verbrechens konzentriere, damit der Ruf des Turmrestaurants wiederhergestellt wird. Es gibt schließlich weitere Möglichkeiten, Ihnen Bericht zu erstatten, zum Beispiel per Fax oder so.«

»Fax?«, wiederholte KPD verunsichert. »Was soll der Blödsinn. Warum nicht gleich ein Telegramm schicken?«

So viel Humor hatte ich KPD gar nicht zugetraut. Er schien sogar zu wissen, was Ironie ist. Auch damit konnten viele Chefs nicht umgehen.

»Wozu habe ich alle meine Untergebenen mit neuen Diensthandys ausgestattet? Erst letzte Woche wurde die neue Software aufgespielt.« Er lächelte rätselhaft.

Pappsatt stand ich auf. »Ich fahre dann mal los.«

KPD sah mich streng an. »Spätestens um 15 Uhr will ich die nächsten Informationen von Ihnen haben. Aber nicht per Fax, haben Sie verstanden?«

Ich nickte ergeben. Hoffentlich war es in einem Postamt heutzutage noch möglich, Telegramme zu verschicken.

»Und denken Sie daran: keinerlei Kooperationen mit den Ludwigshafener Beamten. Wir arbeiten vollkommen autark, wie immer.« Ich stand bereits im Türrahmen, da rief er mir noch etwas nach: »Wenn Sie nach Ludwigshafen kommen, können Sie meinen Dienstwagen mit zurückbringen. Ich habe heute früh ein Taxi genommen, das soll aber kein Dauerzustand werden.«

Ohne weiteren Kommentar verließ ich KPDs Saal und ging in mein Büro. Meine Kollegen Jutta Wagner und Gerhard Steinbeißer waren zurzeit auf einer Fortbildung in Mainz, sodass ich komplett auf mich allein gestellt war. In dem hoffnungslos überfüllten Posteingangskörbchen lag zuoberst ein Fax von Markus Lemberger. Sie hatten tatsächlich Zugriff auf die Daten ihres toten Kollegen erhalten. Bisher hatten sie lediglich herausgefunden, dass der vor 40 Jahren verschollene Mitarbeiter Heiner Gruber hieß, für die allgemeine Planaufsicht zuständig zeichnete und als Privatmensch Presbyter in der Friedenskirche war.

KAPITEL 5
DER SELTSAME PRESBYTER

Die Lachsbrötchen hatten einen ungewohnten Geschmack in meinem Mund hinterlassen. Ludwigshafen lag blöderweise direkt entgegengesetzt zu Speyer, wo meine geliebte Currysau am St.-Guido-Stiftsplatz residierte. In den letzten Monaten hatte ich zwar, auch mittels sanftem Druck durch Stefanie, meine Ernährung in Teilen überdacht und sogar die eine oder andere sportliche Aktivität aus freien Stücken durchgestanden, doch so langsam schlich der alte Trott wieder ein. Ich ärgerte mich sehr über die wieder enger werdenden Hosen und meine Schwäche für kalorienhaltige und süße Speisen. Mein Laster war mir durchaus bewusst, doch die Heißhungeranfälle häuften sich in letzter Zeit wieder. Dieses Mal zwang mich der Geschmack des Lachses: Bevor ich zu meinem Wagen ging, stattete ich dem Discounter neben unserer Kriminalinspektion einen Besuch ab. Lachsgeschmack und Süßigkeitenregal, das war sogar mir unangenehm. Doch ich überwand mich und kaufte ein paar Schokoriegel, die ich auf dem Weg zur Friedenskirche im Ludwigshafener Stadtteil Friesenheim vertilgte.

Den spektakulären Rundbau mit den markanten Außensäulen musste ich in der Vergangenheit mehrfach aufsuchen. Es ging um Drogenhandel und zwielichtige Geschäfte, wie ich mich erinnerte. Jedes Mal war Manfred Storck einer der Hauptverdächtigen. Storck, tief in der Verwaltung der Kirche verwurzelt, war neben seiner Tätigkeit als Presbyter für das Veranstaltungsmanagement der Friedenskirche zuständig. Im Laufe der Jahre konnten er und seine Mitorganisatoren auf eine stattliche Reihe an Konzerten und anderen Events stolz sein. Sogar »Die Prinzen« traten bereits mehrfach in dem Gotteshaus auf, dessen Kirchturm freitragend auf der Mitte des Rundbaus thronte und architektonisch und statisch in der Fachwelt bekannt war. Auch wenn Storck vordergründig ein Wohltäter war und seine Freizeit für die Gemeinde opferte, so hatte ich ihn nach wie vor in Verdacht, im Verborgenen dunkle Geschäfte abzuwickeln. Ein Schicksal, dass er sich in meinen Gedanken mit dem Getränkehändler Jochen Bruch teilte. Ob es Verbindungen zwischen den beiden gab, war mir aber unbekannt.

Die Kirche, so spektakulär ihr Äußeres und Inneres auch war, verfügte im Untergrund über ein Katakombensystem, das mir vor nicht allzu langer Zeit fast zum Verhängnis geworden war.

Da ich heute ohne einen begründeten Verdacht gegenüber Manfred Storck die Kirche aufsuchte, musste ich keine allzu große Vorsicht walten lassen. Die Räumlichkeiten kannte ich inzwischen zur Genüge. Ich fand den Gesuchten in der Sakristei.

»Herr Palzki! Was für eine Überraschung. Wollen Sie mich besuchen? Leider ist das im Moment sehr ungünstig. Ich bin mitten in einer Besprechung.«

Ich sah mich um, konnte aber in der Sakristei keine weiteren Personen erkennen. »Guten Tag, Herr Storck, nett, dass Sie mich noch erkennen. Was machen die Geschäfte?«

Für einen winzigen Augenblick erstarrten seine Gesichtszüge, doch dann hatte er sich wieder im Griff. »Was meinen Sie mit ›Geschäfte‹? Etwa unsere Veranstaltungsreihe?

Die wird stets beliebter, unsere Veranstaltungen sind immer öfter ausverkauft.«

Ich beließ es bei dieser Antwort. »Mit wem haben Sie eine Besprechung?«

Storck deutete mit dem Kinn in Richtung Kirchenraum. »Die Person wartet vorne auf mich. Ich wollte nur noch eine Taschenlampe holen.«

Ich wurde zwar neugierig, doch ich beschränkte mich auf meine Fragen. »Vielleicht können Sie mir auf die Schnelle helfen. Wenn nicht, sollten wir kurzfristig ebenfalls einen Termin vereinbaren. Ich benötige Informationen über einen ehemaligen Presbyter.«

»Pres…, äh, Presbyter?«, stammelte Storck. »Wie, wieso denn das? Um wen geht es denn?«

»Das ist leider schon eine Weile her. Persönlich dürften Sie ihn kaum gekannt haben. Es handelt sich um einen gewissen Heiner Gruber.«

Manfred Storck horchte ängstlich auf. »Gruber? Woher haben Sie denn den Namen?« Seine Unterlippe begann zu zittern.

»Sie kennen Heiner Gruber? Das ist ja mal eine Überraschung«, entgegnete ich und versuchte, nicht überrascht zu wirken.

»Nein, nein«, wehrte sich Storck. »Ich kann mich nur als junger Erwachsener an ihn erinnern. Dass er irgendwann verschwand, wusste ich bis letzte Woche überhaupt nicht.«

Volltreffer, dachte ich. Ob ich eine Glückssträhne hatte? Storck sprach weiter.

»Sie sind bereits der dritte, der Informationen zu Herrn Gruber haben möchte. Was ist da los? Was hat er angestellt? Ist er wieder aufgetaucht?«

Ich ging auf seine Fragen nicht ein, denn meine Fragen

waren wichtiger. »Wer sind diese Personen? Haben Sie Namen?« Mein Tonfall wurde aggressiver, um ihn einzuschüchtern.

»Letzte Woche war ein Mitarbeiter der Lukom bei mir«, antwortete Storck unterwürfig. »Suse oder so ähnlich hieß er. Ich habe mir aber keinen Ausweis zeigen lassen.«

»Konnten Sie ihm helfen?« Ich schaute ihm fest in die Augen.

»Zum Teil«, antwortete Storck. »Ich habe tatsächlich Unterlagen von ihm in einem verstaubten Ordner gefunden. Aber nur die allgemeinen persönlichen Daten, nichts Besonderes. Er war fast zehn Jahre lang Presbyter, bis er eines Tages verschwand. Herr Suse, nein, er hieß Zuse, jetzt fällt es mir wieder ein, gab sich damit zufrieden und bat mich, ihn anzurufen, falls ich noch etwas herausfinden sollte.«

Ich hielt einen strengen Augenkontakt, um seinen Redefluss aufrechtzuerhalten.

»Das habe ich vorgestern dann auch gemacht. Ich habe nämlich eine Notiz gefunden, dass Herr Gruber anscheinend aus Sicherheitsgründen private Unterlagen in einer Kiste auf dem Kirchturm deponiert hat. In der Notiz stehen zudem ein paar Stichwörter. ›Hochstraße‹ und ›Brisant‹ sowie ein paar vergilbte unleserliche Wörter. Herr Zuse war jedenfalls ganz aus dem Häuschen, als ich ihn anrief. Er wollte eigentlich heute zu mir in die Kirche kommen, doch stattdessen kam der andere Mann. Und jetzt auch noch Sie, Herr Palzki. Glauben Sie mir, ich bin mehr als verwirrt.«

Ich dagegen war mehr als neugierig, wer der andere Mann war. Es war gut möglich, dass es sich um einen Kollegen des Mörders von Zuse handelte, der von den versteckten Unterlagen erfahren hatte. Ich musste herausfinden, mit wem Zuse nach dem Anruf von Storck Kontakt hatte. Natürlich konnte es sich genauso gut um einen bezahlten Killer im Auftrag der beiden Lukom-Mitarbeiter Markus Lemberger und Yann Fürst handeln. Offiziell hatten sie zwar erst bei dem Treffen mit Zuse im Turmrestaurant von der alten Geschichte erfahren, doch konnten die beiden nicht bereits vorher Verdacht geschöpft haben? Recherchierte ihr ermordeter Kollege schon länger über den damals verschwundenen Heiner Gruber? Waren Lemberger und Fürst vielleicht sogar von höchster Stelle beauftragt, ihren Kollegen mit allen Mitteln mundtot zu machen? Ein Indiz zu dieser Vermutung hatte ich bereits: Sie hatten den Ludwigshafener Beamten die mutmaßlichen Hintergründe des Attentats verschwiegen. Erst mir erzählten sie davon. War es ein schlauer Schachzug, mich mit wenigen Informationen einzuweihen, um selbst nicht in den Fokus der Ermittlungen zu geraten? Auf jeden Fall musste ich den beiden ab sofort mit äußerster Vorsicht gegenübertreten.

Auch die aktuelle Situation war brandgefährlich. Mit hoher Wahrscheinlichkeit befand sich im Raum vor der Sakristei ein ähnlich brutaler Killer wie sein Kollege, der gestern auf dem Gelände von Getränke-Bruch vermutlich in Folge eines Handgranatenwurfs explodiert war.

Sinnvoll wäre es auf jeden Fall, die Ludwigshafener Kripo zu informieren, sodass diese ein Spezialeinsatzkommando schicken könnte. Allerdings hatte ich ein gewichtiges Argumentationsproblem: Wie sollte ich den Kollegen überzeugend darlegen, dass sich in der Friedenskirche ein Killer befand? Ein Killer, den ich nicht einmal kannte oder gar gesehen hatte. Was, wenn ich ausnahmsweise mit meinen Überlegungen falsch lag und die Person harmlos war? Dann wussten die Ludwigshafener Beamten gleich am ersten Tag meiner Ermittlungen, dass sich KPD und die Schifferstadter wieder einmischen. Mein Chef würde begeistert sein. Auf der anderen Seite war es nicht das erste Mal, dass ich in dieser Kirche in lebensgefährliche Situationen geriet.

»Haben Sie den Eindruck, dass Ihr Gesprächspartner, der draußen wartet, irgendwie aggressiv ist? Konnten Sie bei ihm eine Waffe oder dergleichen entdecken?«

Storck sah mich erstaunt an. »Bewaffnet? Wie kommen Sie auf diese Idee? Kann es sein, dass Sie ein wenig paranoid geworden sind, Herr Palzki? Hier bei uns in der Friedenskirche braucht man keine Waffen. Und Aggressivität ist hier ebenfalls fehl am Platz. Ich wurde weder bedroht, noch sonst etwas in der Richtung. Ich wollte in der Sakristei nur die Taschenlampe holen.« Wie zum Beweis öffnete er das Fach eines Schrankes und zog eine Stabtaschenlampe heraus, die er einer Funktionsprüfung unterzog. »Kommen Sie gerne mit nach vorne, dann können Sie diese gefährliche Person kennenlernen.« Er grinste.

Ich hoffte, den Überraschungseffekt auf meiner Seite zu haben, als ich mit Manfred Storck die Sakristei verließ. Mit dem Rücken zu uns saß eine Gestalt auf einem Stuhl und war im Begriff, Arbeitshandschuhe anzuziehen.

»Ich habe die Lampe«, sprach Storck den Fremden an. Dieser drehte sich um, und ich erkannte ihn.

»Herr Palzki, was für eine Überraschung. So schnell haben wir Sie nicht erwartet.« Ein spitzbübisches Grinsen flutete seine Mimik.

Ich war wie vor den Kopf gestoßen. Einen Killer hatte ich erwartet, vielleicht auch den krimischreibenden Studenten Dietmar Becker, der mir während meiner Ermittlungen ständig zwischen den Beinen herumstolperte. Ich hatte nicht die geringste Ahnung, warum ich nun neben Jochen

Bruch und Steffen Boiselle einen weiteren Hobbydetektiv an der Backe hatte.

»Was machen Sie hier?«, fragte ich der Einfachheit halber. »Kannten Sie Heiner Gruber?« Mein Gegenüber war Anfang 50, sodass eine Bekanntschaft eigentlich ausgeschlossen sein sollte. Gab es eventuell verwandtschaftliche Bande?

»Nie gehört, Herr Palzki«, antwortete Gunter Engler. »Markus Lemberger bat mich um einen Gefallen, weil er heute tagsüber nicht unbemerkt aus dem Büro verschwinden kann. Und da ich zurzeit Urlaub habe …«

Ich verstand nichts. Gunter Engler hatte ich vor zwei Jahren zufällig vor dem Edigheimer Wasserturm kennengelernt, als ich im Rahmen einer Ermittlung auf der Suche nach dem Nibelungenschatz war. Als historisch Interessierter und mit Recherche-Knowhow beschlagen, half Engler mir tatsächlich, den Schatz der Nibelungen auf der Grenzgemarkung zwischen Edigheim und Frankenthal zu finden. In der Öffentlichkeit wurde dieser Fund bisher nicht publik gemacht, da zurzeit in unmittelbarer Nähe ein Altrheinarm renaturiert wurde und die Gefahr bestand, dass selbst ernannte Schatzsucher mit ihren Metallsuchgeräten herumstöberten. In einer Art vertraulicher Arbeitsgruppe mit den Stadtverwaltungen Ludwigshafen und Frankenthal war man dabei, eine repräsentative Örtlichkeit für ein Nibelungenmuseum zu finden oder zu schaffen. Als Entdecker durfte Gunter Engler die Arbeitsgruppe leiten, und mich würde es nicht wundern, wenn er der erste Direktor des Museums werden würde. Das alles galt natürlich insbesondere in äußerster Geheimhaltung gegenüber der Stadt Worms, die noch als Stadt der Nibelungen galt.

»Woher kennen Sie Lemberger?«

Engler, wie meist bei Temperaturen über 15 Grad Celsius in kurzen Hosen, zeigte sich gesprächsbereit. »Ich arbeite mit Markus Lemberger eng zusammen. Er ist der Koordinator in Sachen Museum für den Ludwigshafener Teil.«

»Museum?«, mischte sich Presbyter Storck ein. »Welches Museum meinen Sie?«

»Das gibt es noch nicht«, lenkte Engler schnell ab. Er merkte, dass er nicht allzu offen über die Angelegenheit mit den Nibelungen sprechen durfte. »Das hat aber nichts mit Heiner Gruber zu tun.«

»Wobei wir endlich beim Thema wären. Lemberger hat Sie um einen Gefallen gebeten, habe ich das richtig verstanden? Und Sie wussten, dass ich in der Friedenskirche auftauchen würde?«

Gunter Engler nickte eifrig. »So hat es Herr Lemberger gesagt. Er meinte allerdings, dass Sie frühestens heute Nachmittag aufkreuzen würden. Bis dahin hätte ich alles erledigt.«

»Erledigt?«, hakte ich nach. »Was meinen Sie damit?«

»Na, die Unterlagen von diesem verschollenen Gruber zu finden. Das wollen Sie doch auch, Herr Palzki?«

Dass ich bis vor ein paar Minuten von dem Versteck nichts wusste, brauchte er nicht zu wissen. »Sie mischen sich in eine offizielle Polizeiuntersuchung ein, Herr Engler. Das haben Sie schon einmal gemacht. Nur weil Sie damals den Schatz, äh, den …« Ein kurzer nervöser Blick zu Storck, dann sprach ich weiter. »Ein paar Hinweise gefunden haben, ging das für Sie glimpflich aus. Sonst hätten Sie sich strafbar gemacht.«

Engler ließ sich nicht aus der Ruhe bringen. »Aber Herr Palzki, seien Sie doch nicht so streng. Habe ich Ihnen in der Vergangenheit mit meinen Recherchen nicht schon oft geholfen? Wissen Sie noch, wie ich gemeinsam mit Steffen Boiselle …«

»Nein, das weiß ich nicht mehr«, unterbrach ich ihn harsch.

»Oder das mit Dietmar Becker, als wir Ihnen …«

»Es reicht!«

Engler zuckte zusammen.

»Was wissen Sie von diesen Unterlagen?«

»Nichts«, antwortete Engler kleinlaut. »Irgendwas über den Hochstraßenbau vor ein paar Jahrzehnten. Markus Lemberger meinte, dass es damals nicht mit rechten Dingen zugegangen war und dieser Heiner Gruber Unterlagen gefunden und im Turm versteckt hat.«

Manfred Storck unterbrach unsere Unterhaltung. »Ich habe nichts dagegen, wenn Sie nach diesen Unterlagen suchen. Aber ich muss Sie warnen: Oben auf dem Turm ist es sehr dreckig, vor allem durch Staub und Taubenkot. Auch der Weg hoch in den Turm ist sehr beschwerlich.«

Im Geiste verglich ich die recht überschaubare Höhe des Kirchturms mit dem Fernmeldeturm des Mannheimer Luisenparks. Diesen hatte ich vor nicht allzu langer Zeit per Treppe bezwungen und zwar in beide Richtungen. Gegen solch eine Besteigung war dieser Kirchturm ein Klacks.

»Das schaffe ich locker«, meinte ich zu Storck. Zu Engler sagte ich: »Sie können wieder nach Hause fahren. Sagen Sie Herrn Lemberger von mir einen schönen Gruß, er kann sich auf mich voll und ganz verlassen. Ich brauche keinen Handlanger.«

Gunter Engler war alles andere, nur nicht beleidigt. Dreist grinste er mich an. »Herr Lemberger sagte mir, dass Sie keinen offiziellen Ermittlungsauftrag haben und wir aufpassen müssen, dass die Ludwigshafener Polizei nichts von unserer Einmischung erfährt.«

»Wir? Was meinen Sie mit wir?« So langsam wurde ich sauer.

»Keine Angst, Herr Palzki. Ich will Ihnen Ihren Erfolg nicht streitig machen. Herr Lemberger meinte, dass ich Sie damit unterstützen kann, wenn ich die Vorarbeit leiste. Und die besteht im Moment darin, die Unterlagen vom Turm runterzuholen. Wir hätten Ihnen die Sachen, wenn Sie überhaupt nach der langen Zeit noch da oben liegen, auf jeden Fall gezeigt. Wir tun nichts heimlich hinter Ihrem Rücken.«

Das konnte ich jetzt glauben oder nicht. Warum fuhr Lemberger zweigleisig? Hatte er nur vergessen, mich über Engler zu informieren? Auf dem Fax wäre Platz für eine entsprechende Info gewesen. Ich beschloss, zunächst mitzuspielen.

»Dann gehen wir mal hoch in den Turm. Mit Ihren Arbeitshandschuhen können Sie sich dann durch den Dreck wühlen.«

Manfred Storck war unsicher geworden. »Ist das, was Sie wollen, illegal?«, fragte er. »Ich kann mir in meiner Position nicht erlauben, ungesetzliche Dinge zu tun.«

»Niemand verlangt das von Ihnen«, beruhigte ich ihn. »Zeigen Sie uns den Weg zum Turmtreppenhaus, dann gehen wir gemeinsam nach oben.«

Storck schüttelte den Kopf. »Ich gehe da nicht mit rauf. Bisher war ich nur ein einziges Mal oben, und das ist schon viele Jahre her. Der Aufgang ist körperlich sehr fordernd und nur mit ausgeprägter Fitness zu schaffen.«

»Die paar Meter?« Ich lachte. »Das schaffe ich sogar blind und mit gefesselten Beinen.«

Storck zog die Augenbrauen hoch, dabei zuckte kurz sein Mundwinkel. »Dann kommen Sie mal mit.« Er führte uns in den hinteren Bereich des Kirchenbaus, in dem es mehrere Räume unterschiedlicher Größe gab, die teils als Büro und teils als Abstellräume genutzt wurden. In einem kleinen Raum zeigte er auf Metallkrampen, die in der Wand eingelassen waren. Ich stutzte, dann schaute ich nach oben. Ein Teil der Raumdecke fehlte, stattdessen verlief ein Schacht nach oben.

»Was ist das?«, fragte ich nervös.

»Der Aufgang zum Turm. Er steht freitragend auf der Kirche. Der einzige Zugang zum Turm erfolgt über das Dach. Sie müssen zwischen den Außenwänden nach oben klettern.« Das Grinsen konnte er kaum verbergen.

»Uih, das ist sportlicher als gedacht«, meinte Engler erstaunt und kletterte auf den ersten Metallkrampen.

»Nehmen Sie die Lampe mit«, sagte Storck. »Ich möchte noch einmal betonen, dass die Besteigung auf eigene Gefahr geschieht und wir keine Haftung übernehmen.«

Engler nickte und war fast wieselflink durch den Durchbruch in der Decke nach oben verschwunden. Mein Ego ließ es nicht zu, untätig unten zu warten. Schließlich war ich etwa im gleichen Alter wie Engler.

»Sie ruinieren sich Ihre Kleider«, mahnte Storck. »Und ohne Handschuhe können Sie sich leicht verletzen. Warten Sie einen Moment.«

Er ging in eine Raumecke, wo jede Menge Gerümpel herumstand. Er zog ein paar Kisten auseinander und hatte plötzlich ein paar ziemlich ramponierte Arbeitshandschuhe in der Hand. »Ziehen Sie die hier an, das ist besser als nichts.«

Der Abstand zwischen den Krampen war brutal groß. Im Nachhinein wäre es für meine Gesundheit besser gewesen, den Loser zu geben und auf das Abenteuer zu verzichten. Ab einem gewissen Alter musste man nicht mehr den Superman spielen, zudem war ich wegen meiner gestrigen sportlichen Höchstleistung und den zahlreichen Pflastern an meinem Körper noch nicht wieder richtig auf dem Damm. Während des Aufstiegs musste ich mich auf mich selbst konzentrieren. Von Engler bemerkte ich nichts, er dürfte bereits ein gutes Stück über mir sein. Die Krampen waren kantig und stark verrostet. Ohne Handschuhe hätte ich es keine zwei Meter weit geschafft. Von fast allen Seiten gelangte Streulicht in den Schacht, sodass ich mich relativ leicht orientieren konnte. Der Weg nach oben war sowieso vorgegeben. Schneller als gedacht erreichte ich ein leicht ansteigendes Plateau, hier endeten die Metallkrampen. Mit bereits deutlich schnellerer Herzfrequenz zog ich mich auf die schiefe Ebene. Das, was ich im Halbdunkeln von meiner Kleidung sah, würde Stefanie bestimmt nicht erfreuen. Auch einen ersten Riss im Hosenbein konnte ich feststellen.

Ein dreifaches lautes Niesen nebst folgendem »Scheiß Staub« lenkte mich ab. Gunter Engler saß nur wenige Meter von mir entfernt im Dreck.

»Kommen Sie zu mir hoch, Herr Palzki. Passen Sie aber auf die niedrige Deckenhöhe auf. Ich habe mir bereits den Kopf angestoßen.«

Inzwischen konnte ich mich orientieren. Wir saßen in einem kleinen Bereich zwischen Dach und Kirchendecke. Engler leuchtete gerade den Boden ab, und wir sahen diverse Elektrokabel, die relativ willenlos verlegt waren und von hier oben die Leuchten des Kirchenraums versorgten. Zur Mitte hin wölbte sich das äußere Dach nach oben, und wir konnten gebückt stehen, was trotzdem sehr unbequem war. Deutlich konnten wir nun die Wände des aufgesetzten Kirchturms erkennen, was mich sehr verblüffte. Ich hatte keine Ahnung, wie der Kirchturm auf dem Dach der Kirche statisch sicher befestigt worden war. Physikalisch war das, was ich sah, eigentlich unmöglich. Da ich wusste, dass das nicht sein konnte, musste es eine andere Lösung geben. Engler schien meine Gedanken zu erraten.

»In dem Dachaufbau befinden sich die Stahlträger, die den Turm stützen. Sie sind nicht direkt sichtbar. Ich habe das heute früh im Internet nachgeschlagen.«

Also doch keine Zauberei, dachte ich zufrieden. Über einen niedrigen Durchgang kamen wir in das Innere des Turms. »Achtung, fallen Sie nicht in das Loch!«, warnte mich Engler.

Durch ein recht ansehnliches Loch konnten wir den Kirchenraum aus der Vogelperspektive bestaunen.

»Das ist der einzige Weg, um die Glocken nach oben oder nach unten zu bringen«, erklärte Engler. »Ab jetzt wird es ein wenig bequemer für uns.« Er schaute mich mitleidsvoll an. »Vielleicht hätten Sie sich geeignetere Kleidung anziehen sollen, Herr Palzki.«

Ich sah aus wie ein Jammerlappen. Der Dreck von Jahrzehnten hing an mir. Unmengen an Spinnweben hatte ich mir bereits aus dem Gesicht gezogen. Mich wunderte, dass wir nicht von einer Horde Ratten überfallen wurden. Mir wurde bei dem Gedanken übel, nachher wieder nach unten zu müssen. Gegen diesen Aufstieg war ein Elterngespräch mit Pauls Lehrerin das reinste Vergnügen. Wenigstens Metallkrampen blieben uns beim weiteren Aufstieg erspart. Stattdessen führte eine schmale und wacklige Holzstiege aus ungehobelten Brettern nach oben. Der von Storck angekündigte Dreck und Taubenkot machten die Stiege zu einer rutschigen Angelegenheit. Vorsichtig im Pinguingang bewegten wir uns nach oben. Von dort kam auch diffuses Licht, sodass Engler auf die Benutzung der Taschenlampe zunächst verzichten konnte.

Mein Begleiter schien unter einer Allergie zu leiden, so oft musste er niesen. Doch irgendwann hatten wir es geschafft. Der Dachstuhl sah sehr unaufgeräumt aus. Das lag nicht etwa am Dreck, sondern an den kreuz und quer verlaufenden Holzbalken, die mit Stahlträgern fixiert waren. Eine architektonische Ordnung war auf den ersten und zweiten Blick nicht zu erkennen. An einem Stahlgerüst hingen die Kirchenglocken. Daneben gab es mehrere Schwungräder, die wie metallene Reifen aussahen und mit Seilen belegt waren. Und überall tonnenweise Taubendreck und Staub.

»Wie sollen wir in diesem Durcheinander etwas finden?«, resignierte ich. »Das sieht aus wie in einer Schreinerei und einer Schlosserei gleichzeitig. Und überall liegt vergammeltes Zeug herum.«

»In der Tat«, antwortete Engler und nieste erneut. »Hier müsste mal jemand aufräumen. Wahrscheinlich kommt nur sehr selten jemand in den Glockenturm. Das ist aber gleichzeitig unsere winzige Chance. Die Wahrscheinlichkeit, dass die Unterlagen noch da sind, schätze ich sowieso nicht allzu hoch ein. Wie gehen wir am systematischsten vor?« Er schaute auf seine Uhr. »Auf jeden Fall sollten wir in einer knappen Stunde wieder unten sein. Sonst verabschieden sich unsere Trommelfelle, wenn das Geläut loslegt.«

Von einer systematischen Suche konnte keine Rede sein. Es gab jede Menge kleinerer Nischen und Dutzende möglicher Verstecke, wenn man nicht gerade eine große Kiste verbergen wollte. Und überall lagen gestapelte und dreckverbackene Holzbretter herum.

»Das sind Schallbretter«, erklärte Gunter Engler. »Die sorgen dafür, dass der Schall der Glocken vermehrt in die Ferne getragen wird, in unmittelbarer Nähe des Turms das Geläut dafür leiser klingt. Aber ich habe keine Ahnung, warum hier so viele von den Brettern herumliegen.«

»Vielleicht wurden sie mal ausgetauscht und die Firma war zu bequem, die alten Bretter zu entsorgen.«

»So könnte es gewesen sein.« Engler nickte. »Dann machen wir uns mal an die Arbeit.«

Nach mehr als einer halben Stunde wurden wir fündig, was für mich außerordentlich schmerzhaft war. Da ich ständig auf die Uhr schaute, um nicht den Zeitpunkt für das Verlassen des Glockenturms zu verpassen, achtete ich nicht auf meine Füße. Ziemlich heftig knallte mein Schienbein an die Kante eines Brettes, das aus einem Stapel herausragte. Mein Schmerzensschrei und die nicht wiedergabegeeigneten Flüche veranlassten Engler, der gerade am anderen Ende einen Balken auf Hohlräume untersuchte, zu mir zu kommen.

»Ich habe vorgesorgt und Schuhe mit Stahlkappen angezogen.«

Depp, dachte ich. Laut sagte ich, während ich mein Hosenbein hochkrempelte: »Stahlkappen nützen nichts auf der Höhe des Schienbeins. Oder haben Sie eine Ritterrüstung an?« Mein Unterschenkel blutete, und ich hatte weder Verbandsmaterial noch das kleinste Stück sauberen Stoff dabei. In Verbindung mit meinen zahlreichen anderen Verletzungen aus der gestrigen Aktion war dies nur ein Nebenkriegsschauplatz, auch wenn es höllisch brannte.

»Lassen Sie das am besten weiterbluten«, schlug Engler vor. »Dann kommt kein zusätzlicher Schmutz in die Wunde, so schlimm sieht der Kratzer nicht aus. Ich bin ohnehin der Meinung, dass wir die Suche aufgeben sollten. Das war eine Schnapsidee.« Er schaute nach unten zu dem auskragenden Brett, an dem ich mich verletzt hatte. »Wir können in der verbleibenden Zeit nicht die ganzen Bretter umschichten, um alles zu untersuchen.« Er bückte sich, um das verschobene Brett zurück in den Stapel zu drücken. Dabei drückte er, ähnlich einem Hebel, das andere Ende des Brettes aus dem Stapel. Das Resultat war, dass sämtliche Bretter ins Rutschen kamen. Zwei oder drei Stück rutschten auf der Holzstiege mit lautem Getöse nach unten, weitere knallten auf Englers stahlkappengeschützte Schuhe. »Verdammter Mist«, fluchte er und sprang zur Seite. Weitere Bretter folgten der Schwerkraft und sorgten für einen diffusen Staubnebel. Mein Hustenanfall und Englers Niesanfall nahmen fast kein Ende. Nachdem sich der grobe Anteil des Staubes gelegt hatte, leuchtete Engler mit seiner Lampe den Bretterhaufen an. »Nanu, was blitzt da so seltsam?«

Neugierig knieten wir nieder. Zunächst mussten wir, ähnlich einem Mikadospiel, weitere Bretter entwirren und entnehmen, doch dann sahen wir sie, die rostige Metallkassette.

»Treffer«, schrie Engler. »Wir sind am Ziel!«

Auch ich freute mich über den gemeinsam erreichten Erfolg. »Vielleicht ist bloß Geld in der Kassette«, gab ich zu bedenken.

»Oder ein Goldbarren?«, erwiderte Engler und hob die Kassette hoch. »Nein, dafür ist sie zu leicht.« Er versuchte, sie zu öffnen. »Leider verschlossen«, sagte er resigniert. »Ich vermute, dass das Schloss dermaßen verrostet ist, dass wir sie nicht einmal mit dem richtigen Schlüssel aufbekommen würden.«

»Dann lassen Sie uns das Ding unten öffnen«, schlug ich vor. »Es wird höchste Zeit, dass wir uns an den Abstieg wagen.« Ich nahm die Kassette an mich, was Engler geschehen ließ. Die Holzstiege war nun ebenfalls eine Herausforderung, da auf den Stufen mehrere Bretter lagen. Vorsichtig kletterten wir über die Hindernisse.

»Wir müssen aufpassen, damit das Zeug nicht noch weiter ins Rutschen kommt. Stellen Sie sich mal vor, wenn in der Kirche plötzlich Holzbretter aus der Decke fallen.«

Auf dem Kirchendach angekommen, überredete mich Engler mit einem guten Argument, ihm die Kassette auszuhändigen. »Sehen Sie, Herr Palzki. Ich habe eine Tasche dabei, die kann ich mir um den Hals hängen. Für den Abstieg brauchen wir freie Hände.«

Minuten später begannen die Glocken zu läuten. Ich hatte eigentlich gehofft, dass Manfred Storck das Geläut aus Sicherheitsgründen abgeschaltet hatte. Erfreulicherweise machte uns dies nichts aus, da wir uns nur noch wenige Metallkrampen über dem rettenden Erdboden befanden.

»Wie sehen Sie denn aus?«, begrüßte mich Storck. Ich war als Erstes unten angekommen.

»Sind Sie verletzt?«, fragte eine andere Person. »Ihr Schuh ist komplett rot verfärbt.«

»Herr Lemberger?«, fragte ich und drehte mich um. »Was machen Sie hier?«

Lemberger lächelte. »Ich konnte mich für eine halbe Stunde aus dem Büro loseisen. Offiziell bin ich auf einem Kundentermin, inoffiziell in der Friedenskirche.« Er schaute mich erwartungsvoll an. »Und, waren Sie erfolgreich?«

»Wie man's nimmt«, entgegnete ich. »Warten wir auf Ihren Spezialagenten, der gleich bei uns sein wird.« In meinen Augen hatte Engler, mit Ausnahme der Körpergröße, eine entfernte Ähnlichkeit zu Sean Connery.

Lemberger bekam einen roten Kopf. »Bitte verstehen Sie das nicht falsch, Herr Palzki. Ich wollte Sie nicht ausbooten. Aber die Gelegenheit mit Gunter Engler war günstig. Und da ich weiß, dass Sie schon öfters mit ihm zusammengearbeitet haben, dachte ich, dass er Sie gut unterstützen könnte. Ich wollte Ihnen nicht zumuten, selbst nach oben klettern zu müssen.«

Ich wollte gerade aufbrausend reagieren und meine Restfitness körperlich und verbal demonstrieren, da kam Manfred Storck, der den Raum verlassen hatte, zurück. In den Händen trug er ein paar Kleider und einen Verbandskasten.

»Ziehen Sie alles aus, Herr Palzki. Ich habe ein paar Ersatzklamotten aus unserem Fundus mitgebracht, die ich Ihnen ausleihen kann. Nichts Besonderes, aber für den Heimweg wird es ausreichen.«

Da in diesem Moment Engler ankam, waren die beiden abgelenkt. Sie wirkten auf mich wie kleine Kinder, die gerade ihre Geburtstagsgeschenke überreicht bekamen.

»Langsam«, schrie Engler belustigt. »Lasst mich doch erst mal die Handschuhe ausziehen und andere Kleider anziehen.« Längst war er aber selbst mit dem Entdeckungsvirus angesteckt, sodass sich die drei förmlich um die Geldkassette balgten, die inzwischen auf einem Schreibtisch lag. Manfred Storck blickte kurz nach hinten zu mir und erschrak.

»Herr Palzki, was ist denn mit Ihnen passiert?«

Ich stand in Unterwäsche da, und die vielen Pflaster an meinem Körper mussten für einen Außenstehenden martialisch aussehen. »Als Polizeibeamter ist man stets mit vollem Körpereinsatz gefordert, Herr Storck.« Ich klebte mir ein weiteres Pflaster auf das Schienbein und zog mir den bereitgelegten Overall über, dabei merkte ich, wie der Presbyter seinen Mund verzog.

»Tut mir leid, Herr Palzki. Die Sachen sind von unserer letzten Fasnachtsveranstaltung. Ich hoffe, es macht Ihnen nichts aus.«

»Overall ist schon okay«, sagte ich. Mein Blick fiel zufällig in einen halbblinden Spiegel neben dem Fenster. Ich benötigte eine gewisse Zeit, um das ungewohnte Wort, das in großer Schrift über dem Brustbereich stand, in Spiegelschrift zu entziffern. »Labbeduddel«, las ich schließlich.

»Das ist der Name einer der Comedians, die einen Sketch aufgeführt haben«, meinte Storck entschuldigend.

Mein Mund stand weit offen, und ich wusste nicht, wie ich reagieren sollte. Selbstverständlich kannte ich den Begriff Labbeduddel, der aus dem Badischen kam, aber auch gerne in der Pfalz für einen ungeschickten und einfältigen Menschen benutzt wurde. »So kann ich nicht auf die Straße gehen«, regte ich mich auf. Doch Storck hatte sich längst wieder den beiden anderen zugewandt.

Gunter Engler besaß eine weitere, mir bisher unbekannte Fähigkeit. Bei Gelegenheit musste ich mich mal ausführlich mit seiner Vergangenheit beschäftigen. Mit Zuhilfenahme von einem Schraubendreher, einem dünnen Nagel sowie zwei oder drei festen Hammerschlägen knackte er die Metallbüchse. Zunächst war die Enttäuschung groß, als nur ein kleines blaues Plastiktütchen zum Vorschein kam. Da ich auch ein wenig neugierig war, natürlich rein aus beruflicher Notwendigkeit, kommentierte ich die ernüchterten Gesichter. »Dass da kein Aktenordner drin ist, dürfte vorher klar gewesen sein. Vielleicht liegt ein Mikrofilm in der Tüte, wenn es so etwas zu der Zeit schon gab.«

Die drei ignorierten mich. Lemberger öffnete vorsichtig die Tüte. Zum Vorschein kam eine Handvoll Blätter in Postkartengröße, die aus einem Notizblock gerissen worden war. Seltsamerweise wirkte das Papier nicht im Geringsten vergilbt.

»Sicherlich wegen des Fehlens des Sauerstoffs«, meinte Engler. »Was steht denn auf den Blättern?«

Markus Lemberger nahm die Zettel an sich und las. »Das ist unglaublich«, sagte er plötzlich und pfiff durch die Zähne. »Damit habe ich wirklich nicht gerechnet.«

Bevor Engler und Storck nach dem Papier schnappen

konnten, hatte ich es bereits in meinem Besitz. Die Handschrift war schwer zu entziffern. Es handelte sich, falls es sich nicht um eine Fälschung handelte, um einen Brief von Heiner Gruber, der auf den 5. September 1978 datiert war. Da er um sein Leben fürchtete, hatte er diesen Brief geschrieben und im Turm der Friedenskirche versteckt. Eine Vertrauensperson, deren Name mir nichts sagte, wusste darüber Bescheid. Sie war beauftragt, im Falle des Todes von Gruber die Notiz an die Polizei weiterzugeben. Warum das damals nicht passierte, war nicht bekannt. Der Brief von Gruber war explosiv – und das im wahrsten Sinn des Wortes. Er fand heraus, dass in der zweiten Hälfte der 50er-Jahre des vergangenen Jahrhunderts bei dem Bau der Hochstraße Süd der hohle Baukörper mit hochgiftigen Chemieabfällen in einfachen Kunststofftonnen verfüllt wurde. In den 50er-Jahren begann in Sachen Umweltschutz ein erstes sachtes Umdenken. Bis zu diesem Zeitpunkt wurden Abfälle aller Art auf offene Deponien verbracht, ohne darüber nachzudenken, um welche Stoffe es sich handelte und ob diese ins Grundwasser gelangen konnten oder die Luft verpesteten. Fatalerweise befanden sich viele der Deponien direkt neben der damaligen Bebauungsgrenze. Beispiele hierfür gab es auch in Ludwigshafen zur Genüge: die Mülldeponie unter dem ehemaligen Metrogelände in der Gartenstadt, die mit Millionenkosten saniert wurde, ohne eine Garantie dafür zu haben, dass es in ein paar Jahren nicht doch zu größeren Problemen für die direkten Anwohner kam. Auch in Rheingönheim entstand vor 15 Jahren ein riesiges Neubaugebiet auf einer früheren Mülldeponie. Die Fabriken, die damals ihre giftigen Abfälle in die Landschaft kippten, gab es längst nicht mehr, sodass meist der aktuelle Eigentümer für die Grundstücke verantwortlich zeichnen musste.

Das alles stand nicht in dem Brief von Gruber, es handelte sich lediglich um meine mäanderten Gedanken, während ich den Text las. Es klang glaubwürdig, dass es zu der Zeit des Umdenkens und des aufkeimenden Umweltschutzes für viele abfallintensive Fabriken alles andere als einfach war, die heiklen und hochgiftigen Problemabfälle zu entsorgen. Heiner Gruber schrieb, dass sich ein Konsortium, in dem sich mehrere Firmen der Region zusammengeschlossen hatten, um die Ausschreibung der Hochstraße Süd beworben hatte, hauptsächlich mit dem Hintergedanken, ihre Abfälle in dem hohlen Baukörper zu deponieren. Um die Ausschreibung sicher zu gewinnen, gingen sie mit einem neuen und sehr kostengünstigen, bis damals unerprobten Verfahren ins Bieterrennen, der sogenannten Pilzkonstruktion. Die Südtangente lag auf ihrem guten halben Kilometer ausnahmslos auf 27 dieser Pilzsäulen.

Heiner Gruber schrieb zum Schluss, dass er per Zufall auf diese Zusammenhänge gestoßen war. Nach 20 Jahren wurden mehrere Fässer des im Hohlkörper der Hochstraße Süd gelagerten Giftmülls undicht, und die damals betroffenen Unternehmen, sofern sie noch existierten, suchten im Jahr 1978 nach Möglichkeiten, das Problem zu beseitigen. Durch einen versehentlich falsch adressierten Brief konnte Gruber Kontakt mit einem der involvierten Mitarbeiter aufnehmen. Inzwischen hatte er auch einen vagen Verdacht, wohin man die Fässer bringen wollte. Da es nicht nur um viel Geld, sondern auch um die Reputation einiger namhafter Unternehmen in der Region ging, bangte er um sein Leben.

»Was halten Sie davon?«, fragte ein merklich aufgeregter Lemberger. »Das ist doch unglaublich, oder?«

Gunter Engler nutzte die Gelegenheit, mir den Brief aus der Hand zu reißen. Gemeinsam mit Manfred Storck vertiefte er sich darin.

»In der Tat«, antwortete ich kurz angebunden, weil mir die Tragweite noch nicht voll bewusst war.

»Jetzt wird mir auch die kryptische SMS von Bernie klar«, sagte Lemberger und klatschte sich an die Stirn.

Ich sah ihn auffordernd an, und er berichtete.

»Bei der ersten kurzen Suche auf seinem Handy haben wir eine mysteriöse SMS gefunden. Wegen der Abkürzungen konnten wir damit nichts anfangen. Mit HS meinte Bernie bestimmt die Hochstraße Süd und mit GM Giftmüll. Was jetzt auch klar ist, dass Bernie die Sache mit den giftigen Abfalltonnen im Hohlkörper der Hochstraße Süd bereits in Erfahrung gebracht hatte.«

»Was steht denn in der SMS?«, unterbrach ich ungeduldig.

»Ob ich es wörtlich hinkriege, weiß ich nicht. Mal langsam, er schrieb: HS tragisch, aber Entwarnung. Überprüfe, ob GM in HN. HN würde dann Hochstraße Nord bedeuten.«

»Wurden die beiden Hochstraßen gleichzeitig gebaut?«

Lemberger schüttelte den Kopf. »Die im Norden, die zwischen dem Rathauscenter und dem Kreishaus der Kreisverwaltung Rhein-Pfalz-Kreis verläuft, wurde erst 20 Jahre später erbaut, in der zweiten Hälfte der 70er-Jahre. Nur die südliche Tangente wurde mit der Pilzkonstruktion gebaut. Schon wenige Jahre später merkte man, dass das nicht das Gelbe vom Ei war. Das Resultat ist ja inzwischen bekannt.«

»Dann wurde der nördliche Teil zu dem Zeitpunkt gebaut, als Heiner Gruber diesen Brief schrieb«, bemerkte ich. »Ob er davon ausging, dass damals der Müll dorthin gebracht worden war?«

»Das wissen wir nicht«, bekräftigte Lemberger. »Es steht nur in dem Brief, dass er Kontakt mit einem mutmaßlichen Mitglied des Konsortiums aufgenommen hat.«

»Und 40 Jahre später hat Ihr Kollege Zuse den Skandal aufgedeckt. Oder vielmehr: Er war gerade dabei, ihn aufzudecken. Irgendjemand muss davon erfahren haben.«

Engler und Storck hatten die Lektüre beendet und hörten uns beiden zu.

»Das passt zum akuten Hochstraßendesaster.« Lemberger machte eine kurze Gedankenpause, bevor er weitersprach. »In der ursprünglichen Planung vom letzten Jahr sollte die Hochstraße Nord in den nächsten Jahren abgerissen werden und gegen eine ebenerdige Stadtstraße ersetzt werden. Erst danach, perspektivisch in 15 bis 20 Jahren, sollte ein Neubau der südlichen Tangente an die Reihe kommen ...«

»Ich bin immer mehr davon überzeugt, dass die nördliche Tangente ebenfalls mit Giftmüll vollgestopft ist«, unterbrach ich. »Bestimmt wurden die Fässer in einer Nacht-und-Nebel-Aktion zum Neubau der nördlichen Tangente gebracht.«

»Möglich ist alles«, antwortete Lemberger. »Wir müssen herausfinden, mit wem sich Heiner Gruber damals traf und vor allem, wo.«

»Ich glaube, die Hochstraße Nord ist sauber«, sagte Engler. »Vor ein paar Jahren war in der Zeitung ein Foto abgedruckt, wie der damalige Bundesverkehrsminister durch eine Bodenöffnung in den Hohlkörper der Fahrbahn schaute. Damals ging es ja um die Baufälligkeit des nördlichen Teils. Seit Jahren hängen Fangnetze unter der Hochstraße, um herunterfallende Betonbrocken aufzufangen.«

»Das Foto kann überall aufgenommen worden sein«, gab ich zu bedenken.

»Wir müssen uns auf Bernie konzentrieren«, unterbrach mich Lemberger. »Außerdem müssen wir zur Sicherheit die Bevölkerung warnen. Ich werde noch heute ...«

»Nichts werden Sie heute«, unterbrach ich nun ihn und das ziemlich harsch. »Zuerst müssen wir einen heimtückischen Mörder fassen.« Lemberger wollte einen Einwand bringen, doch ich ließ ihm keine Chance. »Ja, ich weiß, dass der Mörder von Herrn Zuse nicht mehr lebt. Das macht die Sache aber noch viel gefährlicher, da wir nicht wissen, wer dafür verantwortlich ist. Wir haben es mit einem unbekannten Täter zu tun, da ist es nicht gerade schlau, unsere Karten auf den Tisch zu legen. Im Moment ist es am besten, unsere Erkenntnisse für uns zu behalten. Das gilt auch für Sie, Herr Engler und Herr Storck.« Ich versuchte die beiden mit einem entsprechenden Blick einzuschüchtern.

»Selbstverständlich«, antwortete Engler, Storck pflichtete ihm nickend bei. Bei beiden war ich mir nicht sicher, ob sie ihr Versprechen einlösen würden.

»Ich fahre jetzt nach Hause, um mich umzuziehen, Herr Lemberger. Heute Mittag komme ich bei Ihnen im Büro vorbei, dann besprechen wir die nächsten Schritte. Vielleicht können Sie inzwischen herausfinden, welchen Treffpunkt Herr Gruber meinte.«

Am Schluss seines Briefes hatte der verschollene Gruber den Treffpunkt mit dem vermuteten Mitarbeiter des Konsortiums nicht exakt benannt, sondern lediglich mit einer Floskel umschrieben.

Lemberger zeigte sich damit einverstanden. »Ich habe schon so meinen Verdacht, was er damit gemeint haben könnte. Das finde ich bestimmt heraus.« Er machte eine kurze Pause. »Äh, Herr Palzki, wenn Sie heute Mittag kommen, wäre es ganz gut, wenn Sie am Empfang nicht den Grund nennen, warum Sie mich sprechen wollen. Wie ich Ihnen gestern gesagt habe, möchten Yann und ich möglichst neutral bleiben und nicht offiziell in die Ermittlungen hineingezogen werden. Es reicht völlig, wenn uns die Ludwigshafener Beamten ein zweites Mal als Zeuge befragen wollen. Von uns erfahren die aber garantiert nichts.«

Ich ließ mir von Manfred Storck eine Kopie des Briefes anfertigen und gab Markus Lemberger das Original zur Aufbewahrung. An mehreren auslösenden Blitzen erkannte ich, warum Gunter Engler mit Storck ins benachbarte Zimmer ging, wo der Kopierer stand. Der Hobbydetektiv hatte den Brief mit seinem Smartphone abfotografiert. Damit waren weitere Störfeuer im Laufe der folgenden Ermittlungen so gut wie sicher.

Am Ausgang neben der Sakristei verabschiedeten wir uns. Storck meinte, dass ich mir mit der Rückgabe der ausgeliehenen Klamotten ruhig Zeit lassen konnte. Meine anderen Kleider hatte ich in einen Wertstoffsack gesteckt.

Ich hatte in unmittelbarer Nähe der Friedenskirche geparkt. Trotzdem hatte ich den Eindruck, als käme mir auf dem kurzen Weg zum Auto die halbe Einwohnerschaft Ludwigshafens entgegen, die die Aufschrift auf dem Overall lasen und sich sodann prustend zur Seite drehten.

Zu Hause angekommen, blieb ich zunächst im Auto sitzen, bis die Luft rein war und auf dem Gehweg keine Passanten zu sehen waren.

Eine Person hatte ich leider übersehen: Frau Ackermann, unsere monologische Nachbarin, musste mich durch ihr Küchenfenster in meinem Auto sitzen gesehen haben. Ihrem einzigen Lebenszweck folgend, eilte sie nach draußen.

Frau Ackermann konnte man mit einem einzigen Merkmal beschreiben, mehr war nicht nötig und auch gar nicht möglich: Ihre Umwelt litt an ihrem Redezwang. Von Neurosen wie Waschzwang oder Kontrollzwang hatte man im Allgemeinen schon irgendwann mal gehört. Dass es auch einen

Redezwang gab, konnte man nur nachvollziehen, wenn man Frau Ackermann kannte. Als unmittelbar betroffener Nachbar war ich geradezu prädestiniert, regelmäßig ihrem Redezwang ausgeliefert zu sein. Nach jedem ihrer live erlebten Anfälle benötigte ich mehrere Tage zur Genesung. Die traumatischen Symptome entsprachen durchaus einer schweren Gehirnerschütterung. Schon öfter hatte ich mir überlegt, wie ich solchen Verbalattentaten entkommen könnte, doch mehr als drei unbrauchbare Alternativen fielen mir nicht ein: Mord, Suizid und Umzug auf einen anderen Kontinent. Wobei sich nach jedem neuen Anfall immer mehr herauskristallisierte, dass die erste Alternative doch noch irgendwann zum Tragen kommen könnte. Eine Bewährungsstrafe würde ich durchaus akzeptieren können.

»Herr Palzki!«, rief sie bereits von ihrer Hauseingangstür aus, just in dem Moment, als ich meinen Wagen verlassen hatte. In der Hand hielt sie eine Flasche Sonnenblumenöl. Entweder war sie am Kochen oder sie hatte ihre Kiefergelenke geölt.

»Was machen Sie denn um diese Zeit zu Hause?« Dann wurde sie auf den Overall aufmerksam.

»Haben Sie Ihren Beruf gewechselt, Herr Palzki? Sind Sie gar kein Polizeibeamter mehr? Dann werde ich abends wieder Angst kriegen, wenn im Dunkeln zwielichtige Gestalten auf unserer Straße herumlungern. Ich freue mich aber trotzdem für Sie, wenn Sie jetzt in einem neuen Beruf arbeiten. Handwerker kann man immer brauchen. Sie wissen ja, was mit meinem Mann los ist: Der liegt die ganze Nacht und den Vormittag im Bett. Und wenn er es endlich schafft aufzustehen, dann legt er sich ins Wohnzimmer und glotzt TV. Selbst sein Essen nimmt er inzwischen im Liegen ein. Nur ab und zu steht er auf, wenn er was mit Ihrem Sohn Paul ausmacht. Gestern haben sie etwas mit Tieren gemacht, so genau habe ich das aber nicht verstanden. Ach, Herr Palzki, ich leide ja so unter meinem Mann. Wenn ich nicht auf seine Rente angewiesen wäre, dann hätte ich ihn schon längst mit einer schönen Knollenblätterpilzsuppe verwöhnt. Jetzt, da Sie kein Polizist mehr sind, kann ich das ja sagen, oder? Was für ein Handwerker sind Sie jetzt eigentlich? Bei uns müsste mal tapeziert werden, eigentlich das ganze Haus. Wir haben noch überall die ersten Tapeten drauf. Mein Mann sagt, dass die noch gut sind und der Grauschleier modern sei. Stimmt das wirklich, Herr Palzki? Oder sind Sie Schlosser? Mein Wasserhahn in der Küche tropft so furchtbar, können Sie sich das mal anschauen? Mein Mann hat jetzt übrigens einen dieser komischen Dingsbums, äh, Computer. Damit kann er sogar ins Internet, sagt er. Jetzt bestellt er laufend irgendwelches Zeug. Letzte Woche war im Bad die Klopapierrolle leer. Was glauben Sie, hat mein Mann gemacht? Statt eine neue Rolle aus der Speisekammer zu holen, hat er eine im Internet bestellt. Eine einzige Rolle, können Sie sich das vorstellen? Gut, bei meinem Mann hält die mehrere Wochen, aber dann muss er wieder eine neue bestellen. Und ich darf dann jeden Tag die Pakete in unserem Vorgarten aufsammeln. Die ersten beiden Male hat die Post die Pakete noch bei mir persönlich abgegeben, doch seitdem werfen sie die Pakete aus dem Wagen heraus direkt in meinen Vorgarten und fahren sofort weiter.«

Nur Millisekunden, bevor meine Schädeldecke aufgrund eines spontanen Synapsenüberdrucks explodierte, gelang mir die Flucht. Frau Ackermann schnatterte ohne Punkt und Komma weiter, während ich, sichtlich mitgenommen, zu unserer Haustür ging. Die Verbalattacke war anstrengender als die gestrige Verfolgungsjagd und die vorhin absolvierte Turmbesteigung. Völlig außer Atem und geistig mehr als halb umnachtet, betrat ich unser Haus.

»Reiner, bist du das?«, rief Stefanie aus dem Wohnzimmer. Aufgeregt kam sie angerannt. »Um Himmels willen, wie siehst du schon wieder aus? Hast du erneut jemanden verfolgt? Du siehst aus, als wärst du unter einen Panzer gekommen. Und was hast du für einen komischen Overall an? Labbeduddel, findest du das komisch?«

Als Antwort überreichte ich ihr den Wertstoffsack. »Schau mal, ob du noch was retten kannst. Ich gehe inzwischen duschen. Danach muss ich wieder zur Arbeit.«

»Bist du nicht krankgeschrieben?«, fragte meine Frau. »Du siehst verboten aus. Was ist denn passiert?«

»Nichts ist passiert. Jedenfalls nichts Schlimmes. Es gab keinen Kampf und auch keine gefährliche Situation. Ich war nur auf einem Kirchturm.«

Stefanie konnte damit ihr Informationsdefizit nicht beheben, sodass ich Details nennen musste.

»Ich war in Ludwigshafen in der Friedenskirche. Dort musste ich auf den Kirchturm, der aber nur sehr umständlich von außen zu erreichen ist. Dabei habe ich mir meine Kleidung etwas schmutzig gemacht, und Herr Storck, das ist ein Presbyter der Kirchengemeinde, hat mir diese Ersatzkleidung ausgeliehen.«

»Schmutzig?«, wiederholte Stefanie, während sie die Kleidung aus dem Sack zog. »Die ist komplett ruiniert. Die kann man nicht mal mehr in den Altkleidercontainer geben.« Und dann kam nicht ganz unerwartet der Nachsatz, der mir endgültig das Fürchten beibrachte und meine Vitalwerte auf ein allzeittiefes Niveau absacken ließen: »Du hast fast nichts mehr zum Anziehen. Wir müssen dringend zusammen einkaufen gehen.«

Um ein wenig abzulenken, sagte ich: »Und eben bin ich Frau Ackermann über den Weg gelaufen. Das hat mir den Rest gegeben.«

»Hat dich Frau Ackermann in diesem Aufzug gesehen?«, fragte sie erschrocken. »Dann weiß es morgen die ganze Nachbarschaft.«

»Ist mir doch egal. Unsere Verbaltratsche meinte, dass ich auf Handwerker umgeschult habe. Vielleicht ist das nicht mal ein so schlechter Gedanke. Ich gehe jetzt erst mal duschen.«

»Und ich mache dir in der Zwischenzeit eine leckere vegane Gemüsesuppe.«

Nach dem Duschen ging es mir nicht wirklich besser. Die Aussicht auf die Suppe und die Einkaufsdrohung von Stefanie verdarben mir die Freude an meinem Restleben. »Ich habe wirklich keinen Hunger, Stefanie«, säuselte ich.

»Ich hab's an deinem schokoladenverschmierten Mundwinkel gesehen, als du gekommen bist«, antwortete sie sarkastisch. »Wie viele Kalorien hast du wieder unnötig in dich hineingestopft? Die drei Kilo, die du abgenommen hast, dürftest du längst wieder draufhaben.«

»Sechs«, verbesserte ich, worauf ich nur einen fragenden Blick von meiner Frau erntete.

»Sechs Pfund, meine ich. Abnehmen tut man immer in Pfund.«

Ihrer Mimik nach hatte sie für diesen Witz kein Verständnis. »Übrigens, falls es dich interessiert: Bisher haben wir keine einzige Maus gefangen. Der Kammerjäger kommt erst morgen vorbei, allzu viel Hoffnung auf eine schnelle Lösung hat er mir am Telefon nicht gemacht.«

Um des Friedens willen und weil Stefanie so hartnäckig auf den Küchenstuhl zeigte, nahm ich Platz und aß widerstandslos einen ganzen Teller Gemüsesuppe. Ich versuchte einen möglichst neutralen Gesichtsausdruck durchzuhalten und gab ab und zu kurze und positive Anmerkungen zu dem veganen Lebenslustkiller. Mein Leben war kein Wunschkonzert.

Nachdem Stefanie mein verletztes Schienbein versorgt hatte, machte ich mich auf den Weg zur Dienststelle. Ein erneuter Kontakt mit unserer Nachbarin blieb mir erspart.

Ich schlich an KPDs Büro vorbei. Auch mein Büro ließ ich links liegen. Die Kollegen Gerhard Steinbeißer und Jutta Wagner befanden sich auf einem Seminar, doch Jungkollege Jürgen war anwesend. Jürgen war eine Sache für sich. Er ging auf seinen 30. Geburtstag zu, wohnte aber immer noch bei seiner Mutter, die ihn wie ein kleines Kind verhätschelte. Es war geradezu ein kleines Wunder, dass er selbstständig essen konnte und durfte. Inzwischen hatte er sogar die eine oder andere weibliche Bekanntschaft gemacht. Doch die harte Prüfung der Schwiegermutter in spe hatte bisher keine der Damen bestanden. »Eine Frau ohne essenzielle Handarbeits- und Kochkenntnisse kommt meiner Mama nicht ins Haus«, hatte er uns eines Tages vertraulich offenbart. Wir machten uns regelmäßig über Jürgen lustig, was eigentlich gemein und zugleich tragisch war. Doch Jürgen nahm alles mit Humor. Er genoss es, von seiner Mutter versorgt zu werden. Und jeder hatte das Recht, seinen eigenen Lebensentwurf zu leben. Im Büro wurde Jürgen von uns allen sehr geschätzt. Besonders sein Talent für Computer und insbesondere für sogenannte Tiefenrecherchen, bei denen es galt, um fünf oder wahlweise Dutzende Ecken zu denken, beherrschte er aus dem Effeff. Bisweilen schoss er allerdings gewaltig über das Ziel hinaus. Wenn er zum Beispiel einen Rentner unter die Lupe nehmen sollte, konnte das Exposé durchaus so dick wie ein früherer Neckermann- oder Quellekatalog werden. Darin fanden sich Informationen zur Beitragszahlung für den vor 70 Jahren besuchten Kindergarten oder die Fragen, die er bei der theoretischen Führerscheinprüfung gestellt bekam. Anhand der Kontoauszüge der letzten vier Jahrzehnte stellte Jürgen fest, dass die Zielperson in den Jahren 1992 bis 1994 knapp zwölf Prozent höhere Müllgebühren zahlen musste. Der Grund, warum ich Jürgen mit der Recherche beauftragt hatte, war, dass der Rentner wegen eines geringen Blechschadens mit Unfallflucht angezeigt wurde. Seitdem versuchte ich, Jürgen bei neuen Aufgaben zielgerichteter zu instruieren.

»Hallo, Jürgen«, begrüßte ich ihn. Er saß an seinem Schreibtisch vor einem geöffneten Notebook. In der Hand hielt er eine Pinzette.

Er winkte mich mit der anderen Hand herein und zeigte auf einen Stuhl.

»Was machst du da?«, fragte ich neugierig, während ich mich setzte.

»Auftragsarbeit für KPD«, erklärte er mir. »Streng geheim, darf niemand wissen.«

»Und um was geht es da genau?« Ich stand wieder auf und schaute in das Innenleben des Notebooks.

»Das sind die neuen Notebooks für die Führungsebenen der Polizeipräsidien in Rheinland-Pfalz. Heute Morgen wurden sie angeliefert, und Anfang nächster Woche werden Sie von den Dienststellen abgeholt. Das ist ganz schön viel Arbeit, die mir KPD eingebrockt hat.«

Erst jetzt entdeckte ich die zahlreichen Kartons, die in der Zimmerecke gestapelt standen. »Bist du neuerdings für die IT der gesamten rheinland-pfälzischen Polizei zuständig?«

Jürgen schüttelte energisch den Kopf. »Das sind alles hochgesicherte Rechner und normalerweise amtlich versiegelt. Ich habe einen Weg gefunden, die Sicherungen zu umgehen.«

»Ich verstehe immer noch nicht«, gab ich zu.

Jürgen erklärte es mir. »Die Ausschreibung für die neuen Notebooks lief über uns. KPD hat, völlig uneigennützig, dem Innenministerium die Dienste seiner Untergebenen angeboten. Könnte man jedenfalls meinen. Erst hatte ich den ganzen Verwaltungsaufwand mit der Ausschreibung aufgebrummt bekommen, und jetzt das da.«

Ich überlegte, ob ich überhaupt wissen wollte, was Jürgen da tat. Meine berufliche Neugier siegte. Außerdem konnte ich eventuell etwas erfahren, was ich gegen meinen Chef verwenden konnte.

»Baust du Viren in die Notebooks ein?«

»Viel besser«, antwortete er. »Diese kleinen unscheinbaren Chips sind hardwaremäßige Spionageprogramme. Damit kann KPD in Zukunft die Arbeit der Polizeipräsidien besser überwachen und kontrollieren. Dann weiß er als Erstes, wenn irgendwas im Busch ist. Jeden Tag verschicken die Notebooks mehrmals verschlüsselte Protokolle an unsere Dienststelle.«

»Damit ist KPD hoffnungslos überfordert. Der weiß ja nicht einmal, wie man einen Computer anschaltet.«

»Und das ist auch gut so«, sagte Jürgen mit einem Schmunzeln. »Damit ist nämlich automatisch mein neuer Job gesichert. Auf mich wird KPD in Zukunft nicht verzichten können. Die neue Planstelle, die er mir angeboten hat, wird besser bezahlt als dein Job, Reiner. Und dann hat er mir sogar Erfolgsprämien versprochen. Aber nur, wenn das alles streng geheim bleibt.«

Ich musste heftig schlucken. Jürgen war dabei, unsere Abteilung zu verlassen und zukünftig als KPDs Lakaie zu arbeiten. Als Geheimnisträger war er jedenfalls untauglich, was ich im Moment ganz praktisch fand. »Dann wirst du uns in Zukunft nicht mehr bei der Ermittlungsarbeit unterstützen?«

»Vorläufig mache ich weiter wie bisher. Es dauert noch eine Weile, bis alles eingerichtet ist. Wenn das alles läuft, kann ich von meinem Schreibtisch aus sogar die Lautsprecher in den Notebooks in Mikrofone umschalten.«

Nun hatte ich einen Grund mehr, das ganze Computerzeug zu hassen und meinen PC nur einzuschalten, wenn es gar nicht mehr anders ging. »Werden wir ebenfalls von KPD überwacht?«, fragte ich scharf.

An Jürgens Zögern merkte ich, dass ich einen Volltreffer gelandet hatte. Jetzt war mir klar, warum KPD so sehr darauf drängte, dass ich mehr E-Mails schreiben und die Protokolle elektronisch verfassen sollte. Auch in Zukunft würde ich dem Faxgerät den Vorzug geben.

Ich versuchte, die Sache mit den Computern zunächst zu verdrängen. »Einen kleinen Rechercheauftrag kannst du aber für mich zwischenrein schieben, oder? Einen, von dem KPD nichts erfährt? Ansonsten werde ich dich töten müssen.«

Jürgen schrak aufgrund meiner aggressiven Stimme auf. »Ja ja, selbstverständlich, Reiner.« Er begann zu schwitzen. »Das würde ich doch niemals tun, so unter Kollegen.«

Ich notierte mir im Geiste, das Problem bei nächster Gelegenheit mit Gerhard und Jutta zu besprechen. Vielleicht müssten wir Jürgens Mutter einweihen und ihm einen Denkzettel verpassen.

»Ich brauche möglichst viele Informationen zu einem gewissen Heiner Gruber«, sagte ich.

»Geburtsdatum?«, fragte Jürgen.

»Kenne ich nicht.«

»Aktuelle oder letzte bekannte Adresse?«

»Keine Ahnung.«

Jürgen sah auf. »Was weißt du sonst noch?« Er tippte kurz auf seiner Tastatur. »In Deutschland stehen im Melderegister 245 Heiner Gruber.«

»Er arbeitete bei der LUBEGE. Das ist oder war ein Ludwigshafener Unternehmen.«

»Na siehst du. So langsam tasten wir uns voran. Wann hat er dort gearbeitet?«

»So ungefähr am Ende der 70er-Jahre?« Ich hatte diese Feststellung bewusst als vorsichtige Frage formuliert.

»70er-Jahre im letzten Jahrhundert?«

Ich nickte unmerklich. Dass dies eine doofe und zugleich überflüssige Frage war, wollte ich ihm nicht sagen. Schließlich befassten wir uns nicht mit Ahnenforschung.

»Das ist alles, was du weißt?«

»Reicht das?«, fragte ich vorsichtig, um mich sogleich zu entschuldigen. »War nur eine Schnapsidee, tut mir leid, Jürgen. Mir ist klar, dass mit diesen wenigen Informationen nichts anzufangen ist.«

Jürgen klang abwesend, während er in die Tastatur hämmerte. »Wovon sprichst du da? Ist es okay, wenn du das Exposé morgen Vormittag auf dem Schreibtisch hast?«

Nachdem ich mich innerlich wieder beruhigt hatte, wurde mir klar, dass wir alles menschenmögliche veranlassen müssen, um Jürgen in unserer Abteilung zu halten. Diese Spitzenkraft durfte nicht von KPD in Beschlag genommen werden.

»Das wäre spitze und reicht völlig«, sagte ich. »Wenn du dann noch ein bisschen Zeit hättest, könntest du einen kurzen Schnellcheck der beiden Herren Markus Lemberger und Bernie Zuse durchführen. Die arbeiten aktuell bei der Lukom in Ludwigshafen. Zuse allerdings nur bis gestern, dann wurde er ermordet.«

»Das hat mir KPD schon aufgetragen«, antwortete Jürgen naiv. »Bezüglich des Mordopfers meine ich. Diesen Lemberger hat er nicht erwähnt.«

Aha, dachte ich. Mein Chef untersucht den Mord in eigener Regie. Mit Jürgens Hilfe würde er vielleicht sogar ermittlungsrelevante Informationen erhalten, was unter allen Umständen verhindert werden musste. Ein Glück, dass ich das rechtzeitig von Jürgen erfahren hatte.

»KPD erfährt nichts über diesen Zuse, verstanden?« Mein strengstmöglicher Blick schüchterte Jürgen weiterhin ein. »Wir besprechen morgen, welche Informationen du an KPD weitergeben kannst. Das ist wichtiger als diese komischen Chips, die du da in die Notebooks einbaust. Wir stecken gerade in einer besonders heiklen Mordsache, Jürgen. Das Leben vieler Bürger ist gefährdet. Mehr darf ich dir leider im Moment nicht dazu sagen, doch es wäre fahrlässig, wenn uns KPD, so naiv wie er ist, in die Quere kommt und alles vermasselt.« Ich schaute ihm streng in die Augen. »Hast du das verstanden? Du willst doch bestimmt nicht für den Tod von Tausenden Bürgern verantwortlich sein, oder? Das kannst du deiner Mama nicht antun.«

Jürgen wurde zunehmend blass. »Ja, ne, ist klar, Reiner. Ich kümmere mich zuerst um diesen Gruber und anschließend um die beiden Lukom-Mitarbeiter. Und keine Angst: KPD erfährt davon kein Wort.«

»Wovon erfahre ich kein Wort?«

Ich war nur den Bruchteil einer Nuance von einem Herzschlag entfernt. Ohne dass wir es bemerkt hatten, war KPD in das Büro gekommen. Hoffentlich hörte er nicht schon länger zu. Hatte ich wirklich vergessen, vorhin die Bürotür zu schließen?

Jürgen sah mich hilflos an. Auch er machte einen überraschten Eindruck.

Da eine meiner überlebenswichtigen Spezialfähigkeiten das Erfinden von Ausreden war, stotterte ich nur die ersten Sekunden herum. »Wir, äh, ich, das sollten Sie nicht erfahren, Herr Diefenbach.« Um den Spannungsaufbau zu fördern, schob ich eine kleine Pause ein. »Es sollte eine Überraschung für Sie als guten Dienststellenleiter werden«, säuselte ich.

»Überraschung? Ich habe doch erst in drei Monaten Geburtstag.« KPD hatte einen Geistesblitz. »Oder haben Sie den Fall bereits gelöst? Das wäre in der Tat eine Überraschung. Niemals hätte ich Ihnen das zugetraut, Palzki. Nun sagen Sie schon, wer ist der Täter?« In diesem Moment entdeckte er das offene Notebook auf Jürgens Schreibtisch. Langsam schlich er zur Seite und stellte sich mit dem Rücken zum Schreibtisch und schaute mich dabei frontal an, sodass ich das Notebook nicht mehr sehen konnte. Wie zufällig schnappte sich KPD eine Handvoll Blätter in Jürgens Posteingangskorb und deckte damit, ohne hinzusehen, das Corpus Delicti zu. Während der ganzen Aktion sah er mich mit deutlich verspannter Mimik an. Ich tat so, als würde ich sein merkwürdiges Vertuschungsmanöver nicht bemerken.

»Also«, begann ich. »Es geht um Ihren Dienstwagen.«

KPDs Blick zeigte Enttäuschung.

»Die Werkstatt hat auf dem Lack kleinste Mikroflecken entdeckt, vermutlich durch nasses Laub. Das Entfernen der Flecken wird leider noch etwas dauern. Ich hoffe, Sie haben dafür Verständnis.«

»Selbstverständlich«, antwortete mein Chef. »Vorhin wurde mir ein Leihwagen ausgehändigt, daher habe ich es nicht so eilig. Da Sie mit der Werkstatt in Kontakt stehen, können die Mechaniker auch gleich den Fingerabdruck auf dem Handschuhfachkasten entfernen, den Sie beim Einsteigen in meinen Wagen hinterlassen haben. Ich habe es ganz genau gesehen. Dann sollen die Leute auch die Windschutzscheibe kontrollieren, dort, wo Sie mit Ihrer Stirn drangeschlagen sind. Bestimmt kleben ein paar Hautpartikel dran.« KPD schüttelte sich. »Wie weit sind Sie mit Ihren Ermittlungen, Palzki?«

»Sehr weit«, erläuterte ich meinem Chef. »Ich wollte gerade zu Ihnen gehen, um Ihnen den aktuellen Sachstand mitzuteilen. Inzwischen gehe ich davon aus, dass das Turmrestaurant mit dem Fall nichts zu tun hat und von dem Täter zufällig ausgewählt wurde. Sie können Herrn Elert daher beruhigen.«

»Das war mir gestern bereits klar«, donnerte KPD. »Verschonen Sie mich mit Ihren Nichterkenntnissen, Palzki. Ich will Fakten und das schnell. Aus vertraulichen Quellen habe ich erfahren, dass die Beamten im Ludwigshafener Präsidium völlig im Dunkeln tappen. Ich will und muss der Erste sein, der den Fall löst.« Er zwinkerte Jürgen zu. Bis vor einer Viertelstunde hätte ich diesem Zwinkern keine Bedeutung beigemessen, doch inzwischen wusste ich mehr.

»Wie gesagt, ich bin dran«, sagte ich kleinlaut.

KPD seufzte. »Ich gehe davon aus, dass Sie mit diesen Ermittlungen nicht ausgelastet sind, Palzki. Sagen Sie nichts, ich weiß das als guter Chef. Ich kann das ganz gut einschätzen, schließlich habe ich jahrzehntelange Erfahrungen mit drückebergerischen Untergebenen. Um Sie mal ausnahmsweise ein bisschen mehr zu fordern, werden Sie ab sofort einer Zivilperson beratend zur Seite stehen. Wir müssen unser Image pflegen, und da gehört es meiner Meinung nach dazu, Bürger zu beraten. Ich weiß, dass Sie da jetzt nicht gerade der geeignetste Beamte sind, aber leider hat zurzeit niemand Zeit. Ich würde das gerne zur Chefsache machen, doch auch ich bin völlig ausgelastet. Nicht wahr?« Bei seinem letzten Satz schaute er Jürgen an, der verschämt nickte.

»Beraten?«, fragte ich. »Wen soll ich beraten? Für das Einbruchschutzgedöns haben wir im Präsidium eine eigene Abteilung. Da müssen wir uns doch nicht auch noch drum kümmern.«

KPD wirkte ärgerlich. »Mit Beraten meine ich nicht jeden x-beliebigen Bürger. Wo kämen wir da hin, wenn wir jeden dahergelaufenen Einwohner individuell beraten wollten? Die meisten, die zu uns auf die Dienststelle kommen, haben sowieso Dreck am Stecken. Man muss nur lange genug suchen.«

Abwartend schaute ich KPD an.

»Herr Becker war heute früh bei mir«, begann er.

Warum war ich nicht überrascht? »Dietmar Becker? Will er sich mal wieder in unsere Ermittlungen einmischen? Herr Diefenbach, im Moment ermittle ich in Ihrem Auftrag verdeckt und bisher unerkannt. Wenn wir Herrn Becker einweihen, dann wissen es bald alle. Vor allem das Präsidium. Das wäre furchtbar.«

KPD verzog einen Mundwinkel. »Ich habe nicht gesagt, dass Sie Herrn Becker in Ihre Ermittlungen einweihen sollen. Obwohl Sie damit in der Vergangenheit schon mehrfach gut gefahren sind. Nein, ich habe Ihnen gesagt, dass ich eine zweite Aufgabe für Sie habe: Und diese Aufgabe besteht darin, Herrn Becker für seinen nächsten Krimi zu beraten. Früher habe ich ihn persönlich beraten, doch dieses Mal übertreibt er es ein bisschen. Er will tatsächlich einen Krimi über das Ludwigshafener Hochstraßendesaster schreiben. Das ist völlig irre. Kein Mensch weiß, wie die Geschichte ausgehen wird, ein völlig heißes und unberechenbares Eisen. Herr Becker will sogar einen Schritt weitergehen: In seinem Roman sollen die Ludwigshafener Oberbürgermeisterin Jutta Steinruck und Clemens Körner, der Landrat des Rhein-Pfalz-Kreises, als Realpersonen mitspielen.« KPD schüttelte den Kopf. »Ich glaube, das wird dieses Mal für Herrn Becker in einem Fiasko enden. Daher will ich mich bei dem Thema erst mal bedeckt halten. Falls mir die Geschichte wider Erwarten doch gefallen wird, werde ich, wenn das Rohmanuskript fertig ist, gemeinsam mit Herrn Becker meine Rolle als Dienststellenleiter einbauen. Und jetzt kommen wir zu Ihrem Part, Palzki. Geben Sie Herrn Becker jedwede Informationen zu den Hochstraßenprojekten, die er haben möchte.«

»Aber ich weiß doch darüber so gut wie nichts. Nur das, was in der Zeitung steht«, ergänzte ich.

»Dann erfinden Sie halt was«, polterte KPD. »Das ist doch eine Ihrer Kernfähigkeiten. Erzählen Sie irgendetwas, lassen Sie Ihrer Fantasie freien Lauf.«

»Und wenn es sich herausstellt, dass der Mord in dem Turmrestaurant mit den Hochstraßen zusammenhängt?«, fragte ich vorsichtig.

KPD lachte brüllend. »Was für ein guter Witz, Palzki, doch völlig unrealistisch. Passen Sie auf, dass Sie Herrn Becker nichts von Ihren eigentlichen Ermittlungen verraten.«

»Das wird er längst wissen«, sagte ich.

»Wieso denn das?«, fragte KPD aufgeregt.

»Weil schon zu viele davon wissen. Steffen Boiselle, der Zeichner, Sie erinnern sich noch? Der war gestern ebenfalls im Turmrestaurant. Da er ein guter Bekannter von Becker ist, wird er ihm die Geschichte längst erzählt haben. Jochen Bruch gehört zum gleichen Kaliber. Auch er steckt mit Dietmar Becker unter einer Decke, sobald er eine Chance sieht, sich als Hobbydetektiv zu versuchen. Und heute habe ich einen weiteren Sherlock Holmes getroffen, der auch schon Blut gewittert hat.«

KPD runzelte die Stirn. »Machen Sie es wie die Politiker: Leugnen Sie einfach alles. Selbst wenn es eindeutig ist, leugnen Sie. Sagen Sie Herrn Becker, dass ich Ihnen verboten habe zu ermitteln. Das klingt sogar plausibel, zumal die Ludwigshafener Beamten selbst an dem Fall arbeiten. Wir tun so, als würde uns das alles nichts angehen. Wir sind nur zufällig anwesend gewesene Zeugen.«

»Das wird mir Herr Becker bestimmt glauben«, antwortete ich ironisch. Da mein Chef weder das Wort Ironie kannte, noch wusste, was Ironie ist, sah er in meinem Satz eine Bestätigung seines Auftrags.

»Genau, Palzki. Agieren Sie ausnahmsweise mal ein wenig glaubwürdig, dann wird das klappen. Schicken Sie Herrn Becker von mir aus auf eine falsche Fährte, damit er Ihnen aus dem Weg ist. Ihnen wird bestimmt etwas einfallen.« Er schaute auf seine Uhr. »Uih, schon so spät, ich muss mich auf meine nächste Besprechung vorbereiten.« Er blickte zu Jürgen. »Kommen Sie wie vereinbart in ein paar Minuten in mein Büro?«

Der Spuk war vorbei, KPD verschwunden. Jürgen legte die Blätter, die unser Chef auf das Notebook gelegt hatte, zurück in seinen Posteingang. »Manchmal ist KPD etwas wirr, findest du nicht auch, Reiner?«

Ich hatte keine Lust, meinem Kollegen die falsche Verwendung des Wortes »manchmal« zu erklären. »Pass lieber auf, dass du ihm keine Infos über meine Rechercheaufträge gibst. Von mir aus kannst du ihm berichten, wieviel Kaffee der Polizeipräsident am Tag trinkt, wenn das deine Abhöranlage hergibt.«

Da ich nun einen handfesten Grund hatte, paranoid zu sein, ging ich kurz in mein Büro und zog den Stecker des PCs aus der Steckdose. Das Gerät war zwar ausgeschaltet, aber bei Jürgen konnte man nie wissen. Danach machte ich mich auf den Weg nach Ludwigshafen.

Am Rheingönheimer Dreieck an der südlichen Stadtgrenze von Ludwigshafen bog die zur vierspurigen Schnellstraße ausgebaute B 9 seitlich ab in Richtung Nordwesten. Wenn man wie ich, von Schifferstadt oder Speyer kommend, auf der Schnellstraße blieb, wechselte der Name der Straße von B 9 auf B 44.

Die Bezeichnung Rheingönheimer Dreieck stand Pate für einen jahrzehntelangen Streit zwischen Naturschützern und Verkehrsexperten. Das Dreieck wurde in den 70er-Jahren als Kreuz angelegt, doch der nach Osten angedeutete Arm in Richtung Rhein war eine Sackgasse. Nur drei oder vier Kilometer Acker und Naturschutzgebiet, je nach Streckenführung, trennte das Dreieck vom Rhein. Auf der badischen Seite des Rheins wartete die B 36 seit dieser Zeit darauf, mit ihrem linksrheinischen Gegenstück verbunden zu werden.

Viele Jahre stand diese Altriper Spange nebst Rheinbrücke auf dem Bundesverkehrswegeplan, stellenweise sogar weit oben. Doch vor wenigen Jahren hatte man das verkehrstechnisch dringend benötigte Bauwerk gecancelt. Entsprechend frustriert waren zahlreiche Autofahrer in der Vorderpfalz, die sich auf dem Weg nach Osten durch Ludwigshafen und Mannheim quälen mussten. Entsprechend erleichtert waren dagegen die Einwohner Altrips und die Umweltschützer.

Seit der Sperrung der Pilzhochstraße hatte sich die Lage in und um Ludwigshafen eklatant verschärft. Jedem realistisch denkenden Mensch musste aber klar sein, dass es in Deutschland keine chinesischen Verhältnisse geben konnte und durfte, wo man von der Planung bis zur Freigabe solch eines Bauvorhabens weniger als ein halbes Jahr benötigte. In einer Demokratie ging es halt mal nicht so schnell, da die unterschiedlichsten Interessen unter einen Hut zu bringen waren. Und wer sich aus diesem Grund eine Diktatur oder Ähnliches wünschte, dem sei ein Geschichtsbuch empfohlen.

Das Unternehmen Lukom residierte in einem Seitentrakt der Walzmühle, in dem sich ein kleines Einkaufszentrum befand. Direkt nördlich davon schlossen sich in Ost-West-Richtung die Bahnlinie und parallel dazu die Vorlandstraßenbrücke an, die die nicht mehr nutzbare Pilzhochstraße mit der Konrad-Adenauer-Rheinbrücke verband. Sämtliche Autofahrer der Umgebung konnten froh darüber sein, dass die Vorlandbrücke vor etwa 15 Jahren komplett neu gebaut wurde. Wenn diese kurze Verbindungsstraße in Pilzbauweise erstellt worden wäre, dann gebe es jetzt nicht mal mehr eine Auf- oder Abfahrtsmöglichkeit zur Rheinbrücke. In diesem Fall wäre nicht nur die Rheinbrücke für Jahre gänzlich gesperrt, sondern auch der südliche Teil von Ludwigshafen mit einer einzigen Ausnahme komplett vom nördlichen Teil getrennt. Und das würde auch für Fußgänger, Radfahrer, Busse und Straßenbahnen gelten. Zum Glück war die Vorlandbrücke verkehrstüchtig und der Nord-Süd-Verkehr konnte, wenn auch stockend, am Rhein entlang fließen. Und die Fußgänger konnten durch das Einkaufscenter vom Südteil in den Nordteil der Stadt gelangen und natürlich auch umgekehrt.

In der Walzmühle, die ihren Namen vom Standort einer

früheren Mühle hatte, gab es ein Parkhaus, das ich nutzte. Über einen Metallsteg konnte man zum Büroanbau laufen.

»Guten Tag«, sagte ich am Empfang. »Ich möchte zu Herrn Lemberger.«

»Haben Sie einen Termin? Nennen Sie mir bitte Ihren Namen?«

Ich wollte gerade antworten, da kam der von mir Gesuchte um die Ecke. »Ah, da sind Sie ja, Herr, äh. Kommen Sie gleich mit.«

Natürlich hatte ich bemerkt, dass er meinen Namen absichtlich nicht genannt hatte, was mir heute nicht einmal unangenehm war. Wir gingen in sein Büro, wo sein Kollege Yann Fürst an einem Besprechungstisch saß. Er stand sofort auf und gab mir wortlos die Hand. Erst als Lemberger die Tür verschlossen hatte, wurden die beiden redseliger.

»Entschuldigen Sie bitte die Heimlichtuerei, Herr Palzki. Aber im Unternehmen muss nicht jeder mitkriegen, was wir neben unserer eigentlichen Arbeit tun. Es ist ja auch nicht völlig ausgeschlossen, dass ein Kollege oder eine Kollegin in diese brutale Tat involviert ist.«

»Wir haben aber niemand Konkretes in Verdacht«, ergänzte Fürst schnell und bat mich, Platz zu nehmen. Die auf dem Tisch stehende Dose mit den Keksen war durchaus verführerisch und randvoll befüllt.

»Vorhin waren die Ludwigshafener Beamten bei uns«, erzählte Lemberger. »Sie haben das Büro von Bernie ein zweites Mal durchsucht. Und uns haben Sie versucht auszuhorchen. Wir haben aber nichts verraten. Wobei ich mir nicht mehr so sicher bin, ob wir richtig handeln.«

Lemberger reichte mir eine Kopie des in der Friedenskirche gefundenen Briefes von Heiner Gruber. »Wir sind nicht untätig gewesen, Herr Palzki. Inzwischen haben wir herausgefunden, dass sich Gruber damals mit der unbekannten Person in der Friedrich-Ebert-Halle treffen wollte.«

»Also eine Sackgasse«, warf Fürst ein. »Nach dieser langen Zeit lässt sich nicht mehr rekonstruieren, mit wem er sich dort getroffen haben könnte. Das Einzige, was wir im Archiv herausgefunden haben, ist, dass an dem besagten Tag keine Veranstaltung stattgefunden hat. Das könnte bedeuten, dass es sich um einen Mitarbeiter gehandelt haben könnte, zum Beispiel einen der damaligen Hausmeister. Fremde Personen kommen an veranstaltungsfreien Tagen nicht so ohne Weiteres in die Halle. Ich weiß, das ist eine äußerst gewagte These. Vielleicht hat sich Gruber auch vor der Halle auf dem Parkplatz mit dem Unbekannten getroffen.«

»Zwei Tage später wurde er als vermisst gemeldet«, fuhr Lemberger weiter fort. »Seitdem ist er spurlos verschwunden. Wenn wir mehr Zeit hätten, könnten wir einen Privatdetektiv beauftragen. Ob das aber was bringen wird?«

Ich wusste, dass längst mehrere selbst ernannte Privatdetektive in dieser Angelegenheit recherchierten. »Wir haben immer noch nicht die Verbindung von diesem Gruber und dem Mord an Ihrem Kollegen hergestellt«, betonte ich. »Wir dürfen die Gegenwart nicht aus den Augen verlieren. Ich bin gespannt, ob der Mörder an Herrn Zuse identifiziert werden kann. Wenn seine DNA nirgendwo gespeichert ist, sehe ich schwarz. Eine rein optische Identifizierung halte ich für ausgeschlossen.«

»War es so schlimm?«, fragte Yann Fürst und schluckte hart.

»Seien Sie froh, dass Sie nicht dabei waren. Leider bin ich von diesen Ermittlungen abgehängt. Falls Sie in dieser Hinsicht etwas in Erfahrung bringen könnten, wäre das sehr hilfreich.« Bei nächster Gelegenheit würde ich bei Jochen

Bruch vorbeifahren und ihn um den gleichen Gefallen bitten. Für ihn dürfte es am unauffälligsten sein nachzufragen. Ein neugieriger Privatschnüffler war er allemal. Wenn er etwas mit der Tat zu tun hatte, würde ich zwar den Bock zum Gärtner machen, doch dieses Risiko musste ich eingehen.

»Leider wissen wir auch nicht mehr, Herr Palzki. Unser Kollege von der IT durchsucht zurzeit den kompletten beruflichen Datenbestand von Bernie, um herauszufinden, wo der Müll nun stecken könnte. Sobald er relevante Informationen findet, werden wir verständigt. Wir Kollegen halten zusammen.« Lemberger grinste verschwörerisch zu Fürst.

Ich trat sprichwörtlich auf der Stelle, auch wenn ich im Moment auf einem Stuhl saß und hin und wieder einen Keks verschlang. Ein jahrzehntealter Vermisstenfall, das war mehr oder weniger der einzige Strohhalm, den ich besaß. Und dann war da noch das Damoklesschwert mit den Giftmülltonnen.

»Eine kleine Info hätte ich noch für Sie, Herr Palzki«, meinte Lemberger mit unsicherer Stimme. Sein Kollege Yann Fürst wirkte ärgerlich. »Es ist aber nur ein winziges Bauchgefühl, müssen Sie wissen. Andere Leute zu verdächtigen, ist normalerweise nicht meine Art. Daher tue ich mich schwer, das auszusprechen.«

Ich sah ihn auffordernd an. Mein Gegenüber hatte sich längst entschieden, mir seinen Verdacht zu nennen. Aktives anschauen reichte in diesem Fall völlig aus, um ihn weitersprechen zu lassen.

»Ich kann mein Gefühl nicht mal richtig spezifizieren, Herr Palzki. Es handelt sich um Paul Platz. Er arbeitet bei der Kreisverwaltung des Rhein-Pfalz-Kreises und ist zuständig für Kultur, Kunstpflege und das Kreisjahrbuch. Ich kenne ihn persönlich und schätze ihn wegen seiner lockeren Art sehr.«

Lemberger steigerte sich immer weiter in löbliche Eigenschaften über Platz hinein, bis ich ihn unterbrach. »Ich habe verstanden. Warum verdächtigen Sie ihn?«

Lemberger zuckte zusammen. »Nein, ich verdächtige ihn überhaupt nicht. Es sind nur ein paar Äußerungen, die er in letzter Zeit von sich gegeben hat. Immer mal wieder, das ist mir bis heute nicht einmal aufgefallen. Im Kreishaus läuft irgendwas Geheimnisvolles, aber immer nur Andeutungen, nichts Konkretes.«

»Das macht Platz doch nur, weil die Kreisverwaltung umziehen muss«, unterbrach Yann Fürst und sah mich an. »Die Kreisverwaltung des Rhein-Pfalz-Kreises kann in ihrem jetzigen Gebäude nicht bleiben, das ist bekannt und von allen akzeptiert. Dafür gibt es zwei Gründe: Zum einen ist das Kreishaus für alle Mitarbeiter inzwischen viel zu klein geworden, einige Ämter sind anderswo ausgelagert, zum anderen führt die Hochstraße Nord nur wenige Meter Luftlinie an den Obergeschossen des Gebäudes vorbei. Wenn die Straße abgerissen wird, ist dort an arbeiten nicht zu denken. Das ist in der Öffentlichkeit längst bekannt. Bekannt ist auch, dass es mehrere potenzielle Standorte für ein neues Gebäude innerhalb des Kreisgebietes gibt. Um keine Grundstücksspekulanten anzulocken, ist die Festlegung eines neuen Standortes Chefsache des Landrats Clemens Körner und streng geheim.«

So richtig neu waren die Informationen für mich nicht. Markus Lemberger schüttelte den Kopf. »Nein, Yann, da steckt mehr dahinter. Wie ich erfahren habe, ist Paul Platz dabei, kleinere, inoffizielle Umbauten im Kreishaus vornehmen zu lassen. Warum sollte er das tun, wenn sowieso ein Umzug ansteht? Vor Kurzem wurde mir von Messungen berichtet, die jemand vom Fenster seines Büros durchgeführt hat. Könnte es sein, dass das Bernie war?«

Es war schon auffällig, wie deutlich Lemberger mich auf Paul Platz aufmerksam machte. Viel zu deutlich für meinen Geschmack. Trotzdem war es eine minimale Chance, mit den Ermittlungen weiterzukommen.

»Okay«, sagte ich. »Ich werde jetzt zunächst einen Abstecher zur Friedrich-Ebert-Halle machen und anschließend zu diesem Paul Platz fahren. Mal schauen, was der weiß.« Zur Halle wollte ich vor allem aus dem Grund, weil sie in unmittelbarer Nähe des Turmrestaurants lag. Das konnte Zufall sein, musste aber nicht.

»Warum zur Eberthalle?«, fragten Fürst und Lemberger gleichzeitig. »Da gibt's doch nichts zu sehen. Mit wem wollen Sie sich dort unterhalten?«

»Das werde ich vor Ort entscheiden. Irgendjemand werde ich schon finden.«

»Im Moment ist dort ein Unternehmen zugange, um die Statik zu überprüfen. Die 1965 erbaute Friedrich-Ebert-Halle steht zurzeit auf dem Prüfstand: Abriss und Neubau oder grundlegende Renovierung. Alle Varianten kosten viel Geld, wie Sie sich bestimmt vorstellen können.« Lemberger überlegte kurz. »Fahren Sie von uns aus gerne kurz an der Halle vorbei. Ich werde in der Zwischenzeit bei Paul Platz anrufen und Ihren Besuch für heute Mittag ankündigen. Während wir eben darüber gesprochen haben, ist mir eine ganz andere Idee gekommen. Ich habe einen Bekannten bei der Berufsfeuerwehr, der kennt sich mit Schadstoffmessungen aus. Vielleicht kann ich den überreden, mit mir von dem Obergeschoss der Kreisverwaltung Messungen zu machen. Das ist ja auch noch so ein Punkt, wo wir im Dunkeln herumstochern. Was, wenn in der Hochstraße Nord nun Giftmüll gelagert wird, vielleicht sogar lose und nicht nur in Tonnen?«

»Gibt es weitere Neuigkeiten?«, fragte ich, um das Gespräch zu Ende zu bringen.

»Nichts«, antworteten beide synchron, wobei ich den starken Verdacht hatte, dass auch mir etwas Wichtiges verheimlicht wurde.

Ich stand auf und verabschiedete mich. »Halten Sie mich auf dem Laufenden. Spätestens morgen früh sollten wir telefonieren. Fax wäre natürlich besser«, ergänzte ich.

Die beiden begleiteten mich aus Sicherheitsgründen bis zur Eingangstür. Sekunden, nachdem wir uns verabschiedet hatten und die beiden zurück zu ihren Büros gingen, kamen von dem Verbindungssteg zwei Personen aus Richtung Parkhaus, eine davon erkannte mich sofort.

»Herr Palzki, was machen Sie denn do?«, fragte eine Frau, die ich sofort als die Ludwigshafener Kripobeamtin von gestern zuordnen konnte, ohne dass mir jedoch ihr Name einfiel. Ihr blutjunger Kollege, der sie begleitete, war mir unbekannt. Pflichtbewusst hielt er mir seinen Ausweis entgegen. Ohne hinzuschauen, nickte ich ihm kurz zu.

»Das ist ja nett, Sie schon wieder zufällig zu treffen«, sagte ich unverbindlich. »Wie geht's Ihnen denn? Haben Sie viel zu tun?«

Sie roch sofort Lunte. »So zufällisch wird des net sei, dass wir uns schun widder treffe. Geh ich richtisch in der Annahme?«

Ohne mich provozieren zu lassen, antwortete ich scheinheilig: »Ich kenne mich mit dem Zufall nicht so aus. Falls Sie ebenfalls ein Veranstaltungsprogramm für das nächste

Stadtfest abholen wollen, dann können Sie sich den Weg zur Lukom sparen. Das Programm ist nämlich noch gar nicht fertig. Tja, da bin ich leider umsonst hierhergefahren.«

Im ersten Moment hielt sie meine dreiste Ausrede für bare Münze, doch dann kamen ihr Zweifel. »Stadtfescht? Des glaawen Sie doch selwer net. Ich glab als, Sie ermittle do weche denne zwee Morde geschtern. Hab ich recht?«

»Ach woher denn«, wiegelte ich ab. »Sie haben mir jede Einmischung verboten, ich bin lediglich ein Zeuge. Mein lieber Vorgesetzter Herr Diefenbach würde es bestimmt nicht gerne sehen, wenn ich mich in Ihre Angelegenheit einmische. Aber wo wir gerade beim Thema sind: Weiß man inzwischen, wer der Täter mit dem Pfeil und Bogen war, der sich selbst in die Luft gesprengt hat?«

»Hat er nicht«, unterbrach der Jungbeamte. »Er wurde mit einem Granatwerfer erschossen. Vermutlich vom Lastwagen aus.«

Seine Kollegin funkelte ihn böse an. »Halt die Goschen, Bu«, schnauzte sie ihn an. »Des darf noch kenner wisse.«

Ich war viel zu überrascht, um mein rhetorisches Psychospielchen mit der Beamtin weiterzuführen. »Was? Der Mörder aus dem Turmrestaurant wurde vor meinen Augen erschossen?«

Die Beamtin nickte und machte dabei ein verdrossenes Gesicht. »Die Spuresicherung hot eindeutig rausgfunne, dass des nur mit ehm Granatwerfer gegange sei kann. Do, wu noch Ihre Agabe der Laschtwage gstanne hot, hot mer entsprechende Spure gfunne.«

»Konnte man den Toten identifizieren?«

Sie schüttelte angeekelt den Kopf. »Vun dem Kerl sinn jo nur Brocke iwrig gebliewe. In de Datebank war sei DNA jedenfalls net. Mer gucke in alle Richtunge, doch ähn Hinweis uff de Dote gibt's noch net.«

»Und der Lastwagen, den ich gesehen habe?« Ich blieb beim Fragestellen, solange sie so redselig war.

»Anhand vun de Spure wisse mer ugfähr, um was fer ähn Typ es sich handelt. Es ist awer keen Laschter vun dem Getränkehändler.«

Ich wollte gerade die nächste Frage stellen, doch sie war schneller. »Jetztert reichts awer. Wenn Sie a nur ä Wort dovun sage, dass ich Ihne was verrote hab, dann kumm ich noch Schifferstadt gfahre un dreh Ihne die Krutz rum.«

»Keine Angst, ich bin bekannt für meine Verschwiegenheit. Außerdem hat mich das nur persönlich interessiert, immerhin war ich live dabei. Ich drücke Ihnen fest die Daumen, dass Sie den Täter schnell fassen können. Verdächtigen Sie jemand von der Lukom?«

Ihr Kollege wollte wieder etwas sagen, doch sie fuhr ihm radikal übers Maul. »Jetztert reichts awer, Bu.« Dann sah sie wieder zu mir. »Ich werd do drin mol rumfroge, ob Sie wirklich bloß des Programm fer des Stadtfescht hole wollten.«

Ich verabschiedete mich und ging zu meinem Wagen. Lemberger und Fürst würden ihr bestimmt nicht auf die Nase binden, warum ich sie besucht hatte.

Aufgrund des Brückendramas und des zähfließenden Verkehrs dauerte es ungewöhnlich lange, bis ich die Friedrich-Ebert-Halle erreichte. Einen Moment zauderte ich mit mir, ob ich vorher eine Stippvisite im Turmrestaurant einlegen sollte, um eventuelle Neuigkeiten zu erfahren. Ich verwarf die Idee, weil Anatol Elert bestimmt KPD anrufen würde. Und den konnte ich im Moment überhaupt nicht gebrauchen.

KAPITEL 6
DER STATIKER

Der Haupteingang stand offen, in der Umgebung parkten mehrere Lieferwagen und Handwerkerfahrzeuge. Da es keine Eingangskontrolle gab, ging ich in die Vorhalle. Ich wunderte mich, dass keine Menschenseele zu sehen war, und ging weiter nach hinten in Richtung Halle. Der vordere eingeschossige Bereich und die Halle selbst waren vom Grundriss her gesehen einfach zu überschauen und mir seit Langem durch viele Konzerte und Messebesuche bekannt. Nur der hinter der Halle liegende Künstlerbereich, in dem ich Verwaltungs- und Techniräume vermutete, war mir unbekannt.

In dem großzügigen Foyer mit dem Zugang zur Halle entdeckte ich ein paar Handwerker. Zwei waren mit einer Leiter beschäftigt, die sie unter einer Deckenleuchte aufbauten. Eine andere Person schien irgendetwas zu vermessen. Alle drei wirkten durch meine Anwesenheit keineswegs irritiert. In der Halle selbst wuselten ebenfalls Handwerker herum. Keiner interessierte sich für mich. Konnte es so auch vor 40 Jahren gewesen sein? Ich wusste es nicht. Natürlich hatte ich nicht geglaubt, durch meinen Besuch in der Halle Erhellendes zum Verschwinden eines Mannes zu entdecken, zumal der Vorgang jahrzehntelang zurücklag und es mit Sicherheit kein Versteck gab, in dem seit 40 Jahren eine Leiche liegen konnte.

»Sind Sie Herr Müller?«, sprach mich plötzlich jemand

an, der zwar nicht wie ein Handwerker gekleidet war, dafür mehrere hochkompliziert aussehende Geräte in der Hand hielt.

»Richtig«, log ich spontan.

»Wunderbar«, antwortete mein Gegenüber. »Mein Chef hat mir am Telefon gesagt, dass er Sie schickt, damit Sie mir bei meiner Untersuchung helfen.«

»Ich bin aber nicht vom Fach«, antwortete ich ehrlich und nutzte die Gelegenheit, mehr zu erfahren. »Was machen Sie mit diesen Geräten?«

Stolz präsentierte er mir seine elektronischen Spielzeuge. »Ich überprüfe im Auftrag der Stadt die Statik der Friedrich-Ebert-Halle«, erklärte er mir. »Mein Name ist Martin Kempf von der Firma Fallover, ich bin der zuständige Prüfingenieur.« Er blickte sich kurz um. »Heute benötige ich für eine Versuchsreihe einen zweiten Mann. Mein Chef versprach mir, einen Leiharbeiter vorbeizuschicken, also Sie.« Verschwörerisch trat er einen Schritt näher und flüsterte: »Sie können froh sein, dass Sie nicht in unserem Unternehmen arbeiten. Ganz im Vertrauen, mein Chef ist ein arroganter Psychopath. Ich bin froh, wenn ich ihn nicht sehe. Sein Sachverstand reicht gerade noch aus, um ein einstöckiges Legohäuschen zu bauen. Er hat in das Unternehmen eingeheiratet und spielt nun den großkotzigen Chef. Führungserfahrung?« Er rollte mit den Augen. »Null Komma nichts. Er war, bevor er die Chefin kennenlernte, Hilfsarbeiter im Kanalbau.«

Mir gefiel der Ingenieur. Er litt, zwar unter anderen Rahmenbedingungen, genauso wie ich unter seinem Chef. Mir war klar, dass es Millionen anderen Angestellten und Arbeitern genauso erging. »Sie sprechen mir aus der Seele«, sagte ich. »Mein Chef ist auch solch ein Unfähiger. Er hat zwar nicht eingeheiratet, aber viel besser ist meine Situation auch nicht. Vielleicht noch tragischer als bei Ihnen.«

»Das glaube ich kaum«, antwortete er und wirkte für einen Moment bekümmert. »Als Ingenieur bin ich eigentlich meiner Arbeit verpflichtet. Ich meine, einer korrekten Arbeit. Doch im Moment habe ich den Eindruck, dass er mich und vor allem den Auftrag nicht allzu ernst nimmt. Ich vermute, dass er von irgendjemand Schmiergelder kassiert.«

In meinem Kopf rotierte es. Gab es ein weiteres einsturzgefährdetes Bauwerk in Ludwigshafen? Dass es um die Substanz der Halle nicht besonders gut bestellt war, wusste ich zwar. Wurde auch hier mit dem Feuer gespielt? »Ich muss jetzt aber keine Angst haben, dass mir der Himmel beziehungsweise das Hallendach auf den Kopf kracht, oder?« Als psychologisch hochsensibilisierter Polizeibeamter schob ich eine weitere Frage hinterher. »Vielleicht sollten Sie zur Polizei gehen, bevor es während einer Veranstaltung zum Einsturz kommt und Todesopfer zu beklagen sind. Dann sind Sie nämlich mitverantwortlich. Ihr Chef wird sich dann irgendwie herauswinden. Sie wissen doch, dass die Chefs meistens ungeschoren davonkommen, nachdem man ein paar mehr oder weniger unschuldige Bauernopfer gehängt hat.«

Martin Kempf schüttelte den Kopf. »Ich glaube, Sie haben mich missverstanden, Herr Müller. Mein Chef verlangt von mir, dass ich den aktuellen Zustand desolater beschreibe, als er tatsächlich ist. In gewissem Rahmen kann ich das durchaus machen, denn bei den statischen Berechnungen werden an allen Ecken und Enden Sicherheitszuschläge addiert. Den Spielraum kann man durchaus ausnutzen, doch das, was mein Chef will, ist jenseits jeder Profession.«

Mit dieser Antwort hatte ich nicht gerechnet. »Heißt dass, dass die Halle sicher ist?« Ich konnte es nicht fassen.

»Warum wird dann darüber diskutiert, ob sie saniert oder abgerissen werden muss?«

Kempf zögerte mit der Antwort. »Was heißt schon sicher? Sagen wir es mal so: Selbst wenn die Rolling Stones hier auftreten würden, wäre die Sicherheit der Besucher gewährleistet. Die Tragfähigkeit der Decke ist noch zufriedenstellend. Nicht gut, aber zufriedenstellend, inklusive aller Sicherheitszuschläge eines vernünftig kalkulierenden Statikers. An manchen Stellen ist der Beton angegriffen und die Bewehrungen aus Stahl schauen heraus und beginnen zu korrodieren. Außerhalb der Halle gibt es mehrere Fundamentsockel, die die Stahlseile halten, die in der Decke verlaufen. Insgesamt ist der Bau schon eine sehr raffinierte Sache.« Kempf zeigte mit der Hand in Richtung Seitentribüne. »Mit einem gewissen Etat an Sanierungsmaßnahmen könnte man die Lebensdauer der Halle sicherlich um weitere 30 Jahre verlängern. Dann muss aber die Technik auf den neusten Stand gebracht werden und in den Brandschutz investiert werden und und und …«

»Und warum will Ihr Chef, dass die Halle abgerissen wird? Hat sein Bruder ein Bauunternehmen?«

Kempf lachte lauthals heraus. »Nicht ganz, Herr Müller. Aber im Kern haben Sie den Nagel auf den Kopf getroffen. Er spekuliert nämlich auf einen fetten Folgeauftrag. Der jetzige Überprüfungsauftrag wird pauschal abgerechnet. Käme es aufgrund unserer Expertise nur zu einer Sanierung, bleiben wir mit unserer Firma weitgehend außen vor. Was zu tun ist, steht schließlich in unserem Abschlussbericht.« Kempf trat verschwörerisch einen Schritt näher. »Wenn ich das Ergebnis meiner Untersuchung allerdings nach den Wünschen meines Chefs manipuliere, sieht die Sache anders aus. Die folgende Wirtschaftlichkeitsrechnung, zu der die Stadt dann verpflichtet ist, würde ergeben, dass ein Abriss und Neubau günstiger kommt als eine Sanierung. Und jetzt kommt's: Die Frau meines Chefs kennt mehrere Stadträte persönlich, die sie um den kleinen Finger wickeln wird. Mal ein kleiner Empfang mit exquisiten Leckerbissen und kleinen Gefälligkeiten oder eine Einladung in ihre französische Villa am Mittelmeer, selbstverständlich inklusive Reisekosten und immer ganz scharf am Rande einer Bestechung vorbei.«

Martin Kempf sah mir die Erschütterung an. Wurde ich gerade in einen weiteren Politikskandal eingeweiht?

»Das ist in der Branche nichts Unübliches, Herr Müller. Mein Chef hätte längst Insolvenz anmelden müssen, wenn seine Frau nicht mit den sogenannten weichen Faktoren entgegensteuern würde. Lobbyarbeit nennt man das in der Politik.« Kempf grinste frech, bevor er weitererzählte. »Sobald es in trockenen Tüchern ist, dass ein Neubau günstiger kommt, entwickelt sich das Ganze zu einem Prestigeprojekt. Jeder, der halbwegs etwas zu sagen hat, will sich in dem Neubau verewigen und sei es nur, dass ein Tagungsraum im neuen Gebäude nach ihm oder ihr benannt wird. Und was gäbe es im Moment Besseres, als mit der Ankündigung einer neuen Veranstaltungshalle von dem Hochstraßendesaster abzulenken? Eine Halle, die natürlich größer und vielfältiger sein muss als die SAP-Arena auf der anderen Rheinseite.«

»Das wird niemals Realität«, sagte ich, zweifelte aber selbst an meinen Worten.

Der Prüfingenieur grinste erneut. »Den meisten Bürgern geht es so wie Ihnen, Herr Müller. Aber die Wirklichkeit ist krasser, als man es sich je vorstellen könnte. Nicht umsonst nehmen in den letzten Jahren die Verschwörungstheorien stark zu.«

»Na ja«, unterbrach ich. »Von einer Verschwörungstheorie sind wir noch weit entfernt.«

»Natürlich, da gebe ich Ihnen recht. Trotzdem ist so etwas nicht in Ordnung. Ich kämpfe bei meiner Arbeit ständig mit meinem Gewissen. Es könnte ja auch mal andersrum kommen, wenn mein Chef von mir verlangen würde, dass ich ein einsturzgefährdetes Bauwerk als sicher deklarieren sollte.«

»Haben Sie so etwas schon einmal gemacht?«

Sein kurzes Zögern war mir Antwort genug.

»Äh, äh, natürlich nicht«, sagte er mit belegter Stimme. Dann machte er das, was Ertappte meist taten: Er versuchte abzulenken. »Ich habe vor Kurzem zufällig ein Gespräch zwischen meinem Chef und seiner Frau gehört. Wenn es zu einem Neubau kommt, werden wir den Auftrag für die Statik bekommen. Da soll es ein internes Agreement geben. Interessanter ist aber, dass der Landrat des Rhein-Pfalz-Kreises einen kräftigen Zuschuss für eine neue Halle geben wird. Leider konnte ich den Grund nicht verstehen, weil in dem Moment das Telefon klingelte.«

Da die Friedrich-Ebert-Halle zurzeit nur indirekt meine Ermittlungen tangierte, speicherte ich mir das eben Gehörte in meinem Zufallsfund-Gedächtnis ab. Wer weiß, wozu dieses Wissen noch gut war. Ich lenkte nun das Gesprächsthema vorsichtig in eine andere Richtung. »Um die Statik der Halle zu prüfen, müssen Sie doch bestimmt bis in die letzten Winkel krabbeln, oder?«

»Ach was, nur in den seltensten Fällen. Die damaligen Baupläne sind unsere wichtigste Grundlage. Auf den Plänen erkennen wir die statisch wichtigsten Bauteile, die wir natürlich genauestens untersuchen beziehungsweise untersuchen lassen. Betonproben schicken wir an eine Materialprüfstelle und …«

»Interessant«, unterbrach ich ihn. »Die Fundamente im Keller werden auch überprüft, stimmt's?«

Martin Kempf sah mich neugierig an. »Sie wollen es aber genau wissen.« Er erschrak. »Hoppla, sind Sie wirklich der Herr Müller, den mein Chef geschickt hat? Oder etwa jemand von der Aufsichtsbehörde?« Er verlor auf einen Schlag fast seine komplette Gesichtsfarbe.

»Ach was«, beruhigte ich ihn mit einem Lächeln. »Mein Name ist Reiner Palzki. Ich bin nur ein kleiner Polizeibeamter. Aber keine Angst, ich bin nicht wegen Ihnen hier. Ich bin nur auf der Suche nach ein paar Informationen. Es geht um eine völlig harmlose Sache.«

Seine Gesichtsröte nahm langsam wieder zu. »Ich bitte Sie, verraten Sie meinem Chef nicht, was ich gesagt habe. Ich werde sowieso alles leugnen.«

Ich hatte die Wahl, ob ich die harte oder weiche Tour fahren wollte. Ich entschied mich für die menschenfreundlichere Variante. Dennoch verfügte ich zumindest über ein latentes Druckmittel. »Gibt es innerhalb der Halle versteckte Räume oder Örtlichkeiten, wo nur äußerst selten jemand hinkommt? Ist das Gebäude eigentlich unterkellert?«

Ich sah Kempf die Verwunderung deutlich an. »Versteckte Räume in der Friedrich-Ebert-Halle? Wenn wir im Pfalzbau wären, da könnte ich Ihnen gleich ein halbes Dutzend solcher Orte zeigen, aber hier?« Er schüttelte vehement den Kopf. »Der Grundriss ist klar und einfach strukturiert, selbst hinten im Künstlerbereich, wo es keinen Publikumsverkehr gibt.« Er überlegte. »Was suchen Sie denn, Herr Müller, äh, Herr Palzki?«

Ich ging auf seine Frage zunächst nicht ein. »Und was ist mit dem Keller?«

»Die Halle ist nicht unterkellert. Okay, nicht im herkömmlichen Sinn. Im Bereich der Technikräume gibt es ein paar ineinander übergehende Kriechkeller, weil dort unter anderem die Versorgungsleitungen zur Halle geführt werden.«

Ich verzog das Gesicht. Ausgerechnet ein Kriechkeller. Das bedeutete viel Dreck, Staub und vor allem mangelnde Bewegungsfreiheit. Die Zeiten, zu denen ich noch mehrere Meter im Entengang zurücklegen konnte, waren längst vorbei. War es überhaupt nötig, diese Keller zu inspizieren? Die Wahrscheinlichkeit, ausgerechnet dort auf Reste des Vermissten zu stoßen, dürfte, ohne groß zu überlegen, bei knapp über null liegen. Aber wo sonst sollte ein Mörder, wenn es überhaupt einen gab, sein Opfer innerhalb der Halle entsorgen? Klar, er konnte es mit einem Auto oder Transporter weggeschafft haben. Wenn dies aber aus welchem Grund auch immer nicht funktioniert hatte, musste er es irgendwo im Innern verstecken. Insgesamt gab es zwei Unwägbarkeiten zu berücksichtigen: Erstens: Wurde Gruber in der Friedrich-Ebert-Halle bei seinem Treffen ermordet? Zweitens: Gelang es seinem Mörder, die Leiche außerhalb der Halle verschwinden zu lassen? Ich kam nach meiner Neukalkulation zu der Überzeugung, dass die Wahrscheinlichkeit, im Keller der Halle auf Leichenreste zu stoßen, deutlich größer als bei null lag.

»Den Kriechkeller möchte ich sehen.« Als Motivationshilfe zeigte ich Kempf meinen Dienstausweis.

»Kriminalpolizei?« Er zuckte überrascht zusammen, als er meinen Ausweis sah. »Ich dachte, Sie sind nur von der, äh, ich habe nichts getan, ich bin unschuldig.«

Ich lächelte ihn freundlich an. »Es geht nicht um Sie. Sie sind nur ein wichtiger Zeuge für mich. Und wenn wir finden, was ich suche, dann können Sie sich rühmen, bei kriminalpolizeilichen Ermittlungen mitgeholfen zu haben. Es gibt viele Bürger, die nur zu gerne Privatdetektiv spielen. Zeigen Sie mir jetzt bitte den Keller.«

Ich folgte Kempf in den Bereich hinter der Halle. In einem Technikraum legte er seine Gerätschaften auf einen Tisch. »Das wird eine schmutzige Angelegenheit, Herr Palzki. Ich selbst habe vor ein paar Tagen einen kurzen Blick nach unten geworfen, als ich mit Michael Hwasta, dem technischen Leiter der Friedrich-Ebert-Halle eine Begehung der hinteren Räume durchführte. Im Keller waren wir aber nicht. Dort hat sich bestimmt seit Jahren niemand mehr aufgehalten.«

»Umso besser«, antwortete ich und versuchte, meine Frau aus meinen Gedanken zu verdrängen. Wenn solche Aktionen häufiger vorkamen, musste ich bei KPD um Kleidergeld bitten oder mir ein paar Schutzanzüge ins Auto legen.

»Sie wollen wirklich?«, versicherte sich der Prüfingenieur und öffnete einen Spind. »Ich habe leider nur diesen einen«, sagte er und schlüpfte in einen weißen Overall, der Ähnlichkeiten mit den Anzügen unserer Spurensicherer hatte.

Der benachbarte Raum war an den Wänden und der Decke vollgestopft mit Leitungen und Rohren in den unterschiedlichsten Durchmessern. Kempf zeigte auf eine quadratische Bodenluke aus Metall. »Da geht's runter.« Er schnappte sich ein gebogenes Eisen aus Bewehrungsstahl, das an der Wand hing, und führte das am Ende abgewinkelte Stück in eine Schlaufe der Bodenluke ein. Eine kurze Hebelbewegung, und die Luke schrammte mit unangenehmem Geräusch über den Betonboden. Kempf zog eine Taschenlampe aus seiner Tasche und leuchtete nach unten. »Da wollen Sie wirklich runter, Herr Palzki?« Er schaute mich an, wobei sein wandernder Blick meine Kleidung musterte. »Werfen Sie mal einen Blick in den Keller. Ich hoffe, Sie sind einigermaßen sportlich und beweglich?«

»Ich habe schon mehrfach bei Bundesjugendspielen mitgemacht«, antwortete ich eingeschüchtert. Das Wort »müssen« verschluckte ich genauso wie den Hinweis, niemals auch nur in die Nähe einer Urkunde gekommen zu sein.

In dem sichtbaren Teil des Kellers sah es trostlos und vor allem nass aus. »Ist das Grundwasser?«, fragte ich. Uns kam ein Gestank entgegen, der Tote aufwecken konnte. Um Verwesungsgeruch konnte es sich nach 40 Jahren nicht handeln, höchstens um den von verblichenen Ratten und anderem organischen Getier.

»Nur Sickerwasser«, antwortete der Prüfingenieur. »Der Keller hat statisch keine tragende Funktion, somit ist die Feuchtigkeit nicht so entscheidend. Wie es für die ganzen Rohre da unten aussieht, vermag ich nicht zu sagen, denn das gehört nicht zu meinem Aufgabengebiet. Daher weiß ich nicht, ob die Rohre in einem gewissen Turnus auf Korrosion untersucht werden.«

Nach wie vor leuchtete Kempf in das ungemütliche Loch. Beim besten Willen konnte ich mir nicht vorstellen, dass hier jemand aus freien Stücken nach unten steigen würde, um die Rohre auf Korrosion zu überprüfen. Wahrscheinlich war es so, dass es entsprechende Prüfberichte zwar gab, eine Überprüfung vor Ort aber nie durchgeführt wurde. Ich verdoppelte die Wahrscheinlichkeitsquote, hier unten fündig zu werden. »Na, dann wollen wir mal«, sagte ich in möglichst lockerem Ton zu Kempf. »Ich steige als Erstes runter und Sie leuchten. Sobald ich unten bin, reichen Sie mir die Lampe runter. Das kann ja nicht mehr als 1,20 Meter tief sein.«

Als Abstiegshilfe waren an der Wand des Kriechkellers Metallkrampen eingelassen, die eine ähnliche Bauart besaßen wie die in der Friedenskirche. Bereits mit dem ersten Fußkontakt wusste ich, dass ich höllisch aufpassen musste: Die Eisenkrampen waren glatt wie nasses Glas. Da ich keine Handschuhe dabei hatte, musste ich mich notgedrungen mit den ungeschützten Händen auf dem staubigen Betonboden des Technikraums abstützen. Vorsichtig versuchte ich mit einem Bein, die zweite Krampe zu ertasten, was erstaunlich gut funktionierte. Jedenfalls, bis ich die Trittstufe mit meinem gesamten Körpergewicht belastete. Ohne Vorwarnung brach das Eisenteil bündig an der Wand ab, und ich krachte einen knappen Meter nach unten. Da dies alles innerhalb eines Sekundenbruchteils passierte, war es mit dem Halten meines Gleichgewichts nicht sonderlich gut bestellt. Der Körperschwerpunkt lag deutlich unterhalb des Bodens des Technikraums, sodass es für mich nur einen Weg gab: im freien Fall nach unten und nach hinten. Mangels großer Höhe kam ich mit wenigen neuen blauen Flecken davon, nicht einmal den Kopf schlug ich mir irgendwo an. Der größte Nachteil an der ungeplanten Aktion lag darin, dass ich mehr oder weniger horizontal auf dem nassen und dreckigen Boden des Kriechkellers landete.

»Um Himmels willen!«, rief von oben Kempf. »Sind Sie verletzt?«

Ich versuchte, eine möglichst schmerzfreie Mimik aufzusetzen, was nicht so richtig funktionierte. »Nichts passiert«, stöhnte ich nach oben. »War ja nicht tief«, schob ich nach. Es gelang mir trotz der Enge aufzustehen. Die Oberkante des Kriechkellers lag in etwa auf Höhe meines Halses, sodass mein Kopf geradeso in den Technikraum ragte. Martin Kempf ging in die Hocke, um besser mit mir reden zu können.

»Ist wirklich alles in Ordnung?«, fragte er erneut. Seine weiße Schutzkleidung war makellos. Er leuchtete an mir hinab, und ich sah, dass ich wieder Stress mit meiner Frau zu erwarten hatte. Doch passiert war passiert. Daher hatte es wenig Sinn, aus dem Loch zu steigen und die Aktion abzublasen. Verschlimmern konnte ich meinen optischen Zustand ohnehin nicht mehr und weitere gefährliche Situationen waren in dem Kriechkeller nicht zu erwarten. Stinkiges Brackwasser tropfte mir von den Haaren und den Augenbrauen.

»Kommen Sie runter«, sagte ich. »Dann schauen wir weiter.«

Der Prüfingenieur setzte sich auf den Rand der Luke und sprang behände nach unten. Dann stand er neben mir, nur im Fußbereich war sein Anzug nicht mehr weiß. Für einen Fremden musste die Szene ziemlich doof aussehen, doch wir waren zum Glück allein.

»Ziemlich eng hier«, meinte Kempf. »Wo wollen Sie zuerst hin?«

Ich zuckte mit den Achseln. »Lassen Sie uns zunächst einen Überblick über die Ausdehnung des Kellers gewinnen.«

Kempf ging in die Hocke, während ich mich aus Bequemlichkeit auf den nassen Boden setzte. Er sah mich bemitleidend an. »Ich zeige Ihnen nachher die Duschen im Künstlerbereich, so können Sie droben nicht herumlaufen.«

Ich dankte ihm, und Kempf begann, die Umgebung abzuleuchten. »Was suchen wir eigentlich?«

»Knochen«, antwortete ich. »Menschliche Knochen.«

Der Ingenieur bekam eine Maulsperre. »Wollen Sie damit sagen, dass ...« Er begann, heftig zu schlucken. »Wurde jemand ermordet?«

Ich versuchte ihn zu beruhigen. »Das liegt schon Jahrzehnte zurück. Es ist auch nur eine Vermutung.«

Kempf schüttelte sich. »Darauf bin ich nicht vorbereitet. Wenn ich dran denke, dass da jetzt irgendwo ein Skelett liegt. Ich glaube, ich gebe Ihnen meine Taschenlampe und steige wieder nach oben. Ist das für Sie okay?«

Angst hatte ich zwar keine, trotzdem bekam ich ein mulmiges Gefühl, alleine und nur mit einer Leuchte bewaffnet in dem unbekannten Keller herumzukriechen. Was, wenn ich nicht mehr den Ausgang finden würde? »Kommen Sie, wir müssen nur bis zu den Pfeilern da hinten krabbeln, dann können wir alles übersehen. Was soll uns hier unten schon passieren? Ich habe nicht einmal eine Ratte gesehen.«

»Aber dafür jede Menge Spinnen. Ich hasse Spinnen, Herr Palzki. Ich habe zwar keine Phobie, trotzdem mag ich die Viecher nicht. Ich fühle mich schrecklich unwohl. Und wenn wir eine Leiche finden, weiß ich nicht, wie ich reagiere.«

»Ach was«, sagte ich. »Eine Leiche finden wir nach so vielen Jahren garantiert nicht mehr. Höchstens ein paar Knochen. Kommen Sie.« Mutig schlurfte ich auf Knien zu dem nächstliegenden Pfeiler. Martin Kempf folgte mir unwillig.

»Haben Sie das mit Ihrem Chef abgesprochen?«, fragte er.

»Sprechen Sie immer alles mit Ihrem Chef ab?«, konterte ich, unterbrochen von meinen permanent knackenden Gelenken. Meine Kleidung war inzwischen komplett unbrauchbar geworden. Ich hoffte, dass meine Hautporen den Gestank nicht aufnahmen und meine Umwelt mich zum Aussätzigen erklärte.

Je tiefer wir in den Keller krochen, desto kälter und schmutziger wurde es. Zwei- oder dreimal rannte ich mir unvermittelt den Kopf an, da an der Decke zahlreiche Rohrleitungen entlangliefen, die man im funzligen Licht der Taschenlampe nicht immer registrieren konnte.

»Hier hat der Keller ein leichtes Gefälle«, meinte Kempf,

als wir den ersten Pfeiler erreicht hatten. Mich interessierte vor allem der rückwärtige Bereich des Pfeilers. Enttäuscht musste ich feststellen, dass es auch dort neben Wasser und Dreck nichts Aufregendes zu sehen gab.

»Wollen Sie wirklich weiter, Herr Palzki?« Kempfs Blick war kein erfreulicher. »Hier steht das Wasser zehn Zentimeter hoch, weiter hinten wird es bestimmt noch tiefer sein.«

Bis zum Ende des Kriechkellers waren es ungefähr zehn Meter. Etwa nach der Hälfte der Strecke befand sich die letzte Pfeilerreihe. »Bis zu den nächsten Pfeilern schaffen wir es. Aufgeben tun nur die Schwachen«, motivierte ich mich selbst und hoffentlich auch meinen Mitstreiter.

Das Gefälle des Kellers nahm weiter zu. Es reichte allerdings nicht, um sich stehend oder bückend fortbewegen zu können. Die Brackwasserhöhe betrug 15 oder mehr Zentimeter, als wir die letzte Pfeilerreihe erreichten. Mit größter Enttäuschung erkannte ich, dass sich auch dort keine Überraschungen verbargen. »Scheiße«, fluchte ich laut.

»Scheiße«, schrie Martin Kempf zeitgleich. Angewidert hielt er einen Gegenstand in der Hand, den ich im Licht der Leuchte sofort als menschlichen Oberschenkelknochen identifizierte. »Das hat hier im Wasser gelegen!« Seine Stimme schnappte über. »Ist das, ist das hier, ein …?« Er hielt mir den Knochen entgegen und zitterte.

»Immer mit der Ruhe, der tut Ihnen nichts«, sagte ich und nahm ihm den Knochen ab. Treffer, dachte ich überglücklich. Unsere Suche war erfolgreich und zugleich beendet. Alles Weitere musste die Spurensicherung übernehmen, die sich über diesen Job ganz toll freuen würde.

»Langsam«, rief ich ihm zu, da Kempf in rasanter Geschwindigkeit in Richtung Ausgang strebte. Mit Mühe gelang es mir, dem Lichtkegel zu folgen. Während Kempf sich sportlich aus dem Kellerloch hochzog, benötigte ich mehrere Anläufe. Nachdem er mir zwei leere Bierkästen heruntergereicht hatte, die in einem Nebenraum standen, konnte auch ich den Kriechkeller verlassen.

Ich sah aus, als wäre ich die letzten Wochen ununterbrochen in der städtischen Kanalisation herumgeschwommen. Der Gestank war entsprechend. Während ich die nächsten Schritte überlegte, ging die Tür auf, und Gunter Engler kam herein.

»Puh«, sagte er sofort. »Hier stinkt's wie in einer Kläranlage. Hallo, Herr Palzki, was ist mit Ihnen passiert?« Dann entdeckte er den Oberschenkelknochen in meiner Hand. »Oh, Sie haben Heiner Gruber bereits gefunden.«

Jetzt war ich an der Reihe, überrascht zu sein. »Wussten Sie, dass er da unten liegt?«

Engler wiegelte ab. »Nein, natürlich nicht. Ich war ja noch ein Kind, als das passierte. Die Information habe ich von Herrn Lemberger. Er sagte mir, dass der Treffpunkt von Gruber in der Friedrich-Ebert-Halle war. Daraufhin habe ich kombiniert und bin zu dem Schluss gekommen, dass der Täter ihn damals umgebracht hat und die Leiche irgendwo innerhalb der Halle versteckt haben muss. Also habe ich mir im Stadtarchiv die Pläne kopiert und geeignete Ablageorte gesucht. Als einzige Möglichkeit bin ich auf diesen Kriechkeller gestoßen. Herr Lemberger war so nett, mir die Prüfprotokolle der Korrosionsprüfungen der Rohrleitungen zu besorgen. Man hat sofort erkennen können, dass die Listen mit den Prüfpunkten pauschal abgehakt wurden, ohne dass eine Prüfung vor Ort stattgefunden hat. In dem Kriechkeller war schon viele Jahre niemand mehr.«

Wahnsinn, dachte ich. Der Möchtegernprivatdetektiv Engler war zu dem gleichen Schluss wie ich gekommen, nur hatte er seine These zusätzlich mit Fakten untermauert. »Und jetzt wollten Sie nach unten in den Keller gehen?«, fragte ich neugierig. »Wer hat Sie überhaupt reingelassen?«

»Das ging einfacher als gedacht«, antwortete Engler grinsend, während er eine Tasche öffnete und eine riesige Stabtaschenlampe, mehrere Seile, Karabinerhaken sowie Arbeitskleidung herauszog. »Der Eingang zur Halle stand offen, und niemand hat gefragt, was ich hier mache. Ich bin ohne Probleme bis in den Technikraum gekommen. Dass ich Sie hier treffe, war für mich allerdings eine Überraschung. Herr Lemberger meinte, dass Sie nur ganz kurz zur Halle fahren würden und danach einen Termin bei der Kreisverwaltung hätten.«

»Ich bin halt immer für eine Überraschung gut.« Da ich immer noch den Knochen in der Hand hielt, legte ich ihn mangels Tisch auf einen ausrangierten Kühlschrank, der in einer Ecke stand. Anschließend machte ich Gunter Engler mit Martin Kempf bekannt.

»Herr Kempf, würden Sie bitte die Polizei informieren? Berufen Sie sich bitte auf mich. Ich habe leider mein Handy im Auto liegen lassen, außerdem sehe ich etwas indisponiert aus.«

Der Ingenieur hatte sich inzwischen halbwegs beruhigt und nickte. »Mache ich, sobald ich die Schutzkleidung ausgezogen habe und an mein Handy komme.« Seine normale Kleidung hatte nicht das Geringste abbekommen. Der ehemals weiße Schutzanzug war hingegen Sondermüll. »Ich zeige Ihnen noch schnell die Duschen, Herr Palzki«, sagte Kempf. »Ersatzkleidung habe ich leider keine für Sie. Vielleicht kann ich etwas von Michael Hwasta besorgen.«

»Die kann ich ihm geben«, mischte sich Gunter Engler ein und hob die von ihm mitgebrachte Arbeitskleidung in die Höhe. »Ist zwar nicht die passende Größe, irgendwie wird es aber schon passen.«

Die Dusche tat richtig gut. Zweimal musste ich den verstopften Siphon reinigen, damit das Schmutzwasser abfließen konnte. Das bereitliegende Shampoo *Saurer Apfel* roch zwar extrem abgestanden, doch das Leben war kein Wunschkonzert. Als ich den Duschraum verließ, war die Polizei da.

»Wie sehe Sie denn aus, Herr Palzki?«, fragte mich die Beamtin, die ich vor zwei Stunden bei der Lukom getroffen hatte. Ihren Jungkollegen sah ich nicht. »Warum hänn Sie mir des net vorhin gsagt, dass Sie zu de Ewerthall fahre.«

Die Arbeitshose verdeckte nicht einmal meine Knöchel, auch die Ärmel der Jacke waren sehr kurz. Für einen Fremden musste ich wie eine Vogelscheuche wirken.

»Sie haben mich nicht nach meinem Tagesablauf gefragt.«

Sie rollte mit den Augen. »Dodefier hän Sie jetztert ähn Knoche gfunne. Mei Kolleche vun de Spuresicherung freue sich wie verrickt, do nunner in den Dreck zu misse.« Sie sah mich drohend an. »Wer issen die Leich iwwerhaupt?«

Ich zuckte mit den Achseln. »Keine Ahnung. Anhand des Knochens ist das schwer festzustellen. Vielleicht werden es Ihre Kollegen herausfinden. Ich kann zu der Sache nichts weiter sagen.«

»Sie wollen doch net sage wolle, dass Sie die Knoche zufällisch gfunne hawen. Irgendähner muss Ihne doch ähn Tipp gegewe hawe.«

»Tut mir leid, ich muss meinen Informanten schützen. Ich bin gerne bereit, als Zeuge auszusagen. Lassen Sie jetzt erst mal Ihre Kollegen die Arbeit machen. Sie wissen ja, wie ich zu erreichen bin.«

Sie sah mich mit festem Blick an. »Dess hot doch bestimmt mit denne zwee Morde vun geschtern zu due, oder?«

»Gute Frau«, antwortete ich, weil mir ihr Name immer noch nicht eingefallen war. »Die Knochen liegen da unten seit vielen Jahren. Wie soll diese Sache mit den Morden im Restaurant und beim Getränkehändler zu tun haben?«

Sie gab sich geschlagen. »Dann isses am beschte, wenn Sie jetztert gehe, Herr Palzki. Seien Sie sich awer gewiss, dass ich mich meld. Irgendwas is do bei Ihne im Busch.« Mit diesen Worten ließ sie mich stehen.

Dass der Ingenieur Martin Kempf an der Aktion beteiligt war, ließ ich unerwähnt, wofür er sich bei mir überschwänglich bedankte. »Vielen Dank, Herr Palzki, dass ich nicht auszusagen brauche. Wer weiß, wie das mein Chef und seine Frau aufgenommen hätten. Aber insgesamt hat mir unsere Suche Spaß gemacht, auch wenn ich zwischendurch anderer Meinung war und nach dem Knochenfund einen kleinen Schock hatte.«

Dann stellte er mich einem Mann vor, der bereits die ganze Zeit die Polizeiaktion verfolgte, ohne jedoch irgendwie beteiligt zu wirken. »Herr Palzki, das ist Michael Hwasta, der technische Leiter der Halle.«

Hwasta gab mir die Hand. »Dass man in meiner Friedrich-Ebert-Halle Leichenteile findet, damit hätte ich nie gerechnet. Ich hoffe, dass der Fund keinen aktuellen Bezug hat. Sobald die Polizei weg ist, werde ich Herrn Lemberger von der Lukom informieren.«

»Sie kennen Lemberger?«, rief ich erregt.

»Ja, klar, natürlich«, antwortete er. »Wer kennt den nicht? Die Lukom ist schließlich für die Halle zuständig.«

Ich verzichtete darauf, Details in Erfahrung zu bringen.

Zur Verabschiedung überreichte ich Kempf und Hwasta jeweils eine Visitenkarte und bat sie, mich zu informieren, wenn sie bei ihrer weiteren Arbeit in der Halle irgendetwas mitbekommen sollten, das für mich entscheidend sein könnte.

»Wenn Sie mal wieder einen Helfer brauchen, melden Sie sich bei mir!«, rief mir Kempf nach. Ich packte meine verdreckten Kleider in einen Altpapiersack, den ich vor den Künstlergarderoben fand, und ging anschließend durch die Halle nach vorne zum Ausgang.

Vor dem Gebäude wartete ein ungeduldiger Gunter Engler auf mich. »Ich bin gleich rausgegangen, als Ihre Kollegen kamen. Schließlich habe ich mit dem Fund nichts zu tun.«

»Gut gemacht«, lobte ich ihn. »Was hat Ihnen Herr Lemberger sonst noch erzählt?«

»Mir?«, fragte er überrascht. »Nichts, wieso?«

Ich konnte anhand seiner Reaktion nicht erkennen, ob er die Wahrheit sprach oder mir etwas vorlog.

»Welche Schlussfolgerung schließen Sie aus dem Knochenfund, Herr Palzki? Ich bin nämlich etwas ratlos.«

Mir ging es genauso. Mit hoher Wahrscheinlichkeit hatten wir Heiner Gruber gefunden. Damit wurde die These untermauert, dass er einem tödlichen Geheimnis auf der Spur war und es mit dem Giftmüll zu tun haben könnte. Aber so wirklich weiter half das nicht. Im Keller nach Spuren des Täters zu suchen, war nach der langen Zeit hoffnungslos, wenn dieser nicht gerade unbemerkt einen goldenen Füller mit Namensgravur verloren hatte.

»Ich weiß auch nicht weiter«, sagte ich ehrlich. »Erst mal drüber schlafen.«

»Und was machen Sie als Nächstes?«

»Ich fahre heim und ziehe mich um«, befriedigte ich seine Neugier. »Die Klamotten bringe ich Ihnen in den nächsten Tagen vorbei.«

»Das eilt nicht, Herr Palzki. Fahren Sie heute noch zur Kreisverwaltung?«

Sein letzter Satz erzürnte mich. Warum wusste ständig die halbe Welt, was ich tat oder vorhatte? »Keine Ahnung«, sagte ich und hob den Arm zum Abschied.

Den Sack mit den Kleidern warf ich auf den Boden vor dem Beifahrersitz. Während der Fahrt ließ ich das Beifahrerfenster geöffnet, um dem bestialischen Gestank halbwegs zu entgehen.

»Wie siehst du schon wieder aus?«, rief meine Frau bestürzt, als ich zur Tür reinkam. »Boah, was ist das für ein schrecklicher Gestank? Kommt das von dir?«

Ich zeigte auf die Tüte. »Wo soll ich das hinstellen?«

Stefanie wagte einen kurzen Blick hinein, der sie beinahe umwarf. »Igitt, was ist das für eine Schweinerei. Natürlich, das müssen deine Kleider sein, was hast du jetzt wieder angestellt? Wer hat dir dieses Mal mit Ersatzklamotten ausgeholfen?«

»Willst du nicht wissen, ob ich verletzt bin?«, fragte ich zaghaft.

Meine Frau bekam große Augen. »Sag schon, was ist passiert? Brauchst du einen Arzt?«

»Ganz so schlimm ist es nicht«, wiegelte ich ab. »Ein paar neue blauen Flecken, sonst ist alles heil geblieben. Zum Glück bin ich für mein Alter noch überdurchschnittlich agil, sodass mir der schmutzige Kriechkeller nichts ausgemacht hat.«

»Agil, du?« Stefanies Stimme schnappte über. »Jetzt bleib doch mal auf dem Teppich. Was faselst du von einem Kriechkeller? Hast du in einer Kläranlage gebadet?« Meine Frau schnappte sich die Tüte und ging vors Haus. Kurz darauf kam sie wieder rein. »Ich habe das Zeug in die Restmülltonne geworfen. Sonst locken wir neben den Mäusen auch noch Ratten an.«

Inzwischen hatte ich Hose und Jacke ausgezogen. Die zahlreichen Hämatome sahen beeindruckend aus, Bruce Willis würde vor Neid erblassen. Im Geiste sah ich mich bereits als Oscar-Nominierter in der Kategorie »Realistischste Maske«. Stefanie erschrak entsprechend. »So viele Flecken waren das heute Vormittag noch nicht«, meinte sie ängstlich. »Hast du irgendwo geblutet oder dir etwas gebrochen oder verstaucht?«

»Alles ist gut«, beruhigte ich Stefanie und versuchte mich in einem Lächeln. »Ich habe im nassen Kriechkeller der Friedrich-Ebert-Halle eine Leiche gefunden«, erzählte ich. »Also keine aktuelle Leiche, aber menschliche Knochen.«

Stefanie benötigte etwas Zeit, um die Informationen zu verarbeiten. »Geschossen hat aber niemand auf dich?«

»Das war dieses Mal völlig ungefährlich. Nur der Gestank und der Dreck in dem niedrigen Keller haben mir zugesetzt. Es ging leider nicht anders. Ich werde mit KPD darüber sprechen, damit ich einen Zuschuss für neue Kleider bekomme.«

Stefanie seufzte. »Du siehst relativ sauber aus. Wie kommt das?«

»Ich konnte im Künstlerbereich duschen. Die Klamotten wurden mir ausgeliehen.«

»So langsam hast du zu Hause mehr ausgeliehene Sachen als eigene«, meinte sie sarkastisch. »Ich mache dir jetzt eine schöne Suppe, Reiner, dann geht es dir bestimmt besser.«

»Äh, das geht leider nicht«, wehrte ich mich und war froh, einen echten Grund zu haben, um der pseudogesunden Suppe zu entgehen. »Ich muss noch mal kurz weg zur Kreisverwaltung nach Ludwigshafen. Dauert aber nicht lange.«

»Gibt es dort auch einen Kriechkeller und Leichen?«, fragte sie bissig.

»Nur Leichen im übertragenen Sinn«, antwortete ich flapsig. »Welches Unternehmen oder welches Rathaus hat keine Leichen im Keller?«

Stefanie seufzte erneut. »Dann hoffe ich, dass es für heute bei der Leiche in der Friedrich-Ebert-Halle bleibt. Ich suche dir ein paar frische Kleider raus. Viel Brauchbares hängt aber nicht mehr in deinem Schrank.«

Während sie auf die Suche ging, setzte ich mich auf die Couch. »Was machen eigentlich unsere Mäuse?«, rief ich ins Schlafzimmer rüber.

»Die scheinen sich wohlzufühlen«, schrie sie zurück. »Die Fallen sind bis jetzt leer geblieben.« Als sie ins Wohnzimmer kam, warf sie mir den Fundus zu. »Das habe ich aus einer Ecke im Schrank ausgegraben. Nicht gerade die neueste Mode, aber darauf hast du noch nie Wert gegeben.«

»Die Hose ist viel zu eng«, jammerte ich. »Bist du sicher, dass das meine ist?«

»Von Paul ist sie bestimmt nicht«, antwortete sie mit sarkastischem Unterton. »Als du sie vor drei oder vier Jahren zum letzten Mal anhattest, hatte sie jedenfalls noch gepasst.«

»Dann muss sie eingegangen sein.«

»Ja, ist klar. Hosen werden kleiner, wenn sie ungenutzt im Schrank liegen.« Sie stierte mir mit brutalst möglichem Blick auf meinen Bauchansatz.

»Mit dem Gürtel drüber geht's schon, wenn ich den Knopf auflasse«, stöhnte ich, weil die Hose alles andere als bequem saß.

»Dann ist ja alles gut«, meinte Stefanie. »Sollen wir am Wochenende gemeinsam einkaufen gehen?«

Während für mich eine Welt zusammenbrach, legte sie nach: »Ein paar wenige Sachen habe ich von dir noch in der Wäsche. Wenn du diese Kleider auch noch ruinierst, müsstest du in Unterwäsche zum Dienst fahren.«

Die Ankündigung dieses für mich unabwendbar existenzbedrohenden Ereignisses des gemeinsamen Einkaufens mit meiner Frau nahm mir für einen Augenblick jeglichen Lebensmut. Mit allerletzter Kraft versuchte ich ein Rettungsmanöver. »Warum machen wir es uns am Freitagabend, wenn die Kinder im Bett sind, nicht auf der Couch gemütlich und schauen mal im Internet, was es dort für passende Kleider für mich gibt. Meine Kollegen Jutta und Gerhard machen das regelmäßig mit großem Erfolg. In diesem Internet soll es richtig schöne und moderne Kleider geben.«

Stefanie schickte aus ihren Augen Todesstrahlen in meine Richtung. »Keine Chance, mein lieber Mann. Entweder wir gehen gemeinsam einkaufen und zwar physisch ohne Computer oder du schaust selbst, wie du kleidungsmäßig zurechtkommst.«

»Okay, okay«, versuchte ich zu deeskalieren. Mit sanfter Stimme fuhr ich fort: »Am kommenden Wochenende machen wir das, wie von dir gewünscht. Wir beide schaffen das bestimmt.«

Der Familienfrieden war erst mal halbwegs gesichert, wenn auch nicht von Dauer. Das drohende Fiasko am kommenden Wochenende würde die Weichen neu stellen.

KAPITEL 7

NEUES VOM LANDRAT

Auf der Fahrt nach Ludwigshafen spürte ich die enge Hose noch deutlicher. Wenigstens war die Fahrt nicht sehr weit. Ich parkte auf dem Parkplatz westlich des Rathauscenters, sodass ich zu Fuß nur die Hochstraße Nord unterqueren musste, um zum Gebäudekomplex des Rhein-Pfalz-Kreises zu kommen. Da es inzwischen nach 18 Uhr war, fand ich den Eingang verschlossen vor. Damit hatte ich gerechnet, aber auf einen Notdienst spekuliert. Außerdem hatte Lemberger mein Kommen avisiert.

Eine Reinigungskraft öffnete die Seitentür. »Für heute ist geschlossen«, sagte sie.

Ich wählte die förmliche Variante und zückte meinen Dienstausweis. »Kriminalpolizei. Ich habe einen Termin bei Herrn Paul Platz.«

Mein Ausweis wurde als Eintrittskarte akzeptiert. »Herrn Platz habe ich vorhin im Haus gesehen, ich kann Ihnen aber nicht mehr sagen, wo genau. Sein Büro ist im dritten Obergeschoss.« Sie zeigte auf das Treppenhaus.

»Haben Sie einen Aufzug?«, fragte ich. Unter normalen Umständen waren drei Stockwerke für mich ein Klacks, doch in Anbetracht der kneifenden Hose eine Zumutung.

»Die Aufzüge wurden leider vorläufig abgeschaltet, weil sie heute Mittag mehrfach kurzzeitig stehen geblieben sind. Die Techniker sind im Haus, konnten das Problem aber noch nicht lösen.«

Ich nickte unzufrieden. »Danke für die Information. Ich werde Herrn Platz schon finden.« Während ich zum Treppenhaus ging, fiel mir ein, dass ich keine Ahnung hatte, wie Platz aussah. Da um diese Uhrzeit neben ihm, den Aufzugtechnikern und den Reinigungskräften kein Angestellter und schon gar kein Beamter mehr im Gebäude sein würde, dürfte das kein Problem sein.

Ich konnte mich in der Kreisverwaltung frei bewegen. Sämtliche Flure waren frei zugänglich. Ob die Büros verschlossen waren, überprüfte ich nicht. Da ich in jedem Stockwerk eine Pause einlegte und mir die Grundrisse der Stockwerke einprägte, dauerte es eine Weile, bis ich das dritte Obergeschoss erklommen hatte. Nun war ich auf die Türschilder angewiesen. Ich wollte mich gerade an die Arbeit machen und von Tür zu Tür gehen, da hörte ich ein lautes Hämmern, das allerdings nicht aus der Richtung der Aufzüge kam. Neugierig folgte ich den Klopfgeräuschen.

»Ja, ich bin durch«, rief plötzlich eine weibliche Stimme. »Ich kann dich sehen.«

»Prima«, rief eine männliche Stimme, allerdings wesentlich leiser.

Da die nächstliegende Bürotür offen stand, ging ich ohne anzuklopfen hinein und räusperte mich.

Ein gellender Schrei war die Antwort. An der Wand zwischen einem Aktenregal und einem Gemälde stand eine junge Frau, schätzungsweise um die 20 Jahre alt.

»Was ist los?«, rief eine männliche Stimme aus der Ferne. Vermutlich kam sie aus dem Nachbarbüro.

Die junge Dame stand wie zur Salzsäule erstarrt. »Wer, wer sind Sie?«, fragte sie leise mit zittriger Stimme. In den Händen hielt sie einen Hammer und einen Meißel.

Um sie zu beruhigen, zog ich erneut meinen Dienstausweis aus der Tasche. »Reiner Palzki ist mein Name. Ich bin von der Kriminalpolizei und suche Herrn Platz.«

»Poli…, Polizei?«, stotterte sie. »Herr Platz hat gesagt, dass das völlig legal ist, was wir hier …«

»Was ist da los?« Eine laute Stimme aus Richtung Bürotür ließ diesmal mich zusammenzucken. »Wer sind Sie? Das Kreishaus ist für den Publikumsverkehr geschlossen. Wie sind Sie überhaupt hereingekommen?« Er wandte sich zur jungen Frau. »Alles in Ordnung bei dir?«

Sie schüttelte den Kopf. »Der Mann, äh, er ist von der Polizei.« Ihre Stimme klang hochgradig erregt.

Die in der Tür stehende Person wirkte für einen Moment unschlüssig. Dann schien er eine Idee zu haben. »Sie sind doch nicht etwa Herr Palzki, oder?«

Mit einem kurzen Nicken bejahte ich seine Frage.

»Herr Lemberger hat Ihr Kommen vor mehreren Stunden angekündigt«, sagte er, nun in nicht mehr aufgeregtem Tonfall. »Mit Ihnen habe ich heute wirklich nicht mehr gerechnet.« Er trat auf mich zu und reichte mir seine Hand. »Mein Name ist Paul Platz, Kulturermöglicher für den Rhein-Pfalz-Kreis.« Dann zeigte er auf die junge Dame. »Das ist Lara Deuerling. Sie macht zurzeit bei uns ein Freiwilliges Kulturelles Jahr.«

Ich ging zu Lara Deuerling, die inzwischen mehr oder weniger unauffällig ihr Werkzeug auf einen Tisch gelegt hatte, und reichte ihr die Hand. »Freut mich«, sagte ich zu ihr. »Was machen Sie da?«

Sie kniff ihre Lippen zusammen und sah mit flehendem Blick zu Platz. Dieser reagierte vollkommen kühl und abgebrüht. Dass hier etwas Illegales im Busch war, war mir vom ersten Moment an sofort klar gewesen.

»Wir verlegen nur ein paar Lautsprecherkabel«, verniedlichte der Kulturermöglicher die Lage. »Während der regulären Arbeitszeit ist dafür keine Zeit. Außerdem würde das Hämmern die arbeitenden Menschen und erst recht die Besucher sehr stören.«

»Soso«, sagte ich betont langsam. »Lautsprecherkabel. Warum erledigt den Job nicht der Hausmeister?«

Platz war nicht auf den Kopf gefallen. »Der hat im Moment viele andere Aufgaben. Da die Verlegung der Kabel, wie ich Ihnen eben erklärt habe, außerhalb der Regelarbeitszeiten stattfinden muss, würden sich bei den Hausmeistern zu viele Überstunden anhäufen. Ich dagegen kann meine Dienststunden flexibel einsetzen. Und Lara auch.« Schritt für Schritt war er möglichst unauffällig zu dem Tisch gewandert, wo Hammer und Meißel lagen. Während er mit mir sprach, ließ er die Werkzeuge hinter seinem Rücken verschwinden. »Kommen Sie doch rüber in mein Büro«, säuselte er freundlich. »Ich bin schon gespannt, was Sie von mir wollen. Herr Lemberger sprach sehr geheimnisvoll und unbestimmt.«

Die Krux an der Sache war, dass ich selbst nicht so genau wusste, was ich Paul Platz fragen sollte.

»Dann legen Sie mal los, Herr Palzki«, forderte mich Platz auf, als wir sein Büro, das mit einem Doppelschreibtisch ausgestattet war, erreichten. Am gegenüberliegenden Tisch setzte sich Lara Deuerling hin, während der Kulturchef auf einen weiteren Stuhl deutete. Neben unglaublich vielen Akten, Büchern und sonstigem Papierkram, mit dem das Büro vollgestopft war, fiel mir auf, dass auch hier ein Gemälde und zwei gerahmte Zeichnungen hingen, die für mich als Laie wie Originale aussahen. Dass es keine simplen Drucke waren, konnte ich an dem Farbauftrag des Gemäldes deutlich erkennen.

Ich begann mit einem bekannten Thema. »Das Kreishaus soll verlegt werden, Herr Platz. Ist das jetzige baufällig geworden?«

Ich sah ihm an, dass er froh war, über ein unverfängliches Thema sprechen zu können. »Von Baufälligkeit kann keine Rede sein, Herr Palzki. Es ist schlicht und einfach zu klein geworden, außerdem entspricht es nicht den neusten Anforderungen an Dingen wie Publikumsverkehr und Datenschutz. Da hat sich in den letzten Jahren viel getan. Das größte Problem ist aber der fehlende Platz. Mehrere Abteilungen wurden inzwischen in andere Liegenschaften ausgegliedert, die wir angemietet haben. Für die Bürger ist das nicht immer ganz einfach. Auch die internen Abläufe leiden darunter sehr.«

»Und die Hochstraße?«, hakte ich nach.

»Klar, das wird auch zum Problem. Der Abriss und der Bau der Stadtstraße werden viele Jahre dauern. Schauen Sie doch aus meinem Fenster. Das sind nur ein paar Meter bis zur Straße, die fast auf der gleichen Höhe liegt wie mein Büro. Wenn die Bagger anrollen, ist ein Arbeiten in dem Kreishaus in weiten Teilen ausgeschlossen.«

»Der Abriss wird ja zu Ihrem Glück noch ein paar Jahre dauern«, entgegnete ich.

Platz hatte dazu eine andere Meinung. »Nach aktueller Planung gebe ich Ihnen recht. Doch denken Sie gerade mal an die letzten zwölf Monate. Was sich da alles geändert hat. Zuerst die Sperrung der Hochstraße Süd, mit der niemand gerechnet hat. Nun der Abriss und irgendwann der Neubau. Was passiert, wenn die Hochstraße Nord plötzlich ebenfalls aus statischen Gründen gesperrt werden muss? Schauen Sie ruhig genauer aus dem Fenster, Herr Palzki. Sehen Sie die Netze unter der Hochstraße? Die hängen dort schon einige Jahre, weil sich immer wieder Betonbrocken lösen, die auf Passanten fallen würden. Niemand kann mit Sicherheit sagen, ob die Hochstraße Nord dem Verkehr die nächsten Jahre standhält, zumal dort ja jetzt der gesamte Pkw-Verkehr drüberfährt.«

Paul Platz schnaufte fest durch. »Ich will damit sagen, dass es niemand ausschließen kann, dass die nördliche Tangente ebenfalls kurzfristig abgerissen werden muss. Das Chaos wird dann alles bisher Dagewesene in den Schatten stellen, ohne Zweifel. Spätestens dann werden wir froh sein, wenn es zum Standort des Kreishauses eine Alternative gibt.«

»Wissen Sie schon, wo der Neubau hinkommt?«

»Das ist völlig offen«, sagte Platz, wirkte dabei aber leicht unsicher. »In der Presse wurde zwar bereits der eine oder andere Standort genannt, doch entschieden ist gar nichts. Bisher haben Landrat und Kreistag nur eine Wunschliste vorgelegt. Die muss nicht einmal abschließend sein. Wie gesagt, die Entscheidung ist noch völlig offen, auch wenn es ein paar Leute anders sehen.«

Ich merkte unverkennbar, wie Platz versuchte abzuwiegeln. Zum Thema Neubau des Kreishauses wusste er garantiert mehr, als er zugab. Ich beschloss, einen Schuss aus der Hüfte zu wagen. »Was ist eigentlich bei der Messung herausgekommen, die bei Ihnen am Bürofenster vorgenommen wurde?«

Die Reaktion war völlig gegensätzlich. Während Lara Deuerling krebsrot anlief, erblasste Paul Platz. »Welche Messung?«, stammelte er.

»Na kommen Sie«, forderte ich ihn auf. »Das ist doch kein Geheimnis, oder?«

»Ich weiß nichts davon«, antwortete er schnell. »Lara, weißt du davon was? War ich an dem Tag in Urlaub?« Er beantwortete die Frage selbst. »Nein, das ist ausgeschlossen, das hätte man mir erzählt. Tut mir leid, Herr Palzki, hier wurden keine Messungen vorgenommen. Ich wüsste auch gar nicht, warum.«

So ein Lügner, dachte ich. Ich ahnte, warum Markus Lemberger ihn verdächtigte. Wahrscheinlich trieb er weitere dunkle Geschäfte in der Kreisverwaltung. Meine Kollegen hatten vor Jahren einmal im Rathaus einer westpfälzischen Stadt ein Wettbüro ausgehoben, das dort eine Abteilung in Eigenregie während der Dienstzeit betrieben hatte.

Den einzigen Anhaltspunkt, dass Paul Platz zu meinen aktuellen Ermittlungen passte, waren die angeblichen Messungen. Vielleicht gab es einen Zusammenhang mit dem geheimnisvollen Umbau. »Sie haben mir noch nicht gesagt, was Sie mit den Lautsprechern vorhaben. Sind die Mitarbeiter informiert oder werden die Geräte heimlich angebracht?«

Wie ich wusste, konnte man die meisten Lautsprecher so schalten, dass sie wie ein Mikrofon funktionierten.

»Selbstverständlich, Herr Palzki.« Platz nahm aus der Schreibtischschublade ein Taschentuch heraus und wischte sich den Schweiß von der Stirn. »Der Landrat weiß selbstverständlich ebenfalls Bescheid. Er hat das sogar initiiert.«

Ich blieb hartnäckig. »Sie haben mir immer noch nicht gesagt, warum die Lautsprecher installiert werden.«

Da er nun lange genug Zeit hatte, eine Geschichte zu erfinden, konnte ich nicht sicher sein, ob das, was er nun sagte, der Wahrheit entsprach.

»Der Anlass zu dem Umbau liegt ein paar Monate zurück«, erklärte er. »Zu dem Zeitpunkt rechneten wir mit dem baldigen Abriss der Hochstraße Nord. Dass sich das alles verzögert, war zu dem damaligen Zeitpunkt nicht zu erkennen.« Er suchte umständlich nach Worten. »Auch der

Neubau der Kreisverwaltung wird ein paar Jahre dauern, Herr Palzki. Die Planungen haben ja noch gar nicht richtig begonnen. Es war abzusehen, dass der Abriss der Nordtangente zu einem Zeitpunkt beginnen würde, wenn das jetzige Kreishaus noch voll genutzt werden muss.«

»Die armen Beamten«, meinte ich sarkastisch. »Da ist ja der Büroschlaf gefährdet.«

Platz lächelte müde. »Immer diese Beamtenwitze«, knurrte er. »Sämtliche Büros werden mit Lautsprechern ausgestattet. Wenn es mit dem Lärm überhandnimmt, soll über eine zentral gesteuerte Musikanlage im Büro des Landrats den ganzen Tag klassische Musik laufen.«

»Wer verrät da unser Geheimnis?« In der Tür stand Clemens Körner, der Landrat. »Ich habe Stimmen gehört und habe daher mal nachgeschaut. Ich wusste gar nicht, dass du heute Überstunden machst, Paul.« Er entdeckte mich und sah fragend zu Platz, während er Lara Deuerling zuwinkte.

»Clemens, das ist Herr Palzki von der Kripo Schifferstadt«, sagte er zum Landrat.

»Sie sind Reiner Palzki?«, fragte dieser überrascht. »Ich habe Sie mir ganz anders vorgestellt. Herr Diefenbach berichtet mir bei unseren bilateralen Treffen regelmäßig über Sie.« Er schüttelte mir kräftig die Hand. »Ich weiß, dass er bei seinen Geschichten ziemlich übertreibt«, meinte er zu meiner Beruhigung. »So chaotisch kann kein Beamter sein. Was führt Sie in unsere heiligen Hallen, Herr Palzki?«

»Herr Platz hat mir gerade von dem Lautsprecherprojekt erzählt.« Jetzt musste der Kulturermöglicher Farbe bekennen, wenn er mich angelogen hatte.

»Ja, da habe ich eine tolle Idee gehabt«, freute sich Clemens Körner. »Auch wenn sich der ursprüngliche Grund für die Musikanlage verzögert, so finde ich das Projekt gelungen. Die Generalprobe im ersten Stock ging allerdings daneben. Sämtliche Mitarbeiter sind bei der von mir ausgesuchten klassischen Musik eingeschlafen. Nur mit Mühe und Not haben wir die Beamten rechtzeitig zur Mittagspause wieder wachbekommen.« Er grinste. »Das war Pauls Einfall. Er hatte zufällig eine CD von AC/DC dabei, und bei ›Hells Bells‹ waren dann alle Beamten schlagartig wieder fit.«

Mit dieser Aussage hatte der Landrat die Geschichte von Paul Platz zwar bestätigt, dennoch fand ich die Sache äußerst schräg.

»Apropos Lautsprecher«, sagte Körner zu Platz. »Die Ausfälle der Aufzüge gehen doch bestimmt auf dein Konto?«

Platz zog das Genick ein. »Ich habe nicht gleich bemerkt, dass an dem Stromkreis auch die Aufzüge dranhängen. Die Sicherungen waren aber nie lange draußen«, beteuerte er.

»Die Techniker suchen immer noch den Grund«, meinte der Landrat. »Besser, du klärst sie mal auf.«

Paul Platz stand auf. »Herr Palzki, wenn Sie weitere Fragen haben, dürfen Sie sich jederzeit melden.«

Er war bereits im Flur, als der Landrat ihm etwas nachrief: »Paul, ist für das morgige Treffen alles vorbereitet? Da darf nicht die geringste Kleinigkeit schiefgehen.«

»Alles bestens, Chef«, antwortete Paul Platz.

»Kann ich Ihnen noch irgendwie helfen, Herr Palzki?«, fragte der Landrat hilfsbereit.

»Alles im grünen Bereich«, antwortete ich. »Ich melde mich, wenn ich weitere Fragen habe.«

»Prima«, sagte Clemens Körner. »Die Eingangstür im Erdgeschoss kann man von innen öffnen. Raus kommt man bei uns immer«, sagte er zum Abschied und lachte dabei.

»Tot oder lebendig«, flüsterte ich als Antwort zum letzten Satz des Landrats zu mir selbst, ohne dass er es hören konnte.

Während ich die Treppen nach unten ging, ließ ich meine Gedanken mäandern. Einen Mord traute ich keiner der eben kennengelernten Personen zu, nicht ganz hasenreine Geschäfte aber allemal. Zwei oder dreimal hatte der Landrat seinem Mitarbeiter einen warnenden Blick zugeworfen. Solche kommunikativen Hilfsmittel waren mir natürlich bekannt. Außerdem hatte er mich neugierig gemacht mit dem Hinweis auf den morgigen Termin.

Der Tag hatte mich nicht wesentlich weitergebracht. Ein paar Verdächtige gab es schon, ob diese mit den beiden Morden im Turmrestaurant und bei Getränke-Bruch zu tun hatten, war aber nicht gesichert. Auch die Knochenfunde, die wahrscheinlich von Heiner Gruber stammten, bedeuteten nicht wirklich Fortschritte bei den Ermittlungen. Ich überlegte, ob ich vor Feierabend KPD aufsuchen sollte. Außer den üblichen Beleidigungen würde er sowieso nichts für mich übrig haben. Als ich unter der mit Netzen abgehängten Hochstraße hindurchlief, hatte ich eine Idee.

Ich stieg in meinen Wagen und schaltete das Handy ein. KPDs Durchwahlnummer kannte ich auswendig.

»Sie sprechen mit dem guten Dienststellenleiter der Kriminalinspektion Schifferstadt, Herrn Klaus P. Diefenbach. Was können Sie für mich tun?«

»Palzki«, stöhnte ich künstlerisch sicherlich wertvoll ins Mikrofon.

»Palzki?« KPD klang überrascht. »Mensch, wo sind Sie denn? Ihr Bericht ist längst überfällig.«

Mit den Fingerknöcheln rieb ich über das obere Teil des Handys, dort, wo sich das Mikrofon befand. Eine mystische Geräuschkulisse gehörte zum Spiel.

»Palzki?«, schrie mein Chef. »Ich kann Sie nicht verstehen. Sprechen Sie deutlicher!«

»Ich kann nicht, Herr Diefenbach«, flüsterte ich mit Fistelstimme, dann haute ich mit der flachen Hand auf das Telefon.

»Kommen Sie sofort in mein Büro, Palzki! Ich habe für solchen Firlefanz keine Zeit.«

»Ich liege unter der Hochstraße«, jammerte ich, dann flüsterte ich ein paar abgehackte Wörter ins Mikro, begleitet von entsprechenden Nebengeräuschen: »Gefährlich … sind mir auf der Spur … tödlich … schlimm … Ermittlungen gehen voran … kann nicht weitersprechen.«

KPD hatte angebissen und blieb eine Zeit lang stumm. Dann meldete er sich zaghaft: »Palzki, sind Sie noch dran?«

Ich wartete mit meiner Antwort eine halbe Minute. »Drücken Sie mir die Daumen, Herr Diefenbach. Ich melde mich wieder, sobald ich kann.« Dann drückte ich das Gespräch weg und schaltete das Handy aus. Selbst wenn KPD auf die Idee käme, mein Mobiltelefon orten zu lassen, würde er nur von meinem jetzigen Standpunkt erfahren. Mit mir zufrieden fuhr ich heim.

»Wir haben eine!«, schrie Paul, als ich die Wohnungstür aufschloss.

Stefanie kam völlig aufgelöst in den Flur und staunte. »Du siehst ja völlig normal aus, Reiner.«

»Ich war ja auch bloß bei der Kreisverwaltung, meine liebe Frau. Die meisten Bürger überleben das.« Willkommen daheim, dachte ich.

»Vor zehn Minuten hat Herr Diefenbach angerufen und gesagt, dass du unauffindbar bist und dich in höchster Gefahr befindest.«

»Der spinnt doch«, motzte ich. »Der wird morgen was von mir zu hören bekommen!« Auf den Gedanken, dass KPD bei mir zu Hause anruft, war ich nicht gekommen. Was sollte das auch für einen Sinn ergeben? Wollte er sichergehen, dass ich nicht daheim sitze und ihm einen Streich spiele? Nein, auf solch abwegige und komplizierte Gedanken kam KPD sicherlich nicht. »Mir geht es gut, es ist nichts passiert, und offensichtlich haben wir ein Mausproblem weniger, wenn ich Paul richtig verstanden habe.«

Stefanie seufzte. »Vier der Viecher fehlen noch. Das reicht für eine größere Population.«

»Die werden auch noch in die Falle gehen.«

Der Rest des Abends verlief einigermaßen familienkonform. Das Abendessen wurde von den einzelnen Familienmitgliedern wie immer gegensätzlich beurteilt.

Am nächsten Morgen blieb mir nichts anderes übrig, als zunächst zur Dienststelle zu fahren. Ich hoffte, dass Jürgen mir mit irgendwelchen Informationen aus der Patsche helfen konnte. Erst danach würde ich zur Lukom fahren. Wenn ich in beiden Fällen nicht weiterkam, würde ich spätestens morgen die Öffentlichkeit über den Giftmüll informieren. Selbstverständlich unter Umgehung meines Vorgesetzten.

»Du lebst?«, rief Jürgen, als ich in sein Büro geschlichen kam. KPD hatte mich nicht entdeckt.

»Ein Gespenst bin ich jedenfalls nicht«, schnauzte ich ihn an. »Hat KPD wieder mal Horrorgeschichten über mich erzählt?«

Jürgen war dabei, Kartons mit Notebooks zu verschließen. »Dein Handy war ausgeschaltet. Das ist es zwar immer, wie ich weiß, doch KPD hat dich gestern Abend nach deinem Anruf aufgegeben. Ich glaube, er ist dabei, einen Nachruf zu verfassen.«

»Spinnt der jetzt komplett?«, regte ich mich auf. Dann konzentrierte ich mich auf Jürgen. »Soso, du weißt also, dass mein Handy ausgeschaltet ist. Spionierst du mir nach?«

Naiv antwortete er, ohne zu überlegen: »Wie denn, wenn du dein Smartphone ständig ausgeschaltet hast? KPD nimmt deinen gestrigen Anruf zum Anlass, nur noch Handys an seine Untergebenen zu verteilen, die man nicht ausschalten kann und die bei Dienstantritt zwangsgeladen werden müssen.«

»Was soll das?«, schnauzte ich Jürgen an, der aufgrund der von mir unerwarteten Aggression heftig zusammenzuckte.

»Ich weiß auch nicht«, sagte er eingeschüchtert, während er an seinem Schreibtisch Platz nahm. »So langsam übertreibt er es wirklich, mir wächst das alles über den Kopf. KPD lässt aber nicht locker und kommt immer wieder mit neuen Ideen. Hast du in seinem Büro den modellierten Geländeplan gesehen? Den ganzen Landkreis und Teile der Umgebung hat er maßstabsgetreu nachbauen lassen. Dieses Modell will KPD mit den Daten des Einwohnermeldeamtes verknüpfen. Und das ist noch nicht alles.«

»Mit den Einwohnermeldedaten?«, unterbrach ich ihn verwirrt. »Wie soll das funktionieren?«

»In jedes Gebäude soll ein kleiner Chip eingebaut werden, auf dem in Echtzeit die Daten des Einwohnermeldeamtes und unseres Polizeisystems gespeichert sind. Mit einer Fernbedienung mit integriertem Laserpointer kann KPD jederzeit Informationen über die Bewohner abrufen. Das geht ratzfatz, ich habe das zusammen mit KPD getestet. Und dann wäre da noch die andere Sache.« Jürgen verstummte.

»Brauchst du ein paar Peitschenhiebe, um weiterzureden?«, herrschte ich ihn an. »Ich kann auch deine Mama anrufen, wenn dir das lieber ist.«

»Es geht um neue Pkws«, begann Jürgen mit der Beichte. »Bei allen neuen Fahrzeugtypen wird doch ein GPS-Sender eingebaut, der bei einem Crash automatisch die Not-

dienste informiert.« Jürgen schaute mich schüchtern an.
»Diese Systeme sind längst gehackt. Dadurch senden sie
nicht nur bei einem Unfall die genauen Koordinaten, sondern im Fahrbetrieb eine permanente Datenspur. Auch diese
Informationen werden in unser neues Computersystem ein-
gespeist, zunächst aber auf das Einzugsgebiet der Dienststelle beschränkt.« Jürgen legte eine kleine Pause ein. »Wenn
du jetzt denkst, das betrifft nur neue Fahrzeuge, so irrst du
gewaltig. Denke nur an die Lkw-Flotten von Speditionen
oder die vielen Taxen, die haben längst GPS-Sender fest eingebaut. Die Datenflut ist immens, Reiner. In wenigen Jahren werden wir von jedem Bürger zu jeder Zeit ein Bewegungsprofil abrufen können. Und das unabhängig davon,
ob er ein eingeschaltetes Smartphone dabei hat oder nicht.«

Während ich überlegte, ob ich träumte oder in der Schalt-
zentrale eines neuen Dr. Mabuse arbeitete, legte mein Jungkollege nach: »Wegen der Programmierarbeiten bin ich leider mit deinen Recherchen etwas in Verzug geraten, Reiner.
Das Exposé über Heiner Gruber liegt auf deinem Schreibtisch, die Herren Lemberger und Zuse kann ich mir frühestens morgen früh vornehmen. Übrigens, dieser Heiner
Gruber ist damals wirklich von einem Tag auf den anderen verschwunden. Insofern ist mein Bericht unvollständig,
weil ich nichts über sein Verbleiben herausfinden konnte.«

Dass Jürgen zurzeit von KPD in Beschlag genommen
wurde und für mich nicht voll und ganz zur Verfügung stand,
war mir inzwischen egal. Spätestens morgen würde ich den
Giftmüllskandal öffentlich machen und KPD sagen, dass er
sich seine Ermittlungen sonst wohin stecken konnte. Von
mir aus sollte er mich entlassen und meine Pension streichen.
Mit dem, was hier zurzeit ablief, konnte und wollte ich nicht
weiterarbeiten und erst recht nicht leben. Ich setzte mich ins

hinterste Eck des Besprechungstisches und schmollte. »Falls du wider Erwarten ein paar Minuten Zeit findest, könntest du bitte zwei weitere Exposés erstellen: erstens über einen gewissen Paul Platz, der in der Kreisverwaltung des Rhein-Pfalz-Kreises für Kultur zuständig ist, und zweitens über den Landrat Clemens Körner.«

»Körner?«, hakte Jürgen nach. »Weißt du, was du tust, Reiner? Der Landrat ist ein sehr guter Freund von KPD. Die beiden treffen sich regelmäßig, und ich möchte lieber nicht wissen, was die ständig ausbaldowern.«

»Aber ich will es wissen«, stellte ich klar. »Und wenn es etwas Illegales ist, dann sorge ich dafür, dass nicht nur der Kopf des Landrates rollt, sondern auch KPDs. Rate mal, welchen Kopf ich lieber rollen sehe.« Ich verstummte. Durch die offene Bürotür hörte ich KPD den Flur entlanglaufen. Niemand anders lief mit solch energischen Schritten die Flure der Dienststelle entlang. Da ich ziemlich versteckt in der Ecke saß, bemerkte er mich beim Eintreten nicht.

»Jetzt ist er endgültig tot, der Palzki!«, donnerte KPD ohne jeden Hauch von Trauer oder Empathie mit Blick auf Jürgen, der hinter seinem Schreibtisch saß. »Eben kam die Meldung rein, dass unter der Hochstraße Nord eine Leiche gefunden wurde. Genau dort, wo sich Palzki gestern das letzte Mal gemeldet hat. Hoffentlich übernimmt das Polizeipräsidium in Ludwigshafen die Kosten für die Traueranzeige.«

Jürgen bekam große Augen und sah zwischen KPD und mir hin und her. Unser Chef ließ sich davon nicht irritieren.

»Ich hab's schon immer gewusst, dass es mit Palzki ein schlimmes Ende nehmen wird. Wenn er nur auf mich gehört hätte. Nein, er musste immer seinen Dickkopf durchsetzen und sich ständig in Gefahr bringen. Unbelehrbar war er und beratungsresistent. Na ja, man soll über Tote nicht schlecht reden, aber was soll ich sonst sagen? Ich habe mir überlegt, ob ich den Stellenplan ändere und statt Palzkis Stelle einen Programmierer einstelle. Der könnte Sie dann bei unserem Geheimprojekt unterstützen. In der letzten Nacht hatte ich eine weitere Idee, wie wir die Kontrolle über ...«

Bevor ich die Kontrolle verlor und zum Mörder wurde, räusperte ich mich.

KPD drehte sich um und erschrak. Na ja, so richtig erschrak er nicht, es war eher ein verwunderter Blick. »Nanu, Palzki, Sie leben ja noch. Wieso das denn?«

»Ich bin ein Geist und hole böse Menschen!«, sagte ich laut mit rauchiger Stimme, weil mir sowieso alles egal war.

KPD, der gegen Sarkasmus, Ironie und Humor immun war, kam zu mir. »Wo sind hier böse Menschen?«, fragte er naiv, während er mir in den Oberarm petzte. »Sie leben ja wirklich Palzki. Wer ist dann die Leiche in Ludwigshafen? Haben Sie das zu verantworten?«

Da ich keine Ahnung hatte, wer das sein konnte, blieb ich stumm.

KPD war längst mit den Gedanken woanders. »Was macht eigentlich mein Dienstwagen, Palzki? Machen Sie der Werkstatt mal gefälligst ein bisschen Druck, sonst verlange ich Nutzungsausfall. Und Herrn Becker haben Sie ebenfalls noch nicht angerufen. Er will sich im Laufe des Tages noch mal melden. So geht das nicht, Palzki. Ich habe keinen Überblick, wo Sie sich den ganzen Tag herumtreiben. Schalten Sie bitte in Zukunft Ihr Handy ein.«

Anhand seiner vielen Fragen wusste ich, wie KPD die Prioritäten setzte.

»Ach ja, und was war das gestern Abend mit Ihrem Anruf? Waren Sie wirklich in Gefahr?«

Mir reichte es, das war für mich zu viel. Wortlos stand ich auf und ging zur Tür.

»Was ist jetzt, Palzki?«, rief KPD.

»Die Leiche wartet auf mich«, antwortete ich und verließ Dr. Mabuses Überwachungszentrum.

KAPITEL 8
DER NOTARZT VON LUDWIGSHAFEN

Ich parkte wie am Tag zuvor neben dem Rathauscenter unter der Hochstraße Nord. Der Parkplatz lag etwas tiefer als die ebenerdige Straße, die an der Kreisverwaltung vorbeiführte, sodass es unterhalb der Hochstraße eine mit Büschen zugewucherte steile Böschung gab, die von waghalsigen Bürgern hin und wieder als Abkürzung genommen wurde.

Die großzügig angebrachte Polizeiabsperrung war von Weitem zu sehen. Doch das war nicht das Einzige, was mir sofort auffiel. Ich glaubte für einen Moment, an Halluzinationen zu leiden. Erneut kam mir innerhalb kürzester Zeit die Roman- und Filmfigur Dr. Mabuse in den Sinn. Mitten zwischen den Einsatzfahrzeugen der Polizei stand das mir nur zu bekannte Reisemobil von Dr. Matthias Metzger, dem skurrilsten Not-Notarzt der Kurpfalz, wahrscheinlich sogar der ganzen Welt. Seine Kassenzulassung hatte er vor Jahren zurückgegeben. Seitdem bot er seine ärztlichen Dienstleistungen in einem fahrbaren Horrormobil an. In seinem Gefährt herrschten hygienische Zustände wie im Mittelalter während einer Pestepidemie, trotzdem konnte er sich über eine zunehmende Anzahl von Kunden, wie er seine Patienten nannte, nicht beklagen. Operationen führte er in seiner mobilen Klinik ausschließlich gegen Vorkasse durch. Seine medizinischen Dienstleistungen wechselten ständig, eine war absurder und gemeingefährlicher als die andere. Privat, schwarz und bar, das waren seine drei Mottos, wenn es um Abrechnung und Bezahlung ging.

Mir blieb nichts anderes übrig, als an Metzgers Reisemobil vorbeizugehen, wenn ich zum Tatort wollte. Leider lief ich dem Notarzt direkt in die Arme.

»Mensch, Palzki!«, schrie er quer über den Platz. »Zum ersten Mal habe ich eine ermordete Leiche gefunden, bei der Sie nicht in der Nähe des Tatorts waren!« Er sah mich kurz an. »Oder sollte ich mich täuschen?« Metzger zelebrierte sein gefürchtetes Frankensteinlachen, mit dem er ganze Hochstraßen zum Einsturz bringen könnte. »Ja klar, warum sollten Sie sonst hier sein, Palzki! Ich habe es gewusst! Günter, komm mal raus, ich weiß jetzt, wer für den ganzen Schlamassel verantwortlich ist.«

Die Seitentür des Reisemobils öffnete sich. Ein dermaßen abartiger Gestank breitete sich aus, dass mir erneut die Pestepidemien des Mittelalters einfielen. Behände sprang Günter Wallmen heraus. Während Dr. Metzgers Outfit eher einem Einsiedler entsprach, der seit Jahrzehnten von Körperhygiene und jeglicher Zivilisation ausgeschlossen war, entsprach Wallmen am ehesten dem Bild eines Mediziners. Der Speyerer Oberarzt, der in einem Krankenhaus als Chirurg arbeitete, litt seit Jahren daran, keine Promotion vorweisen zu können. Nachdem er Metzger bei einem kuriosen Wettbewerb während des Speyerer Brezelfestes kennengelernt hatte, nahm er sich bei seinem Arbeitgeber ein Sabbatjahr. Als Lehrling fuhr er seitdem mit Metzger durch die Lande, um wehrlosen Unfallopfern aufzulauern und sie zu verarzten. Als Gegenleistung schrieb Dr. Metzger, der sich einen Professorentitel erschlichen hatte, die Doktorarbeit für Wallmen.

»Hallo, Herr Palzki«, begrüßte er mich freudig. »Schon lange nicht mehr gesehen. Wie geht es Ihnen?«

Metzger unterbrach mit einem schallenden Lachen. »Wie soll es Palzki gehen, nachdem er wieder mal jemand über die Wupper hat gehen lassen?«

Wallmen kam zu mir und begrüßte mich mit Handschlag. In der anderen Hand hielt er einen aufgeschlagenen Notizblock.

»Matthias, irgendetwas stimmt mit deiner Biografie noch nicht so richtig. Ich habe mir erlaubt, sie ein klein wenig anzupassen. Hör mal kurz zu.« Er las vom Notizblock ab: »Als Hochbegabter hat er 1973 mit gerade mal 18 Jahren das Abitur gemacht. Nach seiner Ausmusterung ...«

»Halt!«, schrie Metzger. »Immer schön bei der Wahrheit bleiben. Ich habe mich mit einem falschen Attest vor dem Wehrdienst gedrückt. Das sollte man schon erwähnen, das gehört zu meinem Image. Danach der Rest: Studienabschluss Heidelberg im Jahr 1979, anschließend als Assistenzarzt bei Professor was-weiß-ich die Doktorarbeit vollendet. Und im Anschluss folgte meine Facharztausbildung für Chirurgie. Hast du das so weit?«

Wallmen nickte und machte sich ein paar Notizen.

»Ich möchte nur ungern unterbrechen«, sagte ich. »Wie Sie Ihren Lebenslauf hinbiegen, ist mir egal. Können Sie mir sagen, was hier überhaupt passiert ist?«

Der Not-Notarzt starrte mich an. »Das wissen Sie nicht, Palzki? Sie waren doch ..., heißt das, dass Sie dieses Mal wirklich unschuldig an dem ganzen Theater sind?«

»In einem ehemaligen Straßenbahntunnel wurde eine Leiche gefunden«, erklärte mir Wallmen. »Direkt unter der Straße und neben dem Kreishaus.«

»Eine frische Leiche oder alte Knochen?« Nach meinem gestrigen Fund in der Friedrich-Ebert-Halle sollte ich zumindest diesen Punkt klären. Dass die Innenstadt von Ludwigshafen mit zahlreichen Straßenbahntunneln untergraben war, war mir bekannt. In den beiden Jahrzehnten nach dem Zweiten Weltkrieg wollte man sogar ein eigenes U-Bahn-Netz aufbauen. Da die Innenstadt weitgehend zerstört war, wäre zumindest genügend Platz gewesen. Ein paar Strecken hatte man dennoch realisiert. Nachdem der alte Hauptbahnhof, an dessen Stelle heute das Rathauscenter steht, abgerissen und weiter westlich neu gebaut wurde, wurde eine unterirdische Linie zwischen diesen Orten geschaffen. In etwa dort, wo mein Wagen stand, verlief einige Meter unter der Erde die ehemalige Linie 12, die vor anderthalb Jahrzehnten wegen Unrentabilität stillgelegt wurde. Neben dieser Linie gab es weitere unterirdische Teilstücke wie zum Beispiel am jetzigen Hauptbahnhof. In planerischer Weitsicht wurden damals sogar einige weitere unterirdische Gleisanschlüsse gebaut, die als Sackgassen irgendwo im tiefen Erdreich endeten. In diesen ungenutzten Tunneln konnte man sicherlich jede Mengen Leichen entsorgen, ohne dass die Gefahr bestand, dass diese entdeckt wurden.

»Mensch, Palzki«, rief Metzger, obwohl ich direkt vor ihm stand. »Glauben Sie, wir hätten einen solchen Aufstand gemacht, nur weil wir ein paar Knochen gefunden hätten? Nein, der Tote ist ganz frisch. Bis gestern Abend war der noch quicklebendig.«

»Erschossen«, ergänzte Wallmen. »Aus nächster Nähe.«

»Und Sie beide haben den Toten gefunden?«, fragte ich ungläubig. »Unten in einem alten und wahrscheinlich unzugänglichen Straßenbahntunnel?«

Die beiden Ärzte warfen sich vielsagende Blicke zu. »Den

Beamten haben wir gesagt, dass ...«, meinte Metzger auf einmal recht kleinlaut.

»Ist doch egal, was wir denen gesagt haben«, fuhr Wallmen fort. »Auf jeden Fall war es nicht die Wahrheit.«

Metzger kratzte sich am Kopf, dabei rieselte eine grauschwarze Substanz von seinem Haupt, bei der jeder Bakteriologe seine hellste Freude hätte. »Können Sie schweigen, Palzki?«

»Das ist mein zweiter Vorname«, log ich.

Metzger trat näher, was olfaktorisch sehr unangenehm war. Er senkte seine Stimme, die nun ungewohnt ernst klang. »Während des Schreibens meiner Doktorarbeit hatte ich bei der Überprüfung von Studien über Krebserkrankungen Kenntnisse über hochgiftige Abfälle erhalten. Die Entsorgung der Abfälle in den 60er- und 70er-Jahren des letzten Jahrhunderts machte große Probleme, da wegen des plötzlich aufkommenden Umweltbewusstseins die offenen Deponien entfielen und es damit keine entsprechenden Lagermöglichkeiten mehr gab. Das Zeug war aber trotzdem noch vorhanden. Die Unternehmen konnten ja nicht einfach von einem Tag auf den anderen einen Schalter umlegen und keine gefährlichen Abfälle mehr produzieren. Zu dieser Zeit wurde überall nach kreativen Lösungen gesucht. Das war natürlich vor meiner Zeit. Ich selbst hatte nur mit den Folgen zu tun, als ich die Studien verglich und mir auffiel, wie stark bestimmte Krebsarten in diesen Jahren zugenommen hatten. Da ich ja ein findiges Kerlchen bin, machte ich mich auf die Suche nach den Gründen. Als ich den potenziellen Auslöser gefunden hatte, wurde ich von allen Seiten blockiert. Nachdem ich drohte, die Sache öffentlich zu machen, wurde ich diskreditiert und demontiert. Letztendlich wurde damit meine erste Karriere zerstört. Meine Bemühungen, mich mit einer eigenen Kassenarztpraxis über Wasser zu halten, wurden durch eine plötzliche und ungerechtfertigte Kündigung der Immobilie zunichtegemacht. Gleichzeitig hat man mir den Praxiskredit gekündigt, und ich stand vor einem Scherbenhaufen.«

Wallmen klopfte Metzger auf die Schulter. »Sei froh, dass es so gekommen ist, sonst hätte ich dich nicht kennengelernt. Und das mobile Medizingeschäft ist um Längen rentabler als eine simple Kassenpraxis.«

Die Informationen des Notarztes waren sehr interessant, zumal sie zu meinen Ermittlungen passten. Aber warum hatte Metzger die Leiche gefunden? »Jetzt interessiert mich nur noch, warum Sie hier sind und den Toten gefunden haben. Ihre Promotion liegt schließlich schon ein paar Jahre zurück. Wobei es mich überrascht, dass Sie wenigstens diese legal erworben haben.«

»Na ja«, grölte Metzger, jetzt wieder ganz der Alte. »Legalität ist reine Definitionssache. Die Urkunde ist aber sauber.« Nach einem Blick zu Wallmen fuhr er fort: »Nachdem ich mich mit meiner Mobilklinik selbstständig gemacht hatte, geriet das Thema Giftmüll bei mir in Vergessenheit. Ich hatte damals zwar einige Anhaltspunkte gefunden, dass speziell in Ludwigshafen das eine oder andere Unternehmen Abfälle in unterirdischen Lagerräumen versteckte, doch auf einen konkreten Ort war ich nicht gestoßen. Erst als das ganze Theater mit dem Abriss der Hochstraßen akut wurde, habe ich mir die damaligen Unterlagen herausgesucht. Und da fiel es mir wie Schuppen von den Augen.« Er kratzte sich an seinen buschigen Augenbrauen, die dem früheren Bundesfinanzminister Theo Waigel durchaus Konkurrenz machen könnten. »Vieles spricht anhand meiner damaligen Aufzeichnungen dafür, dass die ungenutzten Straßenbahntunnel voll mit gefährlichem Müll sind.«

»Was sich aber leider als falsch herausgestellt hat«, sagte Günter Wallmen. »Viel Dreck haben wir bei unserer Erkundungstour gefunden. Und eben den Toten.«

»Dass wir ihn so schnell gefunden haben, nützt dem Knaben leider nichts mehr«, ergänzte Metzger. »Tot ist halt mal tot, altes Medizinergesetz.«

»Um wen es sich handelt, wissen Sie nicht zufällig?«

Der Not-Notarzt machte eine säuerliche Miene. »Ich könnte mich ohrfeigen, dass wir vorschnell die Polizei verständigt haben, statt erst mal selbst auf Spurensuche zu gehen und die Leiche zu untersuchen.«

»Die Beamten haben uns sofort vom Tatort weggescheucht«, beschwerte sich Wallmen. »Matthias und ich wurden nur kurz als Zeugen vernommen. Ich hoffe, dass die Beamten uns unsere Geschichte abgenommen haben. Kreativ genug ist sie ja.«

»Das heißt, Sie wissen nichts, außer, dass da unten ein toter Mann liegt.«

Wallmen nickte, aber Metzger fühlte sich in seiner Ehre getroffen. »Eine halbe Stunde hätte genügt, Palzki. Dann hätten wir die Leiche in unsere mobile Klinik tragen und obduzieren können. Nur weil die Ludwigshafener Beamten so überkorrekt und steif sind, durften wir das nicht.«

Mir lief ein Schauder über den Rücken. »Sie hätten die Leiche in Ihren Wagen gebracht? Dorthin, wo Sie auch lebende Menschen versorgen und operieren?«

Metzger verstand meine Aufregung nicht. »Leichen hatten wir schon häufiger, Palzki. Nicht jede OP kann gut ausgehen, das ist ein weiteres Medizinergesetz.«

»Ich glaube, Herr Palzki kennt unser neues Angebot

nicht«, sagte Günter Wallmen. »Schauen Sie mal auf die Seitenbeschriftung unseres Mobils.« Mit einem Ruck zog er die Schiebetür zu.

In blutroter Schrift las ich »Pathologie to go«. Etwas kleiner stand unten drunter: »Sterbebegleitung, Leichenschau, Todesbescheinigung und mehr im Paket«. Ich musste mehrmals schwer schlucken.

»Da staunen Sie, was?«, schrie Metzger. »Das mit der Pathologie ist natürlich nur ein Marketinggag. Die Arbeit an Verbrechensopfern übernimmt in Deutschland ausschließlich die Gerichtsmedizin. Der Irrtum mit den Pathologen rührt von den amerikanischen Fernsehserien her. Wenn ein hiesiger Buchautor oder Drehbuchautor von Pathologen schreibt, hat er schlichtweg keine Ahnung. Wallmen und ich bleiben bei dem Begriff, weil er sich in Deutschland eingebürgert hat und nicht, weil er korrekt ist.«

Wallmen übernahm. »Ein Pathologe ist jemand, der Gewebe zum Beispiel auf tumoröse Veränderungen unter dem Mikroskop untersucht. Übrigens bin ich Fachmann auf dem Gebiet. Ich habe in der Gerichtsmedizin in Berlin ein dreiwöchiges Praktikum absolviert. Ich kenne Menschen in allen Aggregatszuständen: Von drei Wochen lang im Sommer unter dem Dach bei offenem Fenster Verblichenen bis hin zur aufgedunsenen Wasserleiche.«

Metzger stand daneben und grinste fett. »Erzähl Palzki mal von unserer Ausstattung, Günter.«

»Unser fahrbares Sektionsmobil ist hervorragend ausgestattet für ambulante Autopsien. Unter anderem habe ich meinem Bruder ein modernes Mikroskop abgekauft, das dieser 1978 zur Konfirmation bekommen hat.«

»Die Autopsie ist aber nur ein Teilaspekt unseres neuen Erlösmodells«, brüstete sich Metzger stolz. »Wir sind für alle

Eventualitäten gerüstet: Patientenverfügungen, Vollmachten und der ganze Kram können direkt bei uns vor Ort ausgefüllt werden. Wir stehen mit einem renommierten Rechtsanwalt und Notar mit Sitz auf den Kaimaninseln in Kontakt. Beliebt ist auch die frühzeitige Testamentsverfassung, die wir über unsere Tochtergesellschaft Pietät M&W GmbH abwickeln. Wenn die Oma oder gern auch mal ein jüngerer Erblasser stirbt und ein natürlicher Tod fraglich ist, wird ein klares aussagekräftiges Testament immer wichtig sein.«

Wallmen, der kurz in dem Reisemobil verschwunden war, kam mit ein paar Flyern wieder heraus. »Je nach Geldbeutel begleiten wir im Auftrag der Erben den Sterbenden die letzten Stunden, Tage oder Wochen ohne lästige Krankenhausaufenthalte, die ja immer wieder hinderliche Fragen aufwerfen. Und als krönenden Abschluss gibt's bei uns ausschließlich Urnenbegräbnisse, garantiert ohne die horrenden Kosten für das Krematorium. In Kooperation mit einem namhaften skandinavischen Möbelhersteller bieten wir für die Trauerfeierlichkeiten Särge in bester Qualität an, die anschließend wieder ausgetauscht werden. Hier, nehmen Sie mal einen unserer Werbeflyer.«

Geschockt griff ich den Prospekt und las die Schlagwörter über den einzelnen Rubriken: »Tipps für Angehörige: Erben für Anfänger, Erben für Fortgeschrittene« sowie »diskrete Angebote für die vermögende Kundschaft« und »Ihre Erbschaft ist bei uns in den besten Händen«.

Angewidert gab ich Wallmen das Papier zurück. »Das ist ja ekelhaft.«

Wallmen lachte. »Apropos ekelhaft, ich bin übrigens Experte in Sachen Thanatopraxie. Das ist die Kunst, aus einer hässlichen Leiche eine letztendlich ansehbare und schöne zu machen. Der Staatsanwalt muss ja nicht alles wissen.«

Das Treffen mit Metzger und Wallmen würde mir wieder ein paar schlaflose Nächte bereiten. Ich musste fliehen und zwar sofort. »Ich wünsche Ihnen einen schönen Tag, ich muss jetzt weiter.«

Der Not-Notarzt brüllte mir etwas nach: »In zwei Wochen halte ich einen medizinischen Vortrag im Herzzentrum des Klinikums Ludwigshafen. Ich lasse Ihnen eine Einladung zukommen. Cholesterinhaltige Häppchen, Zuckerwatte, alkoholische Getränke und Zigaretten werden in den Pausen gratis ausgegeben.«

Es war noch relativ früh am Morgen, und ich hatte bereits intensive Kontakte mit meinem Chef und Dr. Metzger überlebt. Damit sollte ich mein heutiges Negativ-Lebensqualitätssoll abgearbeitet haben. Leider kam es mal wieder anders.

KAPITEL 9
DER TOTE IM TUNNEL

»Hier ist alles abgesperrt«, pflaumte mich ein Beamter an.
»Wie sind Sie überhaupt an der Polizeiabsperrung vorbei-
gekommen?«

»Sehe ich so unsportlich aus?«, pflaumte ich zurück.
»Ich habe das Band hochgehoben und bin drunter durch-
geschlüpft.« Um die Diskussion nicht zeitraubend ausufern
zu lassen, zückte ich meinen Dienstausweis. »Zufrieden?«,
bellte ich ihn an. Mir war es gelungen, ihn einzuschüchtern,
zudem hatte er keine Zeit, meinen Namen oder die Dienststelle zu lesen.

»Hier geht's rein«, sagte er kleinlaut und zeigte auf eine
offen stehende Metalltür, die in der Geländeböschung in
einem betonierten Erker eingelassen war.

Eine weitere Zurechtweisung fand ich übertrieben. So
sagte ich nur danke, statt ihn für diesen überflüssigen Hinweis mit dem Eingang zu tadeln.

Ich trat in einen halbdunklen Betontunnel. Ein paar Leute
des Technischen Hilfswerks installierten gerade eine pro-
visorische Beleuchtung. Der flurgroße Stollen, der wohl
ursprünglich als Zugang für Montagearbeiten dienen sollte,
mündete nach wenigen Metern in einem Straßenbahntunnel.
Hier gab es zumindest eine teilweise vorhandene Beleuchtung. Etwa jede dritte bis vierte Neonleuchte funktionierte,
wenn auch meist nur flackernd. Zur Orientierung reichte
dies völlig aus. Als ich aus dem relativ dunklen Flur in den

relativ erleuchteten Tunnel trat, übersah ich den Höhenabsatz und knallte der Länge nach frontal in das Gleisbett. Zu meinem Glück waren die Gleise entfernt, dafür war das Gleisbett mehrere Zentimeter hoch mit einer stinkenden Dreckbrühe gefüllt.

»Scheiße!«, schrie ich fluchend, während ich tropfnass aufstand. Verletzungen blieben mir erspart, auch konnte ich keine Risse in meiner Kleidung feststellen, doch das Ergebnis war trotz allem wenig erfreulich.

Mir leuchtete eine Taschenlampe ins Gesicht. »Herr Palzki, was machen Sie denn schunn widder do?« Die Lampe scannte mich ab. »Un wie Sie aussehe.« Sie kam näher. »Awer jetzert erzähle Sie mol, warum sinn Sie eichentlich do? Hot die neie Leich ebbes mit denne Knoche vun geschtern zu due oder mit denne zwe annere Morde?«

»Herr Palzki gehört zu mir«, sagte aus der Dunkelheit heraus eine andere Stimme, die ich sofort erkannte.

Noch bevor ich reagieren konnte, sprach die Stimme weiter. »Sie müssen entschuldigen, ich habe vergessen, Herrn Palzki zu erwähnen. Er hilft mir bei meinem Projekt.«

»Dann isser bloß zufällisch do?«

»Genauso zufällig wie ich. Wir beide, Herr Palzki und ich, recherchieren für meinen neuen Krimi. Mit Ihren Leichen hat das nichts direkt zu tun, wobei ich aber sagen muss, dass mich die momentan gehäuften Verbrechen als Krimiautor sehr inspirieren. Mal schauen, ob ich das irgendwie in meinem nächsten Krimi einbaue.«

Dass ich hier unten ausgerechnet dem Möchtegernkrimiautor Dietmar Becker über den Weg laufen würde, hätte ich nie vermutet. Dass er inzwischen von seinen Kumpels informiert war, wusste ich. Auch KPD hatte mich bezüglich Becker vorgewarnt. Aber wieso war er hier?

»Sind Sie gestolpert, Herr Palzki?«, fragte Becker naiv. »Kommen Sie, ich zeige Ihnen kurz die Leiche, dann können wir gehen. Ist das so okay für Sie?« Bei seinem letzten Satz hatte er die Beamtin angeschaut.

»Eijo, machen des so. Hauptsach, ihr verschwinden do so schnell wie meglich, damit ihr de Spuresicherung net im Weg rumsteht.«

Als wir zu zweit waren, stellte ich Becker zur Rede: »Wie konnten Sie behaupten, dass ich zu Ihnen gehöre, Herr Becker? Das ist anmaßend!«

Der ewige Student Dietmar Becker reagierte lässig. »Hätte ich lieber bei der Wahrheit bleiben sollen? Dann wären Sie jetzt längst wieder draußen aus dem Stollen.«

Ich grummelte vor mich hin, weil ich ihm insgeheim recht geben musste. Becker gab mir ein Päckchen Taschentücher. Jetzt konnte ich wenigstens mein Gesicht und die Hände halbwegs vom Dreck säubern.

»Wir haben gestern Abend in großer Runde zusammengesessen und die aktuelle Lage besprochen«, begann Becker mit der Erklärung.

»Wen meinen Sie mit großer Runde?«, unterbrach ich, obwohl ich nicht sicher war, ob ich das so genau wissen wollte.

»Na, Jochen Bruch halt. Und Steffen Boiselle sowie Gunter Engler. Die Starbesetzung wie früher. Wissen Sie noch, wie …«

»Nein. War sonst noch jemand dabei?«

»Markus Lemberger und Yann Fürst, unsere Hinweisgeber. Ich hatte überlegt, Herrn Diefenbach zu dem Treffen mitzunehmen, doch nachdem er mein aktuelles Projekt so negativ bewertet hat, ließ ich es bleiben. Überhaupt arbeite ich mit Ihrem Chef nicht mehr so gern zusammen. In den letzten Jahren habe ich immer wieder kritische Reaktionen auf meine Krimis erhalten, weil KPD, also Herr Diefenbach, so unrealistisch beschrieben sei. Seit Donald Trump Präsident ist, sind die Kritiken verstummt. Jetzt behauptet niemand mehr, dass ich unrealistische Krimis schreibe. Daher könnte ich, zumindest theoretisch, froh über den Präsidenten Trump sein.«

»Gut gemacht«, rutschte es mir heraus. Ich meinte zwar nur den Passus mit KPD, doch Becker bezog den Kommentar auf die gesamte Aussage. »Und was ist bei Ihrem Geheimtreffen herausgekommen?«

»Nicht viel«, gab Becker zu. »Die beiden Lukom-Mitarbeiter wissen selbst nur wenig über den Tod ihres Kollegen Bernie Zuse. Wir haben lange diskutiert, aber auf einen gemeinsamen Nenner sind wir nicht gekommen.«

»Bedeutet das, dass Sie sich von nun an aus den Ermittlungen heraushalten?«

»Natürlich nicht«, erwiderte der Student sofort. »Heute früh wollte ich mir die Hochstraße Nord und das Kreishaus näher anschauen, da liefen mir Dr. Metzger und Günter Wallmen über den Weg. Als die beiden den Toten fanden, nutzte ich die Gelegenheit und tat so, als gehöre ich dazu. Niemand hat groß nachgefragt, erst später habe ich der Beamtin, die Sie eben gesprochen haben, eine Geschichte erzählt. Im Geschichtenerzählen bin ich gewissermaßen ein Profi.«

»Das ist mir bekannt. Wer ist der Tote?«

»Es handelt sich um einen Bauingenieur des Hochstraßenprojektes. Er hatte den Auftrag, den Zustand der alten Straßenbahnstollen zu untersuchen. Auf seinem Handy konnte sein Bewegungsprofil gesichert werden. Nur wenige Minuten, nachdem er den Haupttunnel über die ehemalige unterirdische Haltestelle Danziger Platz betreten hat, wurde er an der Fundstelle ermordet. Er muss seinem Mörder direkt in die Arme gelaufen sein. Warum sich hier unten außer dem Ingenieur jemand aufgehalten hat, ist unbekannt. Normalerweise gibt es lediglich einmal im Jahr kurze Inspektionsgänge.«

Der Fundort war großzügig ausgeleuchtet. Die vorgeschriebene Leichenschau hatte bereits stattgefunden, der nackte Leichnam wurde gerade in eine Zinkwanne gelegt. Um kein weiteres Aufsehen zu erregen, hielten wir uns stumm im Hintergrund. Niemand fiel meine verschmutzte Kleidung auf.

»Lassen Sie uns nach hinten gehen«, flüsterte ich Becker zu.

»Der Tunnel ist eine Sackgasse«, antwortete er ebenso leise. »Er wurde vorhin kurz durchsucht, damit sich dort niemand versteckt hält. Eine genaue Überprüfung wird es später geben.«

Kurz darauf standen wir, von Beckers Taschenlampe abgesehen, im Dunkeln. In diesem Tunnelarm gab es weder Gleise noch eine Deckenbeleuchtung. Nach knapp 100 Metern mündete der Tunnel in einer länglichen Halle.

»Hier ist Feierabend«, meinte Becker. »Sie sehen eine Haltestelle im Rohbauzustand. Wo die Gleise irgendwann mal hingehen sollten, weiß ich noch nicht. Ich vermute in Richtung BASF oder Hemshof.«

»Da ist eine Metalltür«, sagte ich.

»Ich weiß«, antwortete Becker und ging mit mir zu der Tür. »Sie ist aber abgeschlossen«, sagte er und zog zum Beweis an dem Griff. »Mit meinen Dietrichen konnte ich leider nichts ausrichten.«

Schade, dachte ich. In meinem Büro lag das Öffnungswunder Openall, mit dem man so gut wie jede Tür öffnen konnte, wenn man im Umgang mit dem Werkzeug geschult war. Diese Chance war vertan, da Becker sagte, dass dieser Tunnelbereich nachher untersucht werden würde. Es war aber sowieso fraglich, ob der Mörder durch diese Tür kam. Der Zugang über die Haltestelle Danziger Platz war bekannter und einfacher. »Sie sind doch solch ein Recherche-Ass«, schmierte ich dem Studenten Honig um den Mund. »Können Sie herausfinden, wo diese Tür hinführt?«

»Klaro«, antwortete er stolz. »Habe ich mir längst notiert.« Er leuchtete die Wände der Halle ab. »Gehen wir wieder zurück?«

»Erst, wenn ich mir diese Paletten näher angeschaut habe.«

»Paletten?«, fragte Becker neugierig. »Was wollen Sie mit diesem Abfallberg? Die Europaletten sind in diesem feuchten Klima mit Sicherheit verfault und unbrauchbar.«

Ich ignorierte ihn. In der hintersten Ecke lagen mehrere Haufen Europaletten, dazwischen größere Stücke von Plastikplanen.

Becker folgte mir lustlos und leuchtete die Ecke ab. »Da ist nichts, Herr Palzki.«

»Herr Becker«, sagte ich autoritär. »Sie übersehen mal wieder das Wesentliche. Wie soll aus Ihnen ein bekannter Krimiautor werden, wenn Sie blind durch die Gegend laufen? Falls Sie Profi wären, so wie ich, dann hätten Sie sich sofort gefragt, warum diese Paletten hier stehen.«

»Vielleicht Reste einer Baumaßnahme?«, fragte er eingeschüchtert.

»Sehen Sie auch nur einen winzigen Anhaltspunkt für eine Baumaßnahme, Herr Becker? Um uns herum ist alles aus Beton, es gibt keinerlei Installationen. Wozu sollte man die

Paletten benötigt haben? Der Beton wurde sicherlich nicht säckeweise angeliefert.«

Ich bedeutete ihm, näher zu mir zu kommen. »Leuchten Sie da rüber«, befahl ich ihm. Mit einem Ruck zog ich eine Plane zur Seite, die einen der Bretterstapel abdeckte. Da die Plane mit der obersten Europalette fest verbunden war, knallte diese vor Beckers Füßen auf den Boden.

»Passen Sie doch auf«, motzte er mich an.

»Schauen Sie sich lieber den Zustand des Holzes an«, sagte ich. »Das ist so trocken, als kommt es direkt aus dem Sägewerk. Lange liegt das Zeug noch nicht hier unten.«

Mit diesem Argument hatte ich ihn überzeugt. In Windeseile hoben wir eine Palette nach der anderen vom Stapel.

»Habe ich es nicht gesagt?« Becker leuchtete auf den Bereich der Wand, der bis eben durch die Paletten verdeckt war.

»Eine Tür«, stieß der Student aufgeregt aus.

Auch diese Tür war verschlossen, allerdings mit einem einfacheren Schloss. Im Nu hatte Becker die Tür mithilfe seiner Amateurdietriche geöffnet. »Das soll wohl ein Technikraum werden«, sagte er zu dem 20 Quadratmeter großen und fensterlosen Raum, während er mit seiner Taschenlampe hineinleuchtete.

Mich interessierten eher die unförmigen, etwa ein Meter hohen Gegenstände an den Wänden, die mit weißen Tüchern abgedeckt waren. Vorsichtig entfernte ich eines der Laken und staunte Bauklötze. Becker, nicht minder überrascht, half mir, die anderen Laken zu entfernen.

»Mona Lisa ist nicht dabei«, stellte ich mit fachkundigem Blick fest. Damit hatte ich zudem gleichzeitig mein Gesamtwissen über Malerei an den Mann beziehungsweise Becker gebracht. »Ein Museumsdiebstahl?«, mutmaßte ich.

Der Student ließ sich mit seiner Bewertung Zeit. In mehreren Reihen standen an drei Wänden schätzungsweise 40 Bilder, viele davon in künstlerisch schwungvollen Rahmen, die auf mich sehr wertvoll wirkten. Becker schob die Gemälde hin und her, um auch die weiter hinten stehenden Werke anschauen zu können.

»Seltsam«, meinte er nach einer Weile. »Bei diesem Fund handelt es sich nicht um ein abgrenzbares Sammlergebiet oder eine bestimmte Epoche, sondern um ein scheinbar wahlloses Sammelsurium. Für einen Sammler wäre das ziemlich merkwürdig.« Er hob eines der Gemälde hoch, das auf mich einen ziemlich alten Eindruck machte. »Die ältesten Bilder könnten aus dem 18. Jahrhundert stammen. Bekannte, also weltbekannte Maler kann ich ad hoc keine identifizieren, was aber nicht viel heißen soll.« Er stellte das Bild zurück. »Was mich am meisten wundert, sind diese Bilder hier.« Seine Hand deutete auf ein fast zwei Meter großes Gemälde, das ich wie die anderen noch nie zuvor gesehen hatte. »Das Bild stammt von Marina Popovic, der einzigen Künstlerin, die ich zuordnen kann und zudem persönlich kenne.« Er nahm das Gemälde und stellte es an die einzige Wand des Raumes, die leer war. Nach und nach kamen weitere Bilder hinzu. »Dieses halbe Dutzend stammt eindeutig von Popovic.«

Die meisten der riesigen Bilder wirkten auf mich als Laie wie grobmotorische Schmierereien mit Fingerfarben in den Farben Rot, Schwarz und Weiß.

»Zeitgenössisch?«, fragte ich. »Das heißt, die Bilder stammen gar nicht aus einem Museum? Ich dachte als Erstes an einen Diebstahl.«

»Langsam, Herr Palzki«, erklärte mir Becker. »Es gibt auch Museen mit zeitgenössischer Kunst. Außerdem müssen die Bilder nicht aus einem Museum stammen, die könnten zum Beispiel auch in den Räumen eines Unternehmens ausgestellt gewesen sein oder in einem Amt, wenn der Amtsleiter kulturinteressiert ist.«

Auf jeden Fall sollte es anhand der Bilder, die von der noch lebenden Person stammten, möglich sein, Informationen zu erhalten. Selbst wenn diese gestohlen wurden, sollte man zumindest den letzten Besitzer ausfindig machen können. Becker zog sein Smartphone aus der Tasche und fotografierte sämtliche Werke, was ein paar Minuten dauerte. »Heute Mittag werde ich mich an die Arbeit machen und nach der Herkunft der Kunstwerke recherchieren.« Er machte eine kurze Gedankenpause. »Bei einigen Bildern bin ich mir inzwischen relativ sicher, dass sie seit dem Zweiten Weltkrieg als verschollen gelten. Ich habe das mal in einer Dokumentation auf ARTE gesehen.«

»Aber diese hier offensichtlich nicht, wenn Sie die Künstlerin persönlich kennen. Woher überhaupt?«

Dietmar Becker lächelte mich an. »Als durchaus Kulturinteressierter besuche ich hin und wieder Ausstellungen. Frau Dr. Marina Popovic habe ich vor vier Jahren bei einer Vernissage in Schifferstadt kennengelernt. Im Alten Rathaus wurden damals ihre Bilder ausgestellt. Marina Popovic ist gebürtige Serbin und Hochschulprofessorin. Weitere Details muss ich aber erst nachlesen.«

Krampfhaft suchte ich nach einer Verbindung zwischen dem vermuteten Giftmüll und dem erneuten Mord nebst Gemäldeversteck in einem verlassenen Straßenbahntunnel. So sehr ich auch grübelte, mehr als die räumliche Nähe zum Kreishaus und der Hochstraße fiel mir nicht ein.

Becker schien über das gleiche Thema nachzudenken. »Herr Palzki, sehen Sie das wie ich? Bernie Zuses Tod steht in keiner Verbindung zu diesen Gemälden. Der Bauingenieur wurde ermordet, weil er zufällig zum falschen Zeitpunkt am falschen Ort war. Vielleicht wollte der Mörder die Gemälde abholen, als er auf das Opfer traf?«

»Oder neue in den Lagerraum bringen«, ergänzte ich.

»Jedenfalls ist es im Moment ziemlich gefährlich, hier unten zu sein«, sagte Becker. »Wir sollten zurückgehen.«

»Sie werden doch keine Angst haben, oder?«, ärgerte ich ihn. »Wir werden unseren Fund der Spurensicherung mitteilen. Früher oder später finden die sowieso das Versteck. Selbst die Ludwigshafener Beamten arbeiten nicht so oberflächlich wie Sie, Herr Becker.« Diese Spitze konnte ich mir nicht verkneifen.

Die leitende Beamtin war sehr überrascht, als wir ihr unseren Fund mitteilten. »Des hetten mei Leit nochhert a gfunne, Herr Palzki. Awer jetztert wissen mer wenigschstens, warum der Kerl do umgebrocht worre is.«

Nachdem Becker und ich wieder im Freien unter der Hochstraße standen, war ich froh, dass Metzgers Horrormobil verschwunden war. Ich bat den Studenten zum Abschied um einen Gefallen: »Bitte faxen Sie mir nachher Kopien der Popovic-Gemälde in mein Büro. Falls Sie Herrn Lemberger sehen, und davon gehe ich fest aus, sagen Sie ihm bitte, dass ich ihn heute Mittag besuchen werde.«

»Faxen?« Becker sah mich an, als käme ich vom Mars. »Woher soll ich denn ein Faxgerät nehmen? Arbeiten Sie auf der Dienststelle noch mit solch antiker Technik?«

»Das ist nur zu Ihrer und meiner Sicherheit. Unsere Dienststelle wird zurzeit von einem Hackerangriff bedroht. Daher müssen wir im Moment vertrauliche Informationen per Fax abwickeln. Diese Methode ist absolut abhörsicher, da kein Geheimdienst und kein Hacker auf der Welt diese alte Technik mehr auf dem Schirm hat.«

Mein nächster Weg hätte mich aufgrund meines Ausse-
hens auf den direkten Weg nach Hause führen müssen. Ich
gestattete mir aus persönlichen Rachegründen einen kleinen Umweg.

Die Beamtin am Empfang bekam große Augen, als ich
die Dienststelle betrat. »Um Himmels willen«, rief sie, »was
ist mit Ihnen passiert, Herr Palzki? Soll ich den Rettungsdienst verständigen?«

Ich winkte lässig ab und ging ins erste Obergeschoss.
KPDs Büro stand offen. Mit dem Rücken zu mir stand er
an einem Flipchart und ging einer seiner Lieblingsbeschäf-
tigungen nach: dem Kreieren von fantasievollen Diagram-
men, die jeden Mathematiker in den Suizid treiben würden.
Seine Dienststelle glänzte seit Jahren mit Aufklärungsquoten von weit über 100 Prozent in sämtlichen Kategorien. Ich
blieb im Türrahmen stehen und räusperte mich.

»Ah, Palzki«, sagte er, ohne sich umzudrehen. »Bringen
Sie mir meinen aufpolierten Dienstwagen zurück? Legen Sie
die Schlüssel auf meinen Schreibtisch, dann nehmen Sie bitte
einen Moment auf der Sitzgruppe Platz. Ich bin gleich fertig, dann können Sie mich auf den aktuellen Stand bringen.«

Ohne zu zögern, tat ich wie geheißen und saute seine
exklusive Ledergarnitur ein, die mehr kostete, als ich
in einem halben Jahr verdiente. Zufrieden, endlich mal
dem Befehl meines Vorgesetzten Folge geleistet zu haben,
schnappte ich mir eines der Lachsbrötchen, die sich KPD
mehrmals täglich liefern ließ.

Die friedliche Atmosphäre dauerte nicht sehr lange. Als
er mich sah, hing KPDs Unterkiefer gefühlt unterhalb seiner Brust. Er begann am ganzen Körper zu zittern. Wenn
er eine Schusswaffe tragen würde, hätte er mich in diesem
Moment sofort erschossen. Den Schreianfall, den er bekam,

konnte man unmöglich literarisch wiedergeben. Es dauerte eine halbe Ewigkeit, bis sich KPD ausgetobt hatte und am Ende seiner Kräfte war. Mit knallrotem und verschwitztem Gesicht schnappte er nach Luft. »Warum, warum haben Sie mir das angetan, Palzki?« Er starrte auf seine unbrauchbar gewordene Krokodilsledercouch.

»Ich habe nur das getan, was Sie mir gesagt haben, Chef. Das ist das vierte Mal in drei Tagen, dass ich mir in Ihrem Auftrag die Kleider ruiniere. Ich brauche Kleidergeld, Herr Diefenbach.«

Sekundenlang herrschte Stille. Dann folgte der nächste Tobsuchtsanfall: »Raus!«, schrie er mit überschnappender Stimme. »Raus, raus, raus!«

Ich tat ihm den Gefallen und fuhr nach Hause. Ich fühlte so etwas wie Genugtuung für die jahrelangen Beleidigungen und Demütigungen von KPD. Trotz der sauteuren Couch hielt sich der Sachschaden in Grenzen. KPD würde sich aus seinem gut gefüllten Schwarzgeldetat eine neue Couch bestellen, genauso wie es mit dem Dienstwagen sein würde. Bei meiner Aktion ging es mir daher eher um die persönliche Brüskierung meines Chefs. Ob ich morgen oder übermorgen noch in Schifferstadt meinen Dienst verüben konnte, war mir im Moment egal.

Stefanie sagte zunächst kein Wort, als sie mich sah. Dem Augenrollen nach hatte sie damit gerechnet. »Bist du verletzt?«, fragte sie schließlich.

Ich verneinte. »Die Kleider sind bloß schmutzig, nicht kaputt. Ich war nur etwas unvorsichtig und bin in eine größere Pfütze gefallen.«

Meine Frau rümpfte die Nase. »Dem Geruch nach gibt es die Pfütze schon seit Zeiten der Dinosaurier. Wo hast du dich jetzt wieder herumgetrieben?«

Ich erklärte ihr kurz, wo ich gewesen war, während ich mich auszog.

»Du hast Glück, dass ich heute früh Wäsche gewaschen habe. Du musst die Sachen allerdings ungebügelt anziehen.«

»Kein Problem«, sagte ich. »Ich gehe duschen.« Ich schob schnell ein »Danke« hinterher.

Nachdem ich zwar nicht unbedingt knitterfrei, aber dennoch einigermaßen manierlich aussah, wollte Stefanie wissen, wie weit die Ermittlungen gediehen waren. Im Schnelldurchgang klärte ich sie auf.

»Das heißt, du hast bisher lediglich jede Menge Vermutungen zusammengetragen, aber noch keinen einzigen konkreten Hinweis auf den oder die Täter gefunden?«, fragte sie folgerichtig, nachdem ich mit meinen Erklärungen geendet hatte.

Zerknirscht nickte ich. »Das sind aber alles vielversprechende Vermutungen, Stefanie. Die Ludwigshafener Kollegen sind bestimmt auch nicht weitergekommen mit ihren Ermittlungen.«

»Die haben sicherlich nicht wie du ihr Leben aufs Spiel gesetzt. Ist es das wert, mein lieber Mann?«

»Das hat sich alles immer so ergeben«, entschuldigte ich mich. »Ich habe nachher ein Gespräch mit Herrn Lemberger. Wenn dabei nichts herauskommt, werde ich die Öffentlichkeit informieren. Irgendwo müssen die Fässer mit dem giftigen Zeug schließlich sein.«

Bei meiner Verabschiedung schaute mich Stefanie mit einem fragenden und zugleich zweifelnden Blick an. »Ich wünsche mir, dass du ohne weitere Verletzungen und mit sauberer Kleidung heimkommst. Lässt sich dieser Wunsch erfüllen?«

»Garantiert«, antwortete ich optimistisch und fuhr nach Ludwigshafen.

Auf dem Weg zur Lukom wurde ich weder von Ludwigshafener Polizeibeamten noch von Dr. Metzger noch von irgendeiner anderen mir bekannten Person abgefangen. Unbehelligt konnte ich zum Empfang des Unternehmens gelangen.

»Zu Herrn Lemberger wollen Sie? Da haben Sie Glück, er ist vor einer halben Stunde zurückgekommen. Wen darf ich melden?« Die Dame sah mich freundlich und mit fragendem Blick an.

»Mich«, antwortete ich kurz angebunden. Mit dieser Antwort gab sie sich nicht zufrieden, wie ich ihrer Mimik entnahm. »Heiner Gruber«, ergänzte ich.

Die Empfangsdame drückte an ihrem Telefon eine Kurzwahltaste und meldete mein Begehr. Verwundert starrte sie kurz in den Telefonhörer, dann legte sie auf. »Was war das eben?«, sagte sie zu sich selbst.

Im gleichen Moment kam Markus Lemberger um die Ecke gerannt. »Wer ist da?«, rief er sichtlich erregt, dann bemerkte er mich. Sofort beruhigte er sich wieder. »Ach, Sie sind es«, meinte er mit einem gezwungenen Lächeln. »Kommen Sie bitte mit.«

»Das war kein gelungener Scherz«, meinte er, als wir in seinem Büro ankamen. Im gleichen Moment kam Yann Fürst hinzu, der die Tür schloss.

»Was hätte ich sonst sagen sollen? Meinen richtigen Namen?«

»Ist ja schon gut«, winkte er ab. »Wir haben Neuigkeiten, Herr Palzki.«

Wenigstens etwas, dachte ich. Hoffentlich klärte sich langsam das eine oder andere auf.

»Yann und ich hatten vorhin einen Termin im Polizeipräsidium, weil ein Zusammenhang mit dem neuen Mord vermutet wird.« Sie grinsten über beide Wangen. »Die haben keine Ahnung, was los ist. Die Knochen, die Sie gestern in der Friedrich-Ebert-Halle gefunden haben, sind mehrere Jahrzehnte alt, verrieten sie uns.«

»Ja, und?«

»Ihnen und uns war das längst klar, Herr Palzki. Wir wissen schließlich, dass es sich um die sterblichen Überreste von Heiner Gruber handelt. Aber die Ludwigshafener Beamten haben nicht den blassesten Schimmer.«

»Hundertprozentig sicher sind wir auch nicht«, gab ich zu bedenken.

»Aber Herr Palzki«, wandte Yann Fürst ein. »Um wen soll es sich sonst handeln?«

»Um Bon Scott?«

Die beiden wirkten mehr als verblüfft. »Wer soll das denn bitte sein?«

Ich erklärte meine zugegebenerweise nicht ganz ernst gemeinte These. »Am 1. Dezember 1979 sind in der Friedrich-Ebert-Halle AC/DC aufgetreten, ich war selbst dabei.«

»Und?« Die beiden standen immer noch auf dem Schlauch.

»Kurz nach dem Auftritt verstarb unter tragischen Umständen der bekannte Sänger der Band, Bon Scott.«

»Bei uns in Ludwigshafen?«

Ich zuckte spannungsfördernd mit den Achseln, dann wartete ich ein paar Sekunden. »Heiner Gruber ist trotzdem mein Favorit, was die Knochen angeht. Ich wollte Ihnen mit meinem Exkurs nur aufzeigen, dass es manchmal anders ist, als es scheint.«

Lemberger machte sich ein paar Notizen. »Ich werde den Hinweis mit Bon Scott trotzdem überprüfen. Vorhin hat mich übrigens Michael Hwasta, der technische Leiter der Friedrich-Eberthalle angerufen. Er war sehr aufgeregt wegen des Fundes, ich konnte ihn aber beruhigen.« Er machte eine kurze Pause. »Kommen wir zu dem Mord im Straßenbahntunnel. Die Beamten haben bisher keine verwertbaren Spuren gefunden, der Killer muss höchst professionell vorgegangen sein, obwohl es sich mit hoher Wahrscheinlichkeit um ein spontanes und ungeplantes Verbrechen handelt.«

»Vielleicht der Geist von Bon Scott«, warf Fürst ein, dafür handelte er sich einen bösen Blick von seinem Kollegen ein.

»Der einzige brauchbare Hinweis sind die Bilder in dem Versteck«, fuhr Lemberger fort. »Im Moment ist das leider trotzdem eine Sackgasse. Ein paar der Gemälde gelten seit dem letzten Weltkrieg als verschollen, andere sind offensichtlich bisher nicht offiziell registriert worden. Herr Becker scheint da einen Schritt weiter zu sein.«

»Dietmar Becker?«

Yann Fürst nickte. »Der war eben bei uns, eigentlich hätten Sie ihn am Empfang noch sehen müssen.«

»Herr Becker hatte bereits auf uns gewartet, als wir von der Befragung im Präsidium zurückgekommen sind«, übernahm Lemberger. »Er erzählte uns von den zeitgenössischen Bildern einer gewissen Marina Popovic, die sich bei den gefundenen Gemälden befanden.«

»Kennen Sie diese Malerin?«

Beide schüttelten den Kopf. »Noch nie etwas von ihr gehört. Könnte vielleicht ein Künstlername sein, keine Ahnung.«

»Was hat Becker rausgefunden?«

Lemberger hielt ein paar Blätter hoch. »Auf die Schnelle hat er in seinen privaten Unterlagen ein paar Infos zu einer Ausstellung gefunden, die es vor ein paar Jahren in Schifferstadt gab. Er ist sich einigermaßen sicher, dass die gefundenen Bilder zu den damals ausgestellten gehören.«

»Aha«, sagte ich. Ich hatte keine Ahnung, was ich mit dieser Information anfangen sollte.

»Ich soll Ihnen einen schönen Gruß von Herrn Becker sagen«, erzählte Lemberger weiter. »Er hat Ihnen die Bilder zu Ihrer Dienststelle nach Schifferstadt gefaxt.«

Yann Fürst lachte. »Das war ein Drama, Herr Palzki. Dietmar Becker war völlig aufgelöst auf der Suche nach einem Faxgerät, da Sie ihm gesagt haben, dass er aus Sicherheitsgründen nur faxen darf. Bevor er zu uns kam, hatte er in zwei Arztpraxen angefragt, ob er gegen Bezahlung das Faxgerät benutzen darf, jedes Mal vergeblich. Arztpraxen sind wahrscheinlich heutzutage die Einzigen, die solche museale Technik noch aktiv benutzen.«

»Herr Becker war sichtlich erleichtert, als wir ihm sagten, dass er unser Faxgerät benutzen kann«, sagte Lemberger.

Sofort ergänzte Fürst: »Das ging aber nur, weil wir Ihnen gestern früh das versprochene Fax geschickt haben. Markus und ich hatten zuvor eine halbe Stunde lang in unserem Keller gesucht, bis wir das alte Gerät gefunden hatten. Fragen Sie lieber nicht, wie wir das zum Laufen gebracht haben.«

»Danke für Ihren Einsatz«, sagte ich lapidar. »Der Hackerangriff auf unsere Dienststelle hat sich weiter verschärft. E-Mails und solche Sachen sind im Moment absolut tabu, wenn Sie die Geheimhaltung unserer Ermittlungen nicht preisgeben wollen.«

»Ehrenwort«, sagte Lemberger. »Das Faxgerät haben wir gut versteckt, sodass wir es weiterhin verwenden können, ohne dass es jemand bemerkt. Kommen wir nun zu unserem weiteren Vorgehen.«

Yann Fürst zog aus einem Regal eine randvolle Keksdose heraus. »Bedienen Sie sich gerne.«

Während ich vor mich hin kaute, kam Markus Lemberger erneut zu seinem Lieblingsthema. »Wir wissen aus absolut vertraulichen Quellen, dass es heute Nachmittag im Kreishaus zu einem konspirativen Treffen kommt. Der Landrat Clemens Körner hat sich mit seiner Kollegin Jutta Steinruck, der Oberbürgermeisterin von Ludwigshafen verabredet. Leider konnten wir nicht herausfinden, um was es im Einzelnen geht. Da es kein offizielles Protokoll gibt, kann es sich nur um etwas Heikles handeln, mal vorsichtig gesprochen. Auch dieser Paul Platz soll bei dem Gespräch dabei sein. Dass ich ihn für einen der Hauptverdächtigen halte, wissen Sie bereits. Haben Sie bei Ihrem gestrigen Besuch im Kreishaus Herrn Platz gesprochen?«

Ich nickte. »Er macht auf mich einen ganz normalen Eindruck«, log ich. »Aus seinem Büro kann man direkt in gleicher Höhe auf die Hochstraße Nord schauen.«

Wenn ich die Lautsprecheranlage erwähnen würde, wäre die Verwirrung komplett. Daher verzichtete ich darauf, diese Angelegenheit zu thematisieren.

»Ich glaube, er kann sich gut verstellen«, meinte Lemberger. »Herr Platz ist ein sehr widersprüchlicher Typ, aber das habe ich Ihnen gestern bereits erzählt. Und ganz ehrlich: Bei dem Treffen mit der Oberbürgermeisterin und dem Landrat lege ich nicht meine Hand ins Feuer, dass da nur legale Dinge besprochen werden.«

Da ich von dem konspirativen Treffen bei meinem Termin im Kreishaus erfahren hatte, lag es nahe, Näheres in Erfahrung zu bringen. Trotzdem war ich unzufrieden. Zurzeit drifteten wir immer weiter von dem eigentlichen Vorfall im Turmrestaurant des Ebertparks ab. Missmutig stand ich auf.

»Sie haben mich überredet, ich werde zur Kreisverwaltung fahren. Mal schauen, ob ich etwas herausfinde. Wissen Sie, ob es inzwischen neue Hinweise zu dem Täter von Herrn Zuse gibt? Steckte Ihr Kollege in privaten Schwierigkeiten oder wurde er erpresst? Da war doch was mit seiner Scheidung, soweit ich mich erinnere?«

Yann Fürst schüttelte den Kopf. »Weder die Polizei noch wir haben einen Hinweis gefunden, der mit seiner Ermordung ursächlich sein könnte. Sein Privatleben wurde intensiv überprüft, sagte uns die Ludwigshafener Beamtin. Seine Frau, die beiden waren noch nicht geschieden, scheidet als Täterin aus.«

Ich rollte mit den Augen. »Der Täter war männlich und ist tot«, sagte ich sarkastisch. »Könnte ein Auftragsmord dahinterstecken? Immerhin erbt seine Frau alles oder zumindest das meiste, falls sie Kinder hatten.«

»Keine Kinder, und zu erben gibt es kaum etwas«, sagte Lemberger. »Das Haus gehört fast komplett der Bank. Dieses klassische Motiv haben Ihre Kollegen längst ausgeschlossen. Wir können noch so viel darüber debattieren, Bernie wurde wegen des Giftmülls und der Hochstraßen umgebracht. Alles andere ergibt für Yann und mich keinen Sinn.«

Ich war versucht, einen erneuten Anlauf mit Bon Scott zu starten, doch ich schwieg, um die beiden nicht zu verärgern. Immerhin standen die beiden auf meiner persönlichen Verdächtigenliste. Nur das Motiv war mir bisher unklar. Fakt war, dass von vier Personen, die bei der Lukom oder dem Vorgängerunternehmen arbeiteten, die Hälfte ermordet worden ist. Wobei ich bei dieser Hochrechnung nicht einmal wusste, bei welchem Unternehmen der Ingenieur beschäftigt war, der im Straßenbahntunnel erschossen wurde.

»So kommen wir nicht weiter«, beendete ich die Diskussion. »Wir warten ab, was ich bei der Oberbürgermeisterin und dem Landrat herausfinde. Wenn wir nicht weiterkommen, werde ich morgen früh wegen des Giftmülls die Presse informieren. Ob wir sie anonym informieren, können wir kurzfristig besprechen.«

Während ich den Bürotrakt der Walzmühle verließ, überlegte ich, wie ich am schnellsten zum Kreishaus kommen könnte. Zu Fuß dürfte der Weg durch das Einkaufszentrum, dem benachbarten S-Bahnhof Mitte und am Berliner Platz vorbei gute zehn Minuten dauern. Mit dem Auto eher eine Viertelstunde. Aus Bequemlichkeitsgründen entschied ich mich für den Dienstwagen, da ich es nicht eilig hatte. Die Parkplätze unter der Hochstraße Nord waren nur dürftig belegt, was gute Gründe hatte: Die Fangnetze unter der Hochstraße sahen nicht sehr vertrauenserweckend aus. Meinen Privatwagen würde ich an dieser Stelle bestimmt nicht abstellen.

KAPITEL 10

DAS RÄTSEL DER ROTEN

OBERBÜRGERMEISTERIN

»Ich möchte zu Herrn Paul Platz«, sagte ich am Informationsschalter im Erdgeschoss.

»Der is ewe do vorne in de Keller gange«, sagte mir ein jüngerer Mann, vermutlich ein Auszubildender.

Für seine Auskunft wurde er sogleich von einer älteren Dame getadelt. »Herr Boor, so geht das aber nicht. Sie dürfen so etwas nicht zu den Besuchern sagen.«

»Awer wenn's doch stimmt«, antwortete dieser naiv und schaute auch genauso aus.

Die Dame seufzte laut. Dann sprach sie mich an. »Bitte entschuldigen Sie, aber die Azubis sind heutzutage auch nicht mehr das, was sie früher mal waren. Zu meiner Zeit gab es noch Zucht und Ordnung. Doch sehen Sie selbst, wie verkommen die heutige Jugend ist.«

Den Generationenkonflikt fand ich von meinem Standpunkt aus relativ amüsant, zumal er für mich hilfreich war. Die Dame hätte mir niemals den momentanen Aufenthaltsort des Kulturermöglichers genannt.

»Die Antwort von Herrn Boor war doch in Ordnung, gnädige Frau«, besänftigte ich sie. »Ich habe exakt die Auskunft erhalten, die ich benötige.«

»Dankschee«, rief der Azubi zähnebleckend zwischenrein und lächelte debil.

»Nein, nein, das geht so nicht«, wehrte sich die Dame. »Es ist genau definiert, welche Auskunft wir geben dürfen. Unser Qualitätsmanagement hat für jede Möglichkeit eine eigene Prozessbeschreibung erstellt. Immerhin ist unsere Verwaltung zertifiziert. Die korrekte Auskunft lautet folgendermaßen: Der Arbeitsplatz von Herrn Paul Platz befindet sich im dritten Obergeschoss.«

»Wenn er net grad mol widder länger uffm Klo hockt und Zeitung liest«, unterbrach der Azubi Boor.

»Das geht niemand etwas an!«, motzte seine Ausbilderin. »Und Sie schon gar nicht.« Böse funkelte sie den jungen Mann an. Dann wandte sie sich wieder mir zu. »Die Auszubildenden müssen leider in alle Abteilungen reinschnuppern. Mit diesem da scheine ich momentan das große Los gezogen zu haben.«

Da ich so langsam genug von dem Theater hatte, versuchte ich mich zu verabschieden. »Das wird Herr Boor bestimmt noch lernen. Ich nehme das Treppenhaus nach unten.«

»Halt«, schrie sie mir nach. »Unten ist kein Publikumsverkehr zulässig. Nur im hinteren Bau in der Zulassungsstelle.«

Ich überhörte sie und ging zum Treppenhaus. Im Keller angekommen, stellte ich überrascht fest, dass eine schmälere Treppe weiter nach unten führte. Die Flure waren weit weniger ausgeleuchtet als im öffentlichen Bereich, die Wände waren kahl und wirkten kühl. Ich nahm den erstbesten Flur, doch die Türbeschriftungen waren nicht sehr hilfreich. Plötzlich wurde unmittelbar vor mir eine Tür aufgerissen und Paul Platz kam in einem dermaßen Tempo angeschossen, dass er mich beinahe über den Haufen rannte.

»Was, äh, was, äh, hallo, Herr Palzki«, schnaufte er, nachdem er wieder zu Atem kam. Hinter ihm folgte Lara Deuerling mit deutlich eingezogenem Genick und ängstlichem Blick. Platz war so von meiner Anwesenheit überrascht, dass er nicht einmal den Gegenstand in seinen Händen zu verbergen versuchte, dazu war er auch zu groß. »Wie kommen Sie hierher?«, fragte er mit leicht zittriger Stimme. »Wer hat Sie in den Keller gelassen? War das etwa dieser neue Azubi oben an der Info? Na, dem werde ich aber die Leviten lesen.«

»Nettes Teil, das Sie hier spazieren tragen«, sagte ich zu dem Kulturbeauftragten des Rhein-Pfalz-Kreises. Dann schaute ich zu Deuerling. »Und in den Rollen, die Sie in den Händen halten, sind die Pläne, wenn ich mich nicht irre?« Ein zaghaftes Nicken bestätigte meine Vermutung.

»Ist was passiert?«, fragte Platz. »Warum haben Sie nicht vorher angerufen, dass Sie mich sprechen wollen? Herr Lemberger hat sie jedenfalls für heute nicht angekündigt.«

»Wie kommen Sie darauf, dass ich zu Ihnen will?«, fragte ich frech. »Vielleicht haben wir uns nur zufällig im Keller getroffen.«

Für einen kurzen Moment war er irritiert. »Zu wem wollen Sie dann? Hier unten gibt es neben der Technik und den Lagerräumen nur ein paar Notbüros, die zurzeit nicht besetzt sind.«

Bevor ich zu dem Grund meines Hierseins kommen wollte, musste ich als neugieriger Polizeibeamter das 3D-Modell in seinen Händen klären. »Das sieht aus wie ein richtiger Luxusbunker. Wenn das bei meinem Chef stehen würde, könnte ich meinen, er plant eine neue Dienststelle mit Platz für mehr als Tausend Beamte. Ist das blaue Ding in der Mitte ein Swimmingpool nebst Liegewiese?«

Paul Platz, normalerweise um keine Antwort verlegen, kam erneut ins Stammeln. »Das, äh, das hat nichts, äh, zu bedeuten. Dieses Modell haben ein paar Studenten als Projektarbeit zusammengepfriemelt. Ich selbst sitze in der Jury, um die besten Arbeiten mit einem Preis zu küren. Bei dem Projekt geht es nicht um ein bestimmtes Gebäude.«

Dass er log, war ihm unverkennbar anzusehen. Auch Frau Deuerlings Mimik zeigte mir, dass sie die Antwort von Platz überraschte. Sie schaute zu Boden.

»Womit kann ich Ihnen helfen, Herr Palzki?« Platz startete ein Ablenkungsmanöver, hatte aber mangels Ablagemöglichkeit keine Chance, das Gebäudemodell aus meiner Sicht verschwinden zu lassen.

Ich beschloss, ein wenig tiefer zu bohren. »Meines Wissens kann man weder im Rhein-Pfalz-Kreis noch in Ludwigshafen Architektur studieren.«

»Nein, nein«, wehrte sich Platz nervös. »Der Wettbewerb hat nichts mit einem bestimmten Studiengang zu tun. Im Prinzip konnten alle jungen Menschen bis 35 Jahre an dem Wettbewerb teilnehmen. Wenn es Sie interessiert, können wir uns morgen oder so gerne über den Wettbewerb unterhalten. Doch im Moment habe ich leider zu tun. Kann ich Ihnen nicht doch irgendwie helfen?«

Seine Neugierde über mein Hiersein konnte er nicht verbergen. Eine kleine Finte konnte nicht schaden. »Nein, danke, es ist alles in Ordnung. Ich lasse mir am Informationsschalter den richtigen Weg erklären.« Vorsichtig lief ich zwei oder drei Schritte in Richtung Treppenhaus, um zu testen, ob die beiden mir folgten oder vorhatten, in die andere Richtung zu gehen.

»Wen suchen Sie denn?«, fragte Platz, während mir die beiden wie automatisch folgten.

Ich grinste ihn an. »Das erzähle ich Ihnen ein anderes Mal. Ich wünsche Ihnen beiden einen schönen Tag.« Langsam bestieg ich die ersten Treppenstufen, blieb dann aber abrupt stehen und drehte mich um. Volltreffer, dachte ich. Paul Platz und Lara Deuerling waren gerade im Begriff, die schmale Treppe nach unten zu gehen.

Erfreut darüber, ihn überlistet zu haben, kehrte ich um. »Wissen Sie was, Herr Platz? Ich habe sowieso gerade ein wenig Zeit, ich begleite Sie in das zweite Untergeschoss.«

Der perplexe Gesichtsausdruck des Kulturverantwortlichen war grandios. Er merkte sofort, dass er mir in die Falle gegangen war. »Das geht nicht«, blockierte er mein Ansinnen. »Da unten sind nur schmutzige Lagerräume. Dort ist es viel zu gefährlich für normale Besucher.«

»Ich bin kein normaler Besucher, sondern ein Polizeibeamter. Glauben Sie mir, ich habe bereits viel gefährlichere Orte gesehen als den Keller der Kreisverwaltung. Außer, wenn dort ein Monster hausen sollte.«

Während Lara Deuerling sich bemüht im Hintergrund zu halten versuchte, lief Paul Platz der Schweiß von der Stirn. Da er gedanklich zu keiner für ihn befriedigenden Lösung kam, sagte er schließlich resignierend: »Ich erkenne, dass wir keine Chance haben. Das, was Sie jetzt gleich sehen werden, müssen Sie absolut vertraulich behandeln. Ist das klar, Herr Palzki?«

Ich zuckte kurz mit den Achseln. »Solange es nichts mit den Morden zu tun hat.«

Platz schaute mich entgeistert an. »Mit den Verbrechen in den letzten Tagen? Wie kommen Sie auf diesen Blödsinn? Ach so, Herr Lemberger hat mir ja anvertraut, dass Sie selbst in diesem Fall ermitteln, aber die Ludwigshafener Polizei davon nichts erfahren darf.« Er überlegte einen

Moment, dann zog ein Lächeln über seine Lippen. »So wie ich Ihnen garantiere, dass ich Ihr kleines Geheimnis nicht ausplaudere, möchte ich Sie bitten, unser Geheimnis nicht in die Öffentlichkeit zu tragen.«

Inzwischen waren wir im zweiten Untergeschoss angekommen. Der Vorraum und auch die Flure waren mit ausrangiertem Inventar vollgestopft. Für mich sah es aus, als hätte man seit 20 Jahren sämtliche Sperrmüllabholtermine verpasst. Vielleicht sollte ich dem zuständigen Hausmeister erzählen, dass man im Rhein-Pfalz-Kreis inzwischen problemlos online einen Abholtermin für den Sperrmüll erhalten konnte. Jedenfalls dann, wenn man die zwingend benötigte Objektnummer besaß, die jedes Grundstück im Kreis eindeutig zuordnete, was die Beantragung zumindest beim ersten Mal dennoch etwas knifflig und umständlich machte.

Platz blieb vor einer unscheinbaren Tür stehen, drehte sich kurz zu mir um, nickte mit einem Seufzer, dann klopfte er an die Tür. Ohne auf eine Aufforderung zu warten, öffnete er sie.

»Da kommt ja endlich mein Lieblingsmodell der neuen Kreisverwaltung. Paul, warum hat das so lange gedauert?«

Selbst von hinten sah ich den beiden an, wie ungern Paul Platz und Lara Deuerling den Raum betraten. Ich folgte ihnen unmittelbar. Die Stimme des Landrats Clemens Körner hatte ich erkannt, doch was ich sah, war unglaublich: Auf einer anscheinend ausrangierten, aber dennoch sehr gut erhaltenen Sitzgruppe saßen bei Kaffee und einer Platte mit exquisiten Schnittchen neben dem Landrat zwei weitere Personen: Die Anwesenheit von Jutta Steinruck, der Oberbürgermeisterin von Ludwigshafen, konnte ich mir noch einigermaßen plausibel erklären. Zu viel gab es in der letzten Zeit zu besprechen, was nicht unbedingt in den öffentlichen Raum getragen werden durfte. Völlig überrascht war ich von der dritten Person, die ebenso verblüfft war, mich hier zu sehen.

»Palzki? Zum Donnerwetter, was machen Sie hier?«, schrie mich KPD wütend an, während er aus der Sitzgruppe hochschnellte. »Was erlauben Sie sich, unsere wichtige und vertrauliche Sonderbesprechung zu stören?« Er schnaufte zwei- oder dreimal hart durch. »Wenn Sie mir Ergebnisse zu Ihren Ermittlungen präsentieren wollen, dann machen Sie das nachher gefälligst in Schifferstadt in meinem Büro. Wie haben Sie mich überhaupt gefunden? Niemand wusste, dass ich hier bin.«

Körner und Steinruck waren ebenfalls aufgestanden. Während mich der Landrat schelmisch angrinste, begrüßte mich die Oberbürgermeisterin mit Handschlag. »Guten Tag, Herr Palzki. Ich freue mich, Sie kennenzulernen. Ihr Chef hat mir schon viel Gutes von Ihnen berichtet.«

»Gutes?«, unterbrach KPD, doch Steinruck ging auf die Spitze nicht ein. »Womit kann ich Ihnen helfen?«, fragte sie, und ich sah ihr an, dass sie es ernst meinte.

»Ich kann nichts dafür«, klagte Paul Platz. »Herr Palzki ist mir im Keller zufällig über den Weg gelaufen. Keine Ahnung, was er bei uns sucht.«

»Das wird er uns bestimmt gleich sagen«, meinte Körner und deutete mir mit einer Handbewegung an, auf der Sitzgruppe Platz zu nehmen.

Fünf Augenpaare bohrten mich neugierig an. Ich saß in einer blöden Zwickmühle.

»So, jetzt legen Sie mal los.« Der Landrat schob mir die Platte mit den Schnittchen hin.

Wo blieb nur meine übliche Spontanität, dachte ich verzweifelt. Warum fiel mir nichts ein, wie ich diese Situation retten konnte? Um Zeit zu gewinnen, stopfte ich mir ein halbes Brötchen auf einmal in den Mund. Doch auch dieses Stück rutschte schließlich in meine Speiseröhre. In dem Moment, als ich mit ein paar harmlosen Floskeln beginnen wollte, unterbrach mich mein Chef.

»Ich hoffe, Sie mischen sich nicht in die Ermittlungen wegen des Toten im Restaurant ein. Wie ich Ihnen bereits an dem Abend gesagt habe, sind dafür meine Kollegen in Ludwigshafen zuständig.« KPD warf mir einen bösen und zugleich flehenden Blick zu.

Am liebsten hätte ich widersprochen und damit eine Eskalation hinaufbeschworen. Doch im Endeffekt würde mich das nicht weiterbringen außer dem Verlust meiner Pension.

»Natürlich nicht, Herr Vorgesetzter«, antwortete ich übertrieben brav. »Gilt das auch für den Toten im Straßenbahntunnel?«

KPD runzelte die Stirn. »Toter im äh? Ach so, das war ja die andere Sache in Ludwigshafen.« Er überlegte kurz. »Natürlich, das gehört doch alles zusammen.« Ich war mir nicht sicher, ob er überhaupt wusste, was dort genau passiert war.

Während des Dialogs hatte der Landrat unauffällig ein Laken über das Hausmodell gelegt. »Gibt's dazu eigentlich neue Erkenntnisse, Frau Steinruck?«

Die Oberbürgermeisterin schüttelte den Kopf. »Ich werde permanent auf den aktuellen Stand gebracht. Die leitende Beamtin vermutet, dass der Tote im Tunnel nichts mit dem Lukom-Mitarbeiter zu tun hat. Ausschließen kann sie es zum jetzigen Zeitpunkt aber nicht.« Sie sah mich an. »Was es mit den Knochen auf sich hat, die Sie gefunden haben, Herr Palzki, ist ebenfalls völlig ungeklärt. Aufgrund der aktuellen Lage und der Personalknappheit bei der Kripo wurden die Ermittlungen wegen der Knochen unter der Friedrich-Ebert-Halle vorläufig eingestellt. Sobald es die Zeit zulässt, werden die Ermittlungen fortgeführt. Wie mir die Beamtin sagte, komme es ihr aber spanisch vor, dass Sie, Herr Palzki, angeblich ohne irgendeinen Tipp bekommen zu haben, in den feuchten Kriechkeller gestiegen sind. Dazu werden Sie noch als Zeuge vernommen.«

KPD setzte sich wichtigmachend in Positur. »Dann hätten wir alles geklärt, Palzki. Sie fahren jetzt zurück nach Schifferstadt und warten auf meine Rückkehr. Dann besprechen wir gemeinsam Ihren nächsten Einsatz. Vielleicht kann ich Ihnen sogar einen halben Tag Sonderurlaub gewähren für den Knochenfund.«

Ich ignorierte KPDs Rede komplett und schielte auf das von Körner verhüllte Modell. In der Luft lag eine knisternde Spannung, die jeden Moment explodieren konnte.

»Ich habe eine tolle Idee«, meinte auf einmal der Landrat. »Was haltet ihr davon, wenn wir Herrn Palzki, natürlich inkognito und inoffiziell, damit beauftragen, die Todesfälle in Ludwigshafen zu untersuchen?« Mit hoffnungsvollem Blick schaute er sich um. Mir war sofort klar, welche Taktik er verfolgte.

»Das muss aber unter uns bleiben«, meinte nach langem Zögern Jutta Steinruck. »Wenn das rauskommt, sind wir fällig.«

Paul Platz stimmte seinem Chef zu. »Dann hätten wir Herrn Palzki sinnvoll beschäftigt.« Im gleichen Moment bemerkte er seinen Fauxpas. »So war das nicht gemeint, Herr Palzki«, verteidigte er sich mit Blick zu mir. »Ich dachte nur an die Unstimmigkeit zwischen Ihnen und Herrn Diefenbach, die ich herausgehört hatte.«

KPD hatte als Letzter begriffen. »Ja, äh, dann, also, dann machen wir das doch so. Herr Palzki, Sie haben hoffentlich mitgehört: Untersuchen Sie die Todesfälle, ohne dass es jemand mitbekommt. Insbesondere die Ludwigshafener Kollegen dürfen davon nicht das Geringste erfahren. Haben Sie das verstanden? Über etwaige Fortschritte werden Sie ausschließlich mich informieren.« Er schaute sich um. »Habe ich Herrn Palzki korrekt beauftragt?« Zustimmendes Nicken. »Dann mal an die Arbeit, Palzki«, befahl er.

Ich blieb sitzen. Mit einer Hand griff ich nach einem neuen Schnittchen, mit der anderen zog ich das Laken von dem 3D-Modell. »Das neue Kreishaus?«, fragte ich neugierig.

Clemens Körner wurde käseweiß. »Nein, nein, wie kommen Sie auf solch eine Idee, Herr Palzki.«

»Ich dachte, so etwas gehört zu haben, als Herr Platz mit dem Modell in den Raum kam.«

»Ach das«, wiegelte er ab. »Das war nur ein Scherz. Ich gebe zu, mir gefällt das Modell ganz gut. Das ist aber nur meine persönliche Meinung. Ein bisschen protzig, okay, aber meinen Mitarbeitern soll es auch mal gut gehen, jeden Tag der ganze Stress mit den Bürgern. Aber politisch würde ich solch ein Kreishaus nicht durchsetzen können, schon gar nicht bei Altrip im Naturschutz, äh ...« Er brach ab und schluckte hart. »Das war natürlich ebenfalls ein Scherz, Herr Palzki.«

»Natürlich«, bestätigte ich ihn und dachte an die ausgewiesenen Flecken in dem 3D-Geländeplan in KPDs Büro.

Ich schaute zu der Oberbürgermeisterin. »Haben Sie in Ihrem Büro auch so ein schönes Modell für ein neues Rathaus? Das Rathauscenter steht schließlich zur Diskussion, wenn ich mich recht erinnere.«

»Woher wissen Sie, äh, bei mir drüben gibt es so etwas selbstverständlich nicht. Wir haben mit unseren Hochstraßen gerade andere Probleme«, wehrte sie sich.

Inzwischen konnte ich das geheime Treffen gut einschätzen. Hier wurden Dinge besprochen, die zum einen viel Geld kosten und zum anderen die Stadt Ludwigshafen und den Rhein-Pfalz-Kreis über viele Jahre begleiten würden. Nur in einem Punkt war ich mir nicht sicher: Waren die Hochstraßen ebenfalls Thema bei den bilateralen Gesprächen zwischen Landrat und Oberbürgermeisterin? Wie auch immer, ich hatte nun schließlich den halb offiziellen Auftrag, mich darum zu kümmern. Außerdem war mir in den letzten Minuten noch etwas ganz anderes aufgefallen.

Da ich davon ausging, keine weiteren brauchbaren Informationen zu erhalten, verabschiedete ich mich. »Ich werde Sie nun verlassen« sagte ich und stand auf, während ich die zufriedene Mimik der Anwesenden bestaunte. Der Landrat Clemens Körner stand ebenfalls auf und reichte mir die Platte. »Nehmen Sie sich doch etwas Wegzehrung mit, Herr Palzki.« Dann ergänzte er mit Blick auf Platz: »Paul, bringst du bitte Herrn Palzki nach oben?«

»Das ging noch mal gut aus«, sagte der Kulturermöglicher, während wir nach oben gingen. »Rufen Sie mich an, wenn Sie Hilfe brauchen.«

Ich nickte und verließ das Kreishaus. Ohne Umweg fuhr ich nach Hause.

»Papa, wir haben sie, die Viecher!«, rief Paul, als ich die Haustür aufschloss.

Endlich mal eine gute Nachricht, dachte ich, bis Stefanie mir die Rechnung des Kammerjägers zeigte. »Mit wie viel Mann waren die hier?«, fragte ich erstaunt.

»Nur zu zweit«, sagte meine Frau seufzend. »Aber der Erfolg rechtfertigt den Preis allemal. Ich hatte keine ruhige Minute mehr.«

»In meinem nächsten Leben werde ich Kammerjäger«, erklärte ich. »Schneller kann man sein Geld nicht verdienen.«

»Der Kammerjäger hat für dich eine Broschüre dagelassen«, meinte Stefanie lapidar.

»Für mich?«

»Du wirst wohl kaum von mir verlangen, dass ich die Elektrogeräte in der Küche ausbaue, oder?«, betonte sie in scharfem Ton. »Das muss alles überprüft werden, hat er gesagt, sonst kann es übel riechen.«

»Und warum rufst du keinen Handwerker an? Ich bin Polizist, falls du dich erinnern kannst.«

Meine Frau rollte mit den Augen. »Dann wird die Rechnung noch höher. Dein handwerkliches Geschick wird wohl ausreichen, die paar Elektrogeräte zu demontieren und anschließend wieder zu montieren. Ich verlange nicht von dir, an der Gas- oder den Stromleitungen herumzubasteln.«

»Dann bin ich aber beruhigt. Bis zum nächsten Wochenende wird das wohl Zeit haben.«

Zum Dank kredenzte meine Frau zum Abendessen irgendwas Vegetarisches. Das Rezept des unaussprechlichen Gerichts fand sie in einem Internetportal. Leider stellte sich das Essen auch als unessbar heraus, jedenfalls für mich und Paul. Melanie, die vor einiger Zeit essenstechnisch konvertiert und seitdem von der angeblich gesunden Küche ihrer Mutter überzeugt war, schmeckte es genauso gut wie meiner Frau. Optisch sah das Gericht in etwa so aus, wie wenn man alle möglichen Farbreste zusammenrührte und ein paar schleimige Klumpen hinzumischte. Und ich schwöre: Genauso schmeckte es auch.

Die halbe Nacht beschwerte sich meine Frau, dass ich ständig laut aufstoßen würde. Dabei war das Aufstoßen lediglich das Resultat eiserner Körperbeherrschung.

Am nächsten Morgen fuhr ich mit der festen Überzeugung zur Dienststelle, sämtliche Ermittlungen zu den Geschehnissen der letzten Tage unverzüglich einzustellen und die Öffentlichkeit über die vermutete tickende Zeitbombe zu informieren.

Kaum war ich in meinem Büro angekommen, bekam ich bereits Besuch.

»Gut, dass du so früh da bist«, sagte Jürgen mit einem ironisch-fetten Grinsen. »Ich muss gleich rüber zu KPD wegen, du weißt schon was. Deine Aufträge habe ich zwischenreingeschoben.« Er überreichte mir ein mehrere Kilogramm schweres Papierpaket. »Die Leute von der Lukom habe ich komplett durchleuchtet, auch den Landrat sowie Paul Platz. Da sind ein paar äußerst interessante Lebensläufe dabei, Reiner. Jeder hat so seine dunklen Flecken in der Vergangenheit, aber mir bleibt nichts verborgen.«

Ich bedankte mich überschwänglich für seine Arbeit.

»Kein Problem«, meinte er. »Das mache ich doch gerne. Übrigens, da ist gestern ein Fax reingekommen. Weil niemand den Absender lesen konnte, landeten die Blätter bei KPD. Der hat sie mir gegeben, weil er damit nichts anfangen kann. Er meinte, dass es sich um einen Irrläufer handle und ich das Ding zurück an den Absender faxen soll.«

»Um welches Fax geht es denn?«, fragte ich neugierig, obwohl ich mir sicher war, dass der Absender Dietmar Becker hieß.

»Ein Fax zurücksenden?«, fragte Jürgen und zog die Augenbrauen hoch. »Überleg doch mal, Reiner!«

»Äh, ach so, na klar. Aber sag jetzt, was steht in dem Fax?«

»Kein Text, da sind nur komische Flecken drauf.«

»Flecken?« Hatten Lemberger und Fürst das Faxgerät bei der Lukom falsch angeschlossen?

»Es sieht beim ersten Hinsehen wie Flecken aus«, bestätigte Jürgen. »Aber gerade das hat mich herausgefordert. Nachdem ich die Flecken analysiert hatte, wusste ich Bescheid.«

Es wurde immer surrealer. »Du hast das Fax ins Labor gegeben?«

»Ins Labor?«, fragte Jürgen zurück. »Wie kommst du auf diese blöde Idee? Oder war das ein Witz, wegen Fingerabdrücken und so?«

»Du hast doch eben gesagt, dass du das Fax hast analysieren lassen – oder habe ich mich verhört?«

Jürgen verdrehte die Augen. »Nimm doch nicht immer alles so wörtlich. Ich habe die Flecken an sich untersucht. Und zu einem Ergebnis bin ich auch gekommen.«

»Jetzt hast du mich aber neugierig gemacht.«

Jürgen zog aus einem dünnen Aktenordner mehrere Papiere heraus. »Das ist das Fax. Im Original.« Er zwinkerte mir belustigt zu.

Ich schaute auf die Papiere und musste Jürgen recht geben: Flecken, mehr war nicht zu erkennen. Erwartungsvoll wartete ich ab.

»Die Lösung ist ganz einfach: Jemand hat Fotos von Bildern per Fax verschickt.«

Perplex betrachtete ich ein weiteres Mal die Flecken. Eine auch nur entfernte Ähnlichkeit mit den von Becker fotografierten Gemälden konnte ich nicht erkennen.

»Faxe können technisch bedingt nur schwarz-weiß verschickt werden«, klärte mich Jürgen auf. »Selbst Grautöne sind nicht möglich. Ich brauchte eine gewisse Zeit, bis ich die Ursprungsbilder identifiziert hatte. Es handelt sich um Fotos der zeitgenössischen Malerin Marina Popovic aus Serbien. Meine Recherche ergab, dass ihre Werke speziell in Wien sehr gut in Galerien, Firmen und Kanzleien vertreten sind.«

»Du kannst diese Flecken einer Malerin zuordnen?« Jürgen hatte es mal wieder geschafft, mich zu verblüffen.

»Bei diesen Gemälden arbeitete sie mit nur wenigen Grundfarben«, erklärte er mir. »Dadurch kommen diese Flecken zustande. Ich kann sie direkt einzelnen Bildern eindeutig zuordnen. Nur ein Punkt ist seltsam.«

»Der Absender?«

»Ach was, das Fax kam von der Lukom«, winkte Jürgen ab. »Das habe ich sofort herausgefunden. Und es ist offensichtlich für dich bestimmt. Wer käme sonst heutzutage auf die Idee, ein Fax zu verschicken. Nein, ich meine etwas anderes.«

»Gute Arbeit, Jürgen«, lobte ich ihn. »Was meinst du?«

»Der momentane Aufenthaltsort dieser Werke ist unbekannt. Vor ein paar Jahren hingen sie in einer Ausstellung in Schifferstadt. Seitdem sind sie vom Markt verschwunden. Es kann natürlich sein, dass die Künstlerin sie im Privatbesitz hat.«

Da ich gegenüber Jürgen einen Informationsvorsprung besaß, wusste ich, wo sich die Bilder zurzeit befanden. Ich ließ meinen Kollegen darüber zunächst im Unklaren. »Wenn du noch ein bisschen Zeit hast, könntest du in diesem Thema ein bisschen tiefer einsteigen. Aber bitte keine Berichte über den gesamten zeitgenössischen Kunstmarkt, sondern nur über Marina Popovic.«

Ich steckte die mir vorhin von Jürgen übergebenen Exposés in meine Tasche, die dadurch sehr ausgebeult aussah. Gerade, als sich Jürgen verabschieden wollte, stolzierte KPD auf dem Flur vorbei.

»Nanu!«, rief er überrascht, als er uns in meinem Büro entdeckte. »Herr Palzki, welch seltener Anblick in Schifferstadt«, ergänzte er sarkastisch. »Gestern haben Sie mich ja beinahe in eine unschöne und blamable Situation gebracht. Bitte platzen Sie in Zukunft nicht mehr unangekündigt in wichtige Besprechungen, verstanden?«

KPD stellte sich vor mir auf. »Falls Sie es noch nicht erfahren haben, wovon ich sicher ausgehe: Einer der beiden Herren von der Lukom, die mit dem Ermordeten im Turmrestaurant zusammensaßen, wurde festgenommen.«

»Lemberger?«, rief ich überrascht.

»Ja, genauso hieß er«, bestätigte KPD. »Er wurde dabei erwischt, wie er mit einer Atemmaske im Unterbau der Hochstraße Nord herumkroch. Damit ist der Fall sonnenklar, Palzki.«

»So?«

KPD seufzte. »Sagen Sie mal, Palzki: Erkennen Sie nicht einmal die einfachsten und logischsten Zusammenhänge? Wofür habe ich Sie tagelang undercover ermitteln lassen? Und was ist das Resultat? Sie finden ein paar uralte Knochen in einem versifften Keller, die nichts, aber auch rein gar nichts mit dem Fall zu tun haben. Während Sie sich von Nebenkriegsschauplätzen und Banalitäten ablenken lassen, habe ich wie immer die Fäden längst in der Hand.« Er machte eine kurze Pause und schnaufte ein paarmal fest durch. »Dieser Lemberger von der Lukom hat seinen Arbeitskollegen ermorden lassen, weil er ihm auf die Spur gekommen ist. Genauso war es mit dem Bauingenieur in dem Straßenbahntunnel. Warum sonst wurde er gerade mal 20 Meter Luftlinie über dem Tunnel in dem Unterbau der Hochstraße entdeckt? Na, können Sie es sich denken, Palzki?«

Ich blieb stumm, was den aggressiven Grundton KPDs verschärfte. »Warum frage ich überhaupt.« Er schüttelte resigniert und mit verzerrter Mimik seinen Kopf. »Weil da oben weitere Leichen liegen, Palzki. Unser Mann ist ein Serientäter, haben Sie das noch nicht begriffen? Sogar ein ziemlich raffinierter, was für einen Serientäter untypisch ist. Seine Opfer versteckt er in den Hohlräumen der Hochstraßen und alten Straßenbahntunneln, wo nur alle paar Jahre mal jemand hinkommt. Ich bin mir sicher, die Ludwigshafener Beamten werden weitere Opfer von diesem Lemberger finden.«

So viel Stuss hatte ich selten auf einmal gehört. Die beste Taktik war, einfach stumm zu nicken.

»Da der Fall nun gelöst ist, sind Sie von Ihren Ermittlungen entbunden, Palzki«, befahl KPD. »Den Rest des Tages können Sie dazu nutzen, Protokolle zu schreiben und alles zu archivieren. Ab morgen werde ich mir eine andere Aufgabe für Sie überlegen.« KPD wechselte den Blick zu Jürgen. »Kommen Sie gleich mit in mein Büro, wir haben Wichtiges zu besprechen. Ich hatte letzte Nacht mal wieder ein paar sehr gute Ideen, die Sie bestimmt umsetzen können.«

Ich schloss die Bürotür und fläzte mich in meinen Sessel hinter dem Schreibtisch. Zuerst ließ ich meine Gedanken treiben, doch alle möglichen Gedankenstränge endeten früher oder später stets bei meinem Chef. Wie hatte es solch eine unfähige und sozial inkompatible Person nur geschafft, Dienststellenleiter zu werden? Lustlos blätterte ich in den Exposés. Mit meiner schlechten Laune machte es mir nicht einmal Spaß, in den Grundschulzeugnissen des Landrates zu wühlen oder Lembergers Impfausweis zu studieren. Zu der schlechten Laune kam der Schlafmangel aufgrund der Nachwirkungen des Abendessens hinzu. Vermutlich musste ich irgendwann eingeschlafen sein, jedenfalls schreckte ich hoch, als mir die Lösung des Rätsels greifbar nahe vor dem inneren Auge schwebte. Hatte ich das nur geträumt? Woher kam dieser Einfall, den ich bisher nicht auf dem Schirm hatte? Ich bemerkte, dass zwei der Exposés zu Boden gefallen waren. Also musste ich doch zumindest für kurze Zeit eingenickt gewesen sein. Es gab die Redewendung »es liegt mir auf der Zunge« – und genauso ging es mir jetzt. Ich hatte anscheinend in meinen Gedanken ein paar Dinge wild kombiniert, die nun einen anderen Sinn ergaben. Oder hatte ich es gelesen? Ich schnappte mir die Exposés und legte sie auf den Schreibtisch. Da ich nicht mehr wusste, wie weit ich mit der Lektüre gekommen war, blätterte ich die dicken Packen Seite für Seite durch. Mein Kopf begann zu rauchen, so viele irrelevante Informationen musste ich sichten und sogleich wieder vergessen. Doch auf einmal hatte ich den Joker gezogen. Natürlich, das war die Lösung. Nicht unbedingt die Lösung für alles, aber immerhin für einen wichtigen Teil.

Als sorgfältig arbeitender Beamter las ich den entsprechenden Bericht zu Ende, was sich als sehr hilfreich erweisen sollte. Es handelte sich zwar nur um Indizien, die sich als Zufall erweisen könnten, doch ich hatte zum ersten Mal einen konkreten Verdacht. Zufrieden mit mir machte ich mich auf den Weg. Bevor ich mich um den festgenommenen Lemberger und seinen Kollegen Fürst kümmern wollte, musste ich dem Kreishaus des Rhein-Pfalz-Kreises erneut einen Besuch abstatten. Nur dort würde ich die Antwort auf ein fehlendes Puzzleteilchen erhalten.

KAPITEL 11

DIE TÜR MIT DEN SIEBEN

CODIERSTIFTEN

Mein Stammparkplatz unter der Hochstraße war frei. Am Informationsschalter des Kreishauses saß nur der Azubi. Seine Ausbilderin hatte sich vermutlich krankschreiben lassen.

»Tach«, begrüßte mich der Lehrling jovial. »Wollen Sie widder zum Herrn Platz vun de Kuldur? Heit hockt er net im Keller rum, sondern drowwe in seim Büro. Der war heit morsche schunn ugewöhnlich frieh do un hot sogar schun Besuch ghabt«, verriet er mir mit einem süffisanten Lächeln.

»Ich werde ihn schon finden«, bedankte ich mich grinsend und ging zu den Aufzügen.

Paul Platz war in seinem Büro. Ihm gegenüber saß Lara Deuerling. Sie diskutierten intensiv über ein aufgeschlagenes Buch.

»Hallo, Herr Palzki«, begrüßten mich die beiden verblüfft im Duett.

Platz stand auf. »Sie entwickeln sich langsam zum Stammbesucher der Kreisverwaltung. Warum haben Sie nicht angerufen?« Er zeigte auf das aufgeschlagene Buch. »Unser neues Kreisjahrbuch ist gerade aus der Druckerei gekommen. Wollen Sie mal einen Blick reinwerfen? Es sind wie jedes Jahr äußerst interessante Artikel abgedruckt. Sogar einen Ratekrimi von dem bekannten Krimiautor Dietmar Becker gibt es.«

»Vielleicht ein anderes Mal«, antwortete ich.

»Dass Markus Lemberger festgenommen wurde, haben Sie inzwischen erfahren?«, fragte Platz ohne Vorankündigung.

»Deswegen bin ich hier.« Ich drückte mich zwischen seinem Bürostuhl und der Wand vorbei in Richtung Fenster. Dabei fiel mir auf, dass das Inventar ziemliche Gebrauchsspuren hatte und Ähnlichkeiten mit den im Keller gelagerten Einrichtungsgegenständen besaß. »Hier hat man einen schönen Blick zur Hochstraße.«

»Stimmt«, sagte Platz kurz angebunden. »Wie kann ich Ihnen helfen?«

»Wann war Herr Lemberger heute früh bei Ihnen?« Ich hoffte inständig, dass ich mit meiner These recht hatte.

»Herr Lemberger? Nicht, dass ich wüsste«, antwortete Platz cool.

Ich ließ nicht locker. »Kommen Sie, ich weiß das mit Sicherheit. Sie sind schließlich nicht alleine im Gebäude.«

Mein Pokern führte zum Ziel, er gab sich geschlagen. »Hat Ihnen das der Azubi am Eingang verraten? Der kommt doch sonst immer viel zu spät zur Arbeit. Dem werde ich mal etwas erzählen.«

»Aber zuerst erzählen Sie mir etwas.«

Platz senkte seine Stimme und beichtete. »Ja, es stimmt, Markus Lemberger war heute früh mit Dieter Jung bei mir.«

»Davon hast du mir gar nichts gesagt, Paul«, mischte sich Lara Deuerling ein.

»Das wollte ich dir noch erzählen«, entschuldigte er sich bei ihr. »Ich wollte zuerst mit dir das Kreisjahrbuch durchschauen.«

»Und warum war er bei Ihnen? Und wer ist Dieter Jung?« Provozierend schaute ich als Motivationshilfe in Richtung Hochstraße.

»Er wollte die Luftschadstoffe vor meinem Fenster messen. Die entsprechenden Messgeräte hatte er dabei. Jung ist ein Mitarbeiter von Lemberger. Die beiden kennen sich bereits seit ihrer Jugend. Jungs Arbeitsplatz befindet sich in der Tourist-Info am Berliner Platz. Seit dem Abriss der Hochstraße Süd ist er Ansprechpartner für Bürger zum Thema Abriss.«

»Fand die Messung statt?«

Platz schaute zu Boden. »Das konnte ich nicht zulassen, Herr Palzki. Wenn das jemand sehen würde. Ich habe Herrn Lemberger gesagt, dass er dies offiziell beantragen muss. Daraufhin ist er gegangen.«

»Das war alles?«

»Das war alles.«

Ich schaute ihm scharf in die Augen. »Hat Lemberger von seinem Plan gesprochen, in den Unterbau der Hochstraße zu klettern, um dort die Messungen direkt vor Ort durchzuführen?«

»Nein«, kam es wie aus der Pistole geschossen. »Davon wusste ich nichts. Keine halbe Stunde nach seinem Besuch bei mir war dort drüben alles voll mit Polizei. Über einen Bekannten, der bei der Polizei arbeitet, habe ich erfahren, dass Herr Lemberger vorläufig festgenommen wurde. Dieter Jung war allerdings nicht dabei.«

»Sie wissen nicht zufällig, woher die Polizei den Tipp bekam?«

Paul Platz ließ sich nichts anmerken. Entweder war er an der Festnahme Lembergers wirklich unschuldig oder ein guter Schauspieler.

»Keine Ahnung. Ich kann sonst nichts zur Sache sagen.«

Lara Deuerling hatte einen Einwand. »Was ist mit den Fledermäusen, Paul? Vor ein paar Minuten hast du doch mit jemandem deswegen telefoniert?«

Irritiert fragte ich in die Runde: »Fledermäuse? Was hat das jetzt mit den Schadstoffmessungen zu tun?«

»Nicht das geringste, Herr Palzki«, erklärte Platz. »Bei der Festnahme von Herrn Lemberger ist aufgefallen, dass im Unterbau der Hochstraße eine Kolonie Fledermäuse lebt, von der man bisher nichts wusste. Um herauszufinden, was Herr Lemberger in den Hohlräumen wollte, müsste das Innere des Bauwerks durchsucht werden. Wegen der Fledermäuse wird das nun nicht so einfach werden. Aufgrund der Fledermauskolonie gibt es jetzt ein weiteres Problem.«

Da ich nichts sagte, fuhr er fort.

»Die Statik von Teilen der Hochstraße Nord soll in den nächsten Tagen durch mehrere Bauwerkstechniker untersucht werden. Turnusmäßig wird das alle paar Jahre gemacht, doch dieses Mal wollen die Ingenieure bis in die letzte Kammer kriechen, um ja nichts zu übersehen. Die nördliche Tangente muss wegen des Abrisses der Pilzhochstraße schließlich noch ein paar Jahre halten, bis dahin aber dem kompletten Verkehr standhalten.«

»Und wo liegt das Problem?«

»Die Fledermäuse, Herr Palzki, die Fledermäuse.« Platz war sichtlich froh, von Lemberger ablenken zu können. »Üblicherweise darf solch eine Kolonie, zumal es sich um eine seltene Art handelt, um diese Jahreszeit nicht gestört werden. Wie ich aus vertraulicher Quelle hörte, muss aus Sicherheitsgründen dennoch die Statik überprüft werden. Und dazu muss man eben in das Innere des Bauwerks hinein. Wenn das die Tierschützer rauskriegen, wird es problematisch. Sie wissen bestimmt, welches Drama es Ende letzten Jahres wegen ein paar Platanen zwischen Berliner Platz und Moschhochhaus gab, die gefällt werden mussten.«

Ich wunderte mich über seine plötzliche Gesprächigkeit. »Das ist doch prima für die Kreisverwaltung«, sagte ich. »Wenn die Hochstraße noch eine Weile erhalten bleibt, müssen Sie Ihr Domizil nicht kurzfristig verlegen, sondern können sich mit dem Umzug Zeit lassen.«

»Na ja, je nachdem, wie man das sieht, haben Sie schon recht, Herr Palzki.«

Ich hatte genug erfahren und kündigte meinen Teilrückzug an. »Das war alles, was ich wissen wollte. Vielen Dank für Ihre Mithilfe. Ich bin schon wieder verschwunden.«

Seine Erleichterung blieb mir nicht verborgen. Ich verzichtete auf den Aufzug und nahm das Treppenhaus bis ganz nach unten. Wie zu erwarten, begegnete ich im zweiten Untergeschoss keiner Menschenseele. Die Möbel, die hier lagerten, waren keinen Deut besser oder schlechter als die, die im Büro von Platz und Deuerling standen. Zu gern würde ich das Büro des Landrats sehen. Wahrscheinlich war es wie bei uns: Die Untergebenen mussten mit einfachsten und uralten Hilfsmitteln ihre tägliche Arbeit verrichten, während KPD nur die exklusivsten Möbelstücke in seinem Büro duldete, selbstverständlich alles als Einzelstück in Handarbeit gefertigt.

Mein Spürsinn für Verstecke war legendär. Ich sah sofort, wenn man in einem Raum bewusst etwas zu verheimlichen versuchte. Zunächst durchsuchte ich erfolglos einige kleinere Lagerräume, die mit leeren Aktenordnern, elektrischen Schreibmaschinen und weiteren Büroutensilien vollgestopft waren. Verwundert stellte ich fest, dass es eine Kammer gab, in der ausschließlich alte Kalender in jeglicher Größe gelagert wurden. Warum warf das Zeug niemand weg? War der Hausmeister ein Messie? Dem Aktenarchiv widmete ich nur ein paar Blicke. In diesem Raum würden sicherlich öfter

Beamte nach irgendwelchen Akten suchen. Wahllos griff ich einen staubigen Ordner aus dem Regal und las die Überschrift: »Protokolle Kreistagssitzungen 1970/71«. Nach einem Hustenanfall stellte ich den Ordner zurück. Dieses Archiv wäre das reinste Eldorado für meinen Jungkollegen Jürgen. Für meine Suche war es untauglich.

Der nächste Raum war groß wie ein Tanzsaal und mit weiterem Gerümpel gefüllt. Ich schaltete die Deckenbeleuchtung ein und ließ die Atmosphäre des Raums auf mich wirken. Fast überall war es so, wie es sein sollte: Wahllos und fast ohne System hineingestopfter Sperrmüll, von dem man vermeintlich davon ausging, ihn irgendwann einmal gebrauchen zu können. Nur eine Ecke, die zudem schlecht beleuchtet war, passte nicht zu dem Rest. Sie war viel aufgeräumter, und zudem stand das Zeug wesentlich dichter gestapelt. Ein Teil davon wirkte wie eine künstliche Wand. Lächelnd ging ich zu dem potemkinschen Gebilde und untersuchte es im Detail. Geschickt gemacht, dachte ich, nachdem ich das Prinzip verstanden hatte. Mit nur einem Handgriff konnte ich einen Schreibtisch, der die Hauptlast des Gerümpels trug, diagonal zur Seite ziehen. Mit dieser Aktion wurde ein kleiner Pfad zwischen großformatigen Aktenschränken, Flipcharts und Tischen freigegeben. Nun konnte ich mit wenigen Schritten bis zur rückwärtigen Wand gelangen, vor der eine ausrangierte Schultafel stand. Es war nicht ganz einfach, den Trick herauszufinden, um Platz für ein seitliches Verschieben der Tafel zu finden. Da mir mein Sohn Paul vor Jahren das Tetrisspielen beigebracht hatte, konnte ich auch dieses Problem meistern. Ich stand vor einer bis eben verborgenen Tür und hoffte, das Ziel erreicht zu haben. Der Schließzylinder des Schlosses entsprach der höchsten Sicherheitsstufe und war gegen Schlagpicking, Picking sowie gegen Aufbohren und Herausziehen immun. Mein Openall-System konnte mit wenigen Handgriffen auch diesen Zylinder mit den sieben gefederten Codierstiften knacken. Fast jede Polizeidienststelle sowie Feuerwehren und Rettungskräfte verfügten über ein Openall, das es nicht im freien Handel gab.

Die Tür sprang auf, und im gleichen Moment wackelte vor mir die Betonwand. Ein dumpfer Rums nebst nachhallendem Grummeln folgte. Danach herrschte eine seltsame Stille. Ich stand zu Tode erschrocken vor der leicht geöffneten Tür. War das ein Erdbeben oder erwartete mich im nächsten Raum ein todbringendes Monster? Da ich als realistisch denkender Mensch weder an Harry Potter und schon gar nicht an Stephen Kings Horrorgeschichten glaubte, wartete ich nur einen Moment ab, bis sich mein Puls wieder im normalen Rahmen bewegte.

Ich öffnete die Tür vollends und ertastete einen Lichtschalter. Volltreffer, dachte ich und fühlte mich mit einem Schlag erleichtert. Bereits bei meinem gestrigen Besuch im Kreishaus hatte ich einen ersten vagen Verdacht, der sich nun bestätigte. Der Raum war mit rund einem Dutzend Schwerlastregalen bestückt. Darauf standen, sorgfältig in Tücher verpackt, gerahmte Gemälde und Zeichnungen in den unterschiedlichsten Größen. Willkürlich zog ich mehrere von den Regalen und sichtete sie. Weder die Bilder noch die Signaturen sagten mir irgendetwas. Dass sie wertvoll waren, stand für mich außer Frage. Eine direkte Verbindung mit den Bildern in dem geheimen Raum im Straßenbahntunnel konnte ich zwar nicht herstellen, doch es lag auf der Hand, dass sie zur gleichen Sammlung gehörten. Schön wäre es gewesen, wenn irgendwo ein Inventarverzeichnis herumliegen würde, doch so einfach machte es mir der Sammler nicht. Ich nahm weitere Bilder von den Regalen in der

Hoffnung, Werke von Marina Popovic zu erkennen, doch das Glück war mir nicht hold. Schließlich gab ich auf und verließ den Raum in dem Zustand, in dem ich ihn angetroffen hatte. Um die Entdeckung zu verschleiern, rückte ich die Tafel und den Schreibtisch an den ursprünglichen Platz.

Zufrieden ging ich nach oben zum Ausgang des Kreishauses.

KAPITEL 12

DIE TOTEN BRÜCKEN VON

LUDWIGSHAFEN

»Ich darf Sie jetztert net nauslosse«, brüllte mich der Azubi an.

Verdutzt sah ich ihn an. Hatte man mich beobachtet? Gab es im Keller eine Videoüberwachungsanlage? Mir fiel die Aktion von Platz und Deuerling ein, die in den Büros Kabel verlegt hatten. »Und warum nicht?«, fragte ich vorsichtig. Vor dem Empfang standen etliche Bürger herum und diskutierten.

»Weil des im Moment zu gefährlich is«, erklärte er mir. »Die ganze Innestadt wird grad evakuiert. Hänn Sie dess net mitkriegt?«

Ich schüttelte den Kopf.

»Des hot doch vorhin geknallt wie verrickt, dess missen Sie doch ghert hawwe.«

Der Knall im Keller und die vibrierende Wand, dachte ich. Also doch ein Erdbeben.

»Ein Erdbeben?«

»Ach was«, erwiderte der Azubi. »Do is ä Bomb hochgange. Sogar ä paar Bombe uf ämol.«

Da ich wusste, dass die Innenstädte von Ludwigshafen und Mannheim im Zweiten Weltkrieg durch intensiven Bombenabwurf fast komplett zerstört wurden und noch zahlreiche Blindgänger im Erdreich lagen, die regelmäßig bei Erdarbeiten gefunden wurden, dachte ich natürlich an ein Kriegsrelikt, das bei Bauarbeiten in die Luft geflogen war. Doch ich täuschte mich.

»Ich hab grad iwwer mein Freund, der ä Praktikum bei de Feierwehr macht, erfahre, dass die komplett Vorlandbrick in die Luft gfloge iss. Dort drunne is grad voll die Äktschn.«

Wenn ich mit vielem gerechnet hatte, doch damit nicht. Ich ging zur Drehtür, doch sie war verschlossen.

»Ich darf kenner nauslosse, nur nei«, rief mir der Azubi zu. »Sunscht kriech ich Ärger mit de Bulle.«

Ungeduldig ging ich zur Theke und zeigte meinen Dienstausweis. »Ich bin die Polizei, und nun lassen Sie mich unverzüglich raus.«

Eingeschüchtert drückte er auf einen Taster. Dann fiel mir etwas ein.

»Lassen Sie mich bitte mal kurz telefonieren.« Ohne Zögern legte er mir ein Telefon auf die Theke. Bis ich mein Handy aus der Jackentasche geholt und eingeschaltet hätte, würde ich jede Menge Zeit verlieren. Ich musste schnellstmöglich in Richtung Vorlandbrücke, doch das Telefonat war noch wichtiger. Zum Glück hatte ich sofort Jürgen in der Leitung. Meine Befürchtung, dass er bei KPD sitzen würde, hätte zu unnötig langen Diskussionen geführt.

»Jürgen, lass bitte alles stehen und liegen. Ich brauche ganz schnell ein paar Infos von dir.«

»Hallo, Reiner«, begrüßte mich mein Kollege. »Ich wusste gar nicht, dass du telefonieren kannst. Warum rufst du von der Kreisverwaltung an, ich sehe die Nummer im Display. Hast du schon mitgekriegt, dass in Ludwigshafen die Zufahrtsbrücke zur Konrad-Adenauer-Brücke in die Luft geflogen ist?«

Ich erklärte Jürgen im Schnelldurchgang, dass mir diese Information bekannt war und ich den Knall gehört hatte. Hals über Kopf gab ich ihm meinen Auftrag durch und sagte zum Schluss, dass ich nachher, sobald ich wieder in Schifferstadt wäre, die Ergebnisse benötigte. Danach gab ich dem Azubi das Telefon zurück. »Und jetzt lassen Sie mich bitte raus.«

So menschenleer wie ich mir eine evakuierte Innenstadt vorstellte, war es zunächst nicht. Vereinzelt fuhren sogar PKWs auf der Straße. In der Bismarckstraße, die als Fußgängerzone zwischen Rathauscenter und dem Berliner Platz angelegt war, sah es anders aus. Polizeiabsperrungen, wohin das Auge reichte, und ein steter, mir entgegenkommender Strom an Menschen, die aus der Innenstadt vertrieben wurden.

Da die Beamten an den Absperrungen alles andere als unterbeschäftigt waren, benötigte ich zum Weiterkommen keine langen Diskussionen, sondern lediglich meinen Dienstausweis. Der Berliner Platz lag unter einer milchigen Staubglocke. Die rundgezogene Vorderfront des Faktorhauses am Rande des Platzes schien von meiner Perspektive aus unbeschädigt zu sein. Die Rückseite des Gebäudes, das den Grundriss eines Kreissegmentes hatte, war direkt an die Vorlandbrücke gebaut. Ich ging an der hässlichen Baugrube am Berliner Platz vorbei, die mehr oder weniger symbolisch für die vor drei oder vier Jahren abgerissene Tortenschachtel, ein kreisrundes Kaufhaus, stand. Der Dauerzwist zwischen den wechselnden Investoren, der Stadt und diversen Initiativen war legendär. Inzwischen schien etwas Bewegung in die Sache gekommen zu sein: Neben der Baugrube standen mehrere neu aufgestellte Container einer Baufirma, unmittelbar dahinter parkte ein Radlader.

Nachdem ich mich an einer Vielzahl von Einsatzfahrzeugen aller Art in Richtung Durchgang zum S-Bahnhof Mitte vorbeigekämpft hatte, erkannte ich das ganze Ausmaß. Der Durchgang war nur noch ein Schuttberg. Es sah aus wie im Krieg: Von allen Seiten waren Wasserfontänen auf die Ruine der Vorlandbrücke gerichtet, um die Staubentwicklung und mehrere Brände einzudämmen. Das komplette Bauwerk zwischen den Resten der Pilzhochstraße und der Rheinbrücke lag darnieder. Die Konrad-Adenauer-Brücke konnte von der linken Rheinseite aus nicht mehr betreten werden.

Eine Hand legte sich auf meine Schulter. »Hallo, Herr Palzki«, sagte ein müder Yann Fürst. »Damit hat wohl niemand gerechnet.«

Ich schüttelte erschüttert den Kopf. »Ob das Ihr Kollege Zuse gewusst hatte?«

»Wahrscheinlich nicht«, antwortete Fürst. »Jedenfalls konnten wir dazu keinen Anhaltspunkt finden. Und so etwas hätte er uns bestimmt gesagt. Ich weiß nicht, wie es weitergehen soll. Markus wird übrigens zurzeit aus der Haft entlassen. Der Richter konnte keinen Haftgrund erkennen.«

»Es gibt auch keinen«, sagte ich tröstend, obwohl ich mir nicht sicher war.

»Markus und ich werden morgen zur Polizei gehen und alles aufklären. Jedenfalls das, was wir wissen. Viel ist es ja nicht.« Er schaute trübselig in Richtung Ruine. »Ein Trost ist es, dass wenigstens in der Vorlandbrücke kein Giftmüll gelagert ist. Dieser Teil des Hochstraßenensembles wurde nämlich erst vor wenigen Jahren neu gebaut.«

»Und jetzt ist sie wieder kaputt«, stellte ich fest.

»Wenn das alles wäre«, sagte Yann Fürst seufzend. »Die Walzmühle nebst unseren Firmenräumen wurde genauso geräumt wie das komplette Faktorhaus. Solange die Statiker kein grünes Licht bei den Gebäuden geben, werden sie wohl leer stehen. Wahrscheinlich wird das Wochen oder gar Monate dauern.« Fürst machte eine Gedankenpause. »Es steht zwar noch nicht fest, aber mit hoher Wahrscheinlichkeit müssen der S-Bahnhof Mitte und die nach Mannheim führende Gleisanlage stillgelegt werden. Sie wissen, dass dies die einzige Gleisüberquerung des Rheins in weitem Umkreis ist. Der bundeslandübergreifende Bahnverkehr ist seit heute in der Metropolregion komplett lahmgelegt. Nicht nur die S-Bahnen, auch der überregionale Verkehr und selbst die ICs kommen nicht mehr nach Mannheim rüber.«

»Und erst der Autoverkehr«, ergänzte ich. »Alles muss über die Kurt-Schumacher-Brücke. Wehe, wenn die Hochstraße Nord schlappmacht.«

»Das wäre das Ende der Metropolregion«, meinte Fürst deprimiert. »Ich bin mir sicher, dass nun alle anderen laufenden Bauprojekte verschoben werden und der Neubau der Vorlandbrücke mit oberster Priorität betrieben wird. Hoffentlich kann man die vorhandenen Baupläne der Brücke 1:1 für den Neubau übernehmen, um keine Zeit zu verlieren.«

»Zunächst muss erst mal der ganze Schutt weg«, sagte ich. »Und dann heißt es hoffen, dass das Faktorhaus, die Walzmühle und der Bahnhof nichts abgekriegt haben.«

Ich schaute Yann Fürst genauer an und erschrak. »Was ist denn mit Ihnen los?« Erst jetzt registrierte ich, dass sich der Dreck in der Luft nicht nur in Fürsts Gesicht, Haaren und Kleidung festgesetzt hatte, sondern auch bei mir. Schütteln half nichts, der fetthaltige Schmutz hatte sich hartnäckig bis in die letzten Ritzen gesetzt. Wir sahen aus, als hätten wir ohne Schutzanzug einen Tag lang als Gipser auf dem Bau gearbeitet.

»Ich fahre heim«, verabschiedete ich mich von Fürst.

»Machen Sie besser das Gleiche.«

»Sobald ich mit Dieter Jung gesprochen habe«, sagte er zum Abschied.

Ich benötigte einen Moment, um den Namen zuordnen zu können. »Ist Jung ein Bekannter von Herrn Lemberger?«, fragte ich, obwohl mir dies bereits Paul Platz sagte.

Fürst nickte. »Die kennen sich schon ewig, sind früher durch dick und dünn gegangen. Ich könnte Ihnen Geschichten erzählen ...« Er brach mitten im Satz ab. »Dieter Jung sitzt da vorne in der Touristinfo.« Er zeigte auf den Eingang keine 50 Meter von uns entfernt. »Im Moment steht sein Telefon nicht still, das können Sie sich wohl denken. Seit vorhin ist zur Unterstützung Michael Hwasta bei ihm. Hwasta ist ein guter Freund von Jung und kann ihn in technischen Fragen unterstützen.«

Ich wurde hellhörig. »Habe ich Sie richtig verstanden? Herr Lemberger ist ein Jugendfreund von Dieter Jung und dieser wiederum ein guter Freund des technischen Leiters der Friedrich-Ebert-Halle?«

»So ist es, Herr Palzki. Hat das für Sie eine Bedeutung?«

Ich hatte keine Ahnung, ob mir diese Feststellung helfen könnte, daher schüttelte ich den Kopf und verabschiedete mich.

Die Beamten an den Absperrstellen zeigten allesamt eine bemitleidenswerte Mimik, als sie mich sahen. »Das kriegen Sie nie mehr aus den Klamotten raus«, meinte einer.

Da ich so nicht in das Auto steigen wollte, ging ich zur Kreisverwaltung. Das Foyer war inzwischen gut gefüllt. Viele Bürger warteten hier auf Informationen aus erster Hand.

»Eine Rolle Altglassäcke, bitte«, sagte ich zu dem Azubi, der mich entgeistert anschaute.

»Sinn Sie im Schutt rumgeloffe?«, fragte er. »Den Dreck kriegt ihr Fraa bestimmt nimme aus Ihre Sache raus.«

»Ich weiß, kann ich bitte eine Rolle Altglassäcke haben?«

»Die sinn im Moment aus«, antwortete er.

»Altpapiersäcke?«, tastete ich mich vor.

»Die hänn mer noch. Die gelte awer nur im Rhein-Pfalz-Kreis.« Ich nickte, und er griff unter die Theke und zog eine Rolle mit weißen Plastiksäcken hervor. »Uff dem Zettel do missen Sie unnerschreiwe.« Während ich unterschrieb, meinte er: »Sinn Sie froh, dass Sie net in Ludwigshafe wohne. Um do an die Säck zu kumme, missen Sie ä Cupon abgewwe, die am Abfallkalenner drahänge, der jedes Johr verdeelt werd. Des Johr hot des awer net so geklappt mit dem Verdeele.«

Ich schnappte die Rolle und verabschiedete mich mit einem Nicken. Der Summer ertönte, und ich konnte die Tür nach draußen öffnen.

Auf der Rolle waren mehr Säcke aufgewickelt, als ich benötigte, um den Fahrersitz und den Fußraum auszulegen. Die Zweckentfremdung der Säcke war zwar nicht erlaubt, aber halbwegs funktional. Wegen der weiträumigen Sperrung der Innenstadt geriet ich wie befürchtet in ein Verkehrschaos maximalen Ausmaßes. Hinter mir, vor mir, neben mir, fast alle Autofahrer hatten den sprichwörtlichen Schaum vor dem Mund. Ich hingegen nutzte die Zeit, die aktuelle Lage zu überdenken.

Kein Stau dauerte ewig, irgendwann kam ich zu Hause an. Meine Frau brauchte nicht zu fragen, wo ich herkam, sie sah es sofort.

»Um Himmels willen, hoffentlich bist du nicht verletzt«, rief sie. »Ich meine verletzter, als du sowieso schon bist.«

»Keine Panik«, beruhigte ich sie. »Ich war zum Zeitpunkt

der Explosion ein gutes Stück entfernt. Der Staub ist irgendwie von alleine runtergekommen.«

»Ich hab's gerade im Fernsehen gesehen«, sagte meine Frau. »Den Knall hat man bis Schifferstadt gehört. Zieh deine Kleider gleich im Flur aus, den Dreck werde ich bestimmt nicht mehr rausbekommen.« Sie sah mich an und riskierte sogar einen Scherz. »Vielleicht solltest du zum Haare waschen Salzsäure nehmen.«

»Dann leidet mein jugendliches Vollhaar«, konterte ich grinsend und ging nackt an ihr vorbei ins Bad.

»Weißt du Näheres?«, fragte sie mich, als ich einigermaßen sauber aus der Dusche kam. »Im Fernsehen treten wie immer bei Sondersendungen wegen einer Katastrophe nur sogenannte selbst ernannte Experten auf, die es fertigbringen, eine Viertelstunde lang inhaltlich nichts zu sagen und dabei klug zu wirken.«

»Tut mir leid, Stefanie«, sagte ich müde. »Ich kann nur mutmaßen, dass es etwas mit den Mordfällen zu tun hat. Ein Randthema habe ich heute lösen können, aber die ganze Wahrheit kenne ich noch nicht. Vermutlich ist es wie so oft, dass mehrere Sachen parallel laufen. Ich fahre jetzt zur Dienststelle, obwohl ich denke, dass heute nichts mehr bei rauskommt.«

Im Waldspitzweg angekommen, schlich ich mich in mein Büro. Jürgen war so nett gewesen, das Ergebnis meines Blitzauftrages auf den Tisch zu legen. Mit einem Lächeln nahm ich die Bestätigung meiner Vermutung zur Kenntnis.

Während ich ohne Systematik und mit wenig Lust in den von Jürgen erstellten Exposés blätterte, schweiften meine Gedanken in Richtung gesprengter Vorlandbrücke ab. Wer solch ein großes Wagnis auf sich nahm, musste mehr als einen gewichtigen Grund haben. Außerdem war es für einen Normalsterblichen gewiss nicht leicht, an die benötigte Menge Sprengstoff zu kommen. Auf jeden Fall musste viel Geld im Spiel sein, denn zumindest bei dem Toten auf dem Gelände der Getränkehandlung Bruch handelte es sich aufgrund der Konstellation um Auftragsmord. Plötzlich und ohne Vorwarnung knallte mir die Lösung in den Schädel. Ich Idiot, warum war ich da nicht früher draufgekommen? Der Fall war so offensichtlich, dass es fast schon wehtat. Hätte ich nur ein wenig früher die Zusammenhänge kapiert, wäre die Sprengung der Vorlandbrücke zu verhindern gewesen. Ich suchte die entsprechenden Anmerkungen in den Exposés.

KAPITEL 13

IM BANNE DES UNHEIMLICHEN

»Ach, da sind Sie also, Palzki.«

Da ich vollkommen in Gedanken war, erschrak ich teuflisch. KPD kam mit Jürgen zur Tür herein.

»Ich hatte bis eben den Verdacht, dass Sie für das Desaster mit der Brücke in Ludwigshafen verantwortlich sind. Aber Sie haben offensichtlich auf mich gehört, die Ermittlungen eingestellt und sind in Ihrem Büro geblieben. Das ist sehr lobenswert, Palzki.« Dann verfinsterte sich seine Mimik. »Herr Palzki, mein Dienstwagen steht immer noch nicht auf meinem Privatparkplatz. Bitte sorgen Sie dafür, dass er noch heute nach Schifferstadt gebracht wird. Aber ohne Kratzer oder fettigen Fingerabdrücken auf den Armaturen.«

Nun war mal wieder meine Spontanität gefragt. Ohne genauer über die Folgen nachzudenken, plapperte ich los: »Was machen eigentlich die Vorbereitungen für Ihren großen Tag, Chef? Rennt Ihnen da nicht ein wenig die Zeit weg? Ich kann durchaus verstehen, wenn Sie langsam nervös werden, Herr Diefenbach. Der gute Ruf des Turmrestaurants ist auch noch nicht wiederhergestellt, außerdem steht Ihr Jubiläum unter einem denkbar schlechten Stern.«

»Schlechten Stern?« KPD schaute mich mit debilem Gesichtsausdruck an. »Wie meinen Sie das?«

»Sie müssen in den nächsten Tagen die Einladungskarten verschicken und wissen nicht einmal, ob Ihr großes Fest im Turmrestaurant stattfinden kann. Und jetzt muss auch noch diese blöde Explosion in Ludwigshafen hinzukommen und diese nervigen Morde. Ich kann mir vorstellen, dass in diesen schwierigen Zeiten nicht allen Prominenten zum Feiern zumute ist. Wahrscheinlich werden einige Ihrer VIPs, die auf der Gästeliste stehen, absagen.«

KPD stotterte vor sich hin und suchte nach Worten. Bevor er seine Gedanken sortieren konnte, präsentierte ich ihm die Lösung: »Ich kann das Renommee von Herrn Elert und seinem Restaurant wiederherstellen. Ferner kenne ich den Namen des Mörders und weiß, wer die Vorlandbrücke gesprengt hat.«

Der Unterkiefer meines Chefs klappte mehrfach nach unten, bevor er antwortete. »Dann haben Sie Beweise gefunden, dass Anatol mit der Sache nichts zu tun hat? Der Täter hat unser Restaurant nur zufällig ausgewählt?«

Ich nickte kurz.

»Das ist prima. Ich werde noch heute die Einladungskarten in die Druckerei geben und Anatol wegen der Speisefolge kontaktieren.«

Typisch KPD, dachte ich. Immer zuerst an sich denken. »Haben Sie da nicht etwas vergessen?«, fragte ich meinen Chef. »Vielleicht Ihren Serientäter?«

»Ja ja, ganz recht«, stimmte er mir zu. »Sie wissen wirklich, wer der Mörder ist? Ich habe Sie doch aus den Ermittlungen herausgenommen.«

»Aktenstudium«, antwortete ich lapidar und zeigte auf den von Jürgen produzierten Papierstapel.

»Und da steht drin, wer der Täter ist?«

»Indirekt«, bestätigte ich KPD. »Man muss natürlich wissen, wonach man sucht. Da ich von Ihnen gelernt habe, dass man jederzeit Augen und Ohren aufhalten muss, habe ich nach der Diefenbachmethode kombiniert und bin auf ein eindeutiges Ergebnis gekommen. Unser Mörder hat sich mehr oder weniger durch seine eigene Dummheit verraten.«

»Dann sagen Sie schon, wer ist es? Ich werde sofort veranlassen, dass er festgenommen wird.«

»Vielleicht ist es ja auch eine sie?«, ärgerte ich ihn.

»Das ist mir doch egal. Raus mit der Sprache, Palzki.«

»Leider ist es nicht so einfach, Herr Diefenbach. Ich habe jede Menge Indizien, aber keinen eindeutigen Beweis. Wir müssen dem Täter oder der Täterin eine Falle stellen.«

KPD kratzte sich nervös am Kinn. »Und Sie glauben, dass das klappt?«

»Haben wir das nicht schon öfters gemacht? Wie oft konnten Sie bei einer Gegenüberstellung als guter Dienststellenleiter den Täter überführen? Morgen wird ganz Deutschland, ach was, die ganze Welt von Ihnen als den guten Chef sprechen, der einen brutalen Serientäter überführt und die Sprengung der Brücke in Ludwigshafen aufgeklärt hat. Die Presse wird sich prügeln, um ein Interview mit Ihnen zu bekommen.«

KPD, naiv und blauäugig, wie er in dieser Hinsicht war, konnte man nicht genug Honig ums Maul schmieren. Sein eh schon geringer Verstand setzte dann völlig aus. »Meinen Sie, Herr Palzki, dass ich dann auch ein paar wichtige Bundesminister zu meiner Feier einladen kann? Zu der Bundesregierung fehlt mir noch ein direkter Zugang.«

»Aber 100 Prozent«, bestätigte ich ihn. »Lassen Sie mich nur machen. Vielleicht kommt sogar die Bundeskanzlerin oder der Papst?«

KPD zögerte. »Und was ist meine Aufgabe? Ich brauche doch Informationen, wie soll ich sonst als guter Chef agieren?«

»Improvisieren Sie wie immer, Herr Diefenbach. Das können Sie gut und ist am unverfänglichsten. Vergessen Sie aber nicht die Handschellen. Ach ja, da wäre noch ein Punkt.«

KPD sah mich finster an.

»Um den Täter zum Treffpunkt zu locken, ist es unabdingbar, dafür Ihren Dienstwagen einzusetzen. Wenn es dumm läuft, könnte er bei der Aktion beschädigt werden.« Diese Lüge war mir gerade eben eingefallen.

»Wenn das alles ist«, winkte KPD aufatmend ab. »Ich dachte schon, es wäre etwas Wichtiges. Gerne opfere ich für diesen Event meinen Wagen. Ich habe sowieso schon überlegt, mir das neuere Modell mit stufenlos dimmbarer Handbremskontrollleuchte zu bestellen. Ich als guter Chef kann ja schlecht mit einem Uraltmodell herumfahren. Machen Sie mit meinem Dienstwagen, was Sie wollen.«

Wieder ein Problem weniger, dachte ich. »Wir müssen jetzt alle Beteiligten dazu bringen, morgen Abend ins Turmrestaurant zu kommen.«

»Warum denn?«, fragte KPD.

»Weil mindestens einer davon unser Täter ist«, antwortete ich. »Oder Täterin«, fügte ich hinzu. »Es wäre gut, wenn Sie Ihre Ludwigshafener Geheimrunde übernehmen können, Herr Diefenbach. Also Clemens Körner, seine Mitarbeiter Paul Platz und Lara Deuerling sowie Jutta Steinruck. Ach ja, wenn Sie bei Herrn Elert den großen Saal reservieren könnten, sagen wir mal so gegen 18 Uhr?«

KPD nickte. »Essen wir morgen à la carte?«

»Essen?«, hakte ich nach. »Was meinen Sie damit?«

»Ich muss doch Anatol sagen, was wir speisen wollen. Für wie viele Personen soll ich reservieren lassen?«

Jetzt erst verstand ich. »Herr Diefenbach, Sie werden

morgen Abend einen gemeingefährlichen Mörder festnehmen. Da brauchen wir nichts zu essen. Von mir aus können Sie zu Beginn einen Sekt zum allgemeinen Locker-
werden ausschenken lassen, aber bitte kein allzu trockenes
Zeug, weil ich davon immer mörderisches Sodbrennen
bekomme.«

»Gut, dass wir darüber gesprochen haben, Herr Palzki.
Selbstverständlich kommt zu diesem Anlass nur Champagner infrage, die Festnahme durch mich soll schließlich
allen Zeugen in guter Erinnerung bleiben. Ich werde zwei
Stunden vorher zu Anatol fahren, dann kann ich mit ihm
Details meiner Feier besprechen und muss nicht hungrig
unseren Mörder festnehmen.«

»Oder Mörderin«, ergänzte ich.

KPD fiel etwas ein. »Haben Sie sich inzwischen bei Herrn
Becker gemeldet? Der wartet immer noch auf Informationen von Ihnen.«

»Den hätte ich beinahe vergessen. Laden Sie ihn ebenfalls für morgen Abend ein. Wenn die Einladung exklusiv
von Ihnen kommt, wirkt es neutraler und interessanter. Er
soll auch seine Hilfssheriffs mitbringen. Nach dem Abend
kann er von mir aus einen seiner furchtbaren Regionalkrimis schreiben.«

Da ihm mehrere Fragezeichen im Gesicht standen,
ergänzte ich: »Herr Becker weiß schon, wen ich mit Hilfssheriffs meine.«

KPD überlegte. »Vielleicht sollte ich mich doch noch einmal mit Herrn Becker zusammensetzen und sein Krimikon-
zept überarbeiten. Jetzt, wo ich den Täter überführen werde,
denke ich, dass man aus dem Hochstraßendilemma durchaus eine gelungene Kriminalgeschichte konstruieren kann.
Natürlich nur mit mir als guten Dienststellenleiter und Pro-

tagonist. Am besten, ich verschicke die Einladung für den morgigen Abend auch gleich an meinen Presseverteiler.«

»Nein, nein«, unterbrach ich hastig. »Das muss alles streng geheim bleiben, sonst riecht der Täter vorher Lunte.«

»Sprachen Sie nicht von einer Täterin?«

»Männlich oder weiblich, das erfahren wir morgen, Herr Diefenbach. Aber bitte keine Presse oder sonstiges Personal einweihen.«

Nachdem KPD und Jürgen verschwunden waren, lehnte ich mich auf meinem Bürostuhl zurück und versuchte zu entspannen. Dass das Finale so schnell Fahrt aufnehmen würde, hätte ich vor zehn Minuten noch nicht gedacht. Doch die Gelegenheit mit KPD war günstig und entwickelte schnell eine Eigendynamik. Ich hatte mit meiner spontanen Idee fast alles richtig gemacht. Wichtig war nun vor allem, dass der oder die Täter in das Turmrestaurant kamen. Alles andere würde wie von selbst laufen. Ich suchte die Visitenkarte, die mir Markus Lemberger bei unserem ersten Treffen gab, und wählte seine Mobilnummer.

»Lemberger«, meldete er sich.

»Palzki hier. Sind Sie wieder draußen?«

»Na klar. Was will man mir auch schon vorwerfen. Ich sitze mit Yann in einem Café, weil wir nicht mehr in die Büroräume dürfen. In Ludwigshafen herrscht ein riesengroßes Chaos.«

»Freut mich, dass Sie nicht in U-Haft sind.«

Lemberger ging darauf nicht ein. »Ich weiß jetzt, wer es getan hat, Herr Palzki. Yann meint zwar, dass meine Beweiskette nicht völlig stringent ist, aber im Groben bin ich mir sicher.«

»Das können Sie mir alles morgen erzählen, Herr Lemberger. Ich möchte Sie und Herrn Fürst bitten, morgen gegen

18 Uhr im Turmrestaurant zu sein. Mein Chef wird dann den oder die Täter verhaften.«

»Herr Diefenbach wird Paul Platz festnehmen?«

»Platz? Wie kommen Sie auf den?«

»Weil nur er der Mörder sein kann, Herr Palzki. Nicht, dass ich ihn schon die ganze Zeit in Verdacht habe, aber …«

Ich unterbrach den Meisterdetektiv. »Alles klar, Herr Lemberger. Wir werden morgen weitersehen. Und bitte kein Wort zu niemand, auch nicht zu Herrn Platz, falls er Ihnen zufällig über den Weg laufen sollte. Vergessen Sie nicht, Herrn Fürst mitzubringen, es ist sehr wichtig. Morgen erfahren Sie, warum Ihr Kollege Bernhard Zuse sterben musste. Ich muss jetzt auflegen, weil ich noch viel vorzubereiten habe.«

Der letzte Satz war eine große Lüge, weil es nichts, aber auch gar nichts vorzubereiten gab. Ich musste mich morgen auf meine Intuition verlassen und hoffen, dass mir das Glück hold sein würde.

Zufrieden, aber in aufgewühltem Zustand fuhr ich nach Hause. Meiner Frau verriet ich lediglich, dass es morgen zu einem Treffen mit dem Landrat und der Oberbürgermeisterin im Turmrestaurant kommen würde und KPD meine Teilnahme angeordnet hatte.

»Um Himmels willen«, rief sie geschockt aus. »Du hast nichts Anständiges mehr in deinem Kleiderschrank hängen. Das wird oberpeinlich für dich, kannst du den Termin nicht verlegen? Warum musst du überhaupt teilnehmen?«

Stefanies Probleme müsste ich haben, dachte ich und setzte mich schweigend auf die Couch, während Stefanie wie wild sämtliche Kleiderschränke und die Waschküche nach halbwegs Brauchbarem absuchte.

Wegen des Abendtermins gönnte ich mir für den Vormittag des nächsten Tages eine Auszeit. Ich genoss ein längeres

Frühstück und las intensiv die Tageszeitung. Manche Artikel musste ich mehrfach beginnen, weil meine Gedanken abdrifteten. So sehr ich mich auch bemühte, eine Struktur oder einen Ablauf des Treffens zu planen, es gelang mir nicht. Es gab unendlich viele Unbekannte, die ich nicht beeinflussen konnte. Ich besaß lediglich eine Reihe von Indizien, mit denen ich versuchen konnte, den Täter zu provozieren.

Mit hohem Puls, dafür aber optimistisch, fuhr ich gegen 17.30 Uhr nach Ludwigshafen. Zu früh wollte ich nicht dort sein, damit mich KPD nicht mit blöden Fragen belästigte, auf die ich sowieso keine Antwort hatte.

Ich stieg auf dem Parkplatz zwischen Ebertpark und Friedrich-Ebert-Halle aus, zeitgleich hielt direkt ein Wagen neben mir, in dem ich bereits gesessen hatte. Während ich versuchte, die unaussprechliche Typenbezeichnung des Nissans zu lesen, begrüßte mich Doris Bruch.

»Hallo, Herr Palzki, wie geht es Ihnen? Alles wieder im Lot? Ich hoffe, Sie haben sich von dem Schock bei dem Vorfall auf unserem Betriebsgelände erholt?«

»Hallo«, begrüßte mich nun auch ihr Mann Jochen, der aus der Beifahrerseite ausstieg. »Doris ist heute mit dem Fahren dran, dann kann ich ausnahmsweise mal etwas trinken.« Er kam auf mich zu, und schon ging es los: »Zwei Männer unterhalten sich. Sagt der eine zum anderen: Deine Frau hat so einen merkwürdigen Akzent. Wo hat sie den her? Der andere antwortet: vom Glühweinstand.« Der Geschäftsführer lachte über seinen Witz, während ich versuchte, mich wegzudrehen. »Dietmar Becker hat uns gestern Abend angerufen und für heute herbestellt«, sagte Jochen Bruch. »Apropos, Herr Palzki, wie nennt man einen dicken Schriftsteller?« Sofort gab er selbst die Antwort: »Einen Kugelschreiber.«

Ich ließ die beiden stehen, doch da sie den gleichen Weg hatten, verfolgten sie mich.

»Übrigens, Herr Palzki: Wir wissen, wer für die Morde verantwortlich ist. Es ist der gleiche Täter, der die Brücke gesprengt hat.« Da ich nicht antwortete, weihte er mich in das Geheimnis ein. »Es können nur die beiden Lukom-Mitarbeiter sein. Die haben ihren Kollegen ermorden lassen, weil er zu viel wusste. Die Sprengung der Vorlandbrücke war nämlich von langer Hand geplant, das war eiskaltes Kalkül. Und das Motiv liegt auch auf der Hand. Wir haben nämlich herausgefunden, dass ...«

»Hallo, Herr Palzki«, rief vom Eingang des Turmrestaurants eine Person. Es war Gunter Engler, der nächste Privatdetektiv. Er kam auf uns zu, begrüßte kurz das Ehepaar Bruch, dann wandte er sich an mich: »Markus Lemberger hat mich angerufen und kurz darauf Dietmar Becker. Heute soll es zum Showdown kommen, haben beide gesagt, und ich wäre dazu herzlich eingeladen. Das lasse ich mir natürlich nicht entgehen, obwohl ich längst weiß, dass der Landrat Clemens Körner der Täter ist. Zumindest der Auftraggeber. Die Sache ist eindeutig, ich habe alles genauestens recherchiert. Auch für die Sprengung der Brücke ist er verantwortlich.«

Engler hielt mir die Tür zum Restaurant auf. Da ich nicht genau hinsah, rannte ich beinahe die Oberbürgermeisterin über den Haufen, die gerade von Anatol Elert und seiner Frau begrüßt wurde. Jutta Steinruck drehte sich zu mir und sah mir fest in die Augen: »Hoffentlich kann Ihr Chef sein Wort halten und den Täter entlarven. Eigentlich habe ich gar keine Zeit, um hier zu sein. Aber Herr Diefenbach meinte, es würde der Wahrheitsfindung dienen. Übrigens habe ich so eine dunkle Ahnung, wer der Täter sein könnte, aber ich möchte der Polizei nicht vorgreifen.«

»Herr Diefenbach ist bereits im großen Saal und wartet auf Sie«, sagte Frau Elert zur Oberbürgermeisterin, die mir daraufhin kurz zunickte und nach hinten zum Saal ging.

Ich konnte kaum Atem holen, da kamen bereits die nächsten Gäste: Lara Deuerling und Paul Platz. Überschwänglich, aber müde begrüßten sie mich. »Toll, dass Sie so schnell den Täter ausfindig machen konnten, Herr Palzki. Ja ja, wir beide wissen, dass Sie es waren und nicht Herr Diefenbach, Ihr Chef.« Platz trat näher an mich ran und flüsterte: »Außerdem weiß ich längst, wer der gesuchte Mörder ist.« Er schaute sich kurz um, ob uns jemand belauschte, dann flüsterte er weiter: »Es kann nur Dietmar Becker sein.«

»Becker?«, rief ich laut aus, weil ich mit allen möglichen Thesen gerechnet hatte, aber nicht mit dieser.

»Pst«, wisperte der Kulturermöglicher. »Es mag unwahrscheinlich klingen, doch es ist die einzige Möglichkeit. Glauben Sie mir, Herr Palzki. Ich habe sämtliche Krimis von Becker gelesen und weiß, wie der Autor tickt. Seine letzten Krimis haben sich nicht mehr so gut wie früher verkauft, daher ist er auf einen neuen Bestseller angewiesen. Das Manuskript hat er längst wie ein Drehbuch geschrieben. Dann bezahlte er einen Killer und ließ die Brücke sprengen. Bald wird sein neuer Krimi erscheinen. Niemand kommt auf die Idee, einen Kriminalromanschriftsteller zu verdächtigen, selbst wenn er nach der Tat in Form einer wahren Geschichte berichtet.« Platz rückte noch näher. »Dietmar Becker war bei mir. Mehrmals in den letzten Wochen, auch beim Landrat und bei Frau Steinruck. Der hat das alles ausbaldowert, ein Irrtum ist nicht möglich.«

Ich schnaufte durch. So viel Schwachsinn hatte ich selten gehört und wenn, dann nur von meinem Chef. »Wir werden das nachher aufklären«, sagte ich zu ihm und ließ die beiden stehen.

Ein ohrenbetäubender Lärm flutete das Restaurant. Durch die Fenster blitzte das blaue Licht eines Fahrzeugs mit Sondersignal. Das Fahrzeug musste auf die Terrasse hochgefahren sein und parkte direkt vor dem Eingang. Sekunden später verstummte das Signal, und kurz darauf stürmten Dr. Metzger und Günter Wallmen das Turmrestaurant.

»Kommen wir noch rechtzeitig?«, rief der Not-Notarzt Metzger in den Raum. »Palzki, haben Sie schon angefangen?« Dann entdeckte er mich und kam auf mich zu. »Günter und ich dachten, dass es besser sei, nach dem Rechten zu sehen, obwohl wir uns im Moment vor Arbeit nicht retten können. Spontan haben wir uns gestern entschieden, ab sofort Spezialisten für die Behandlung von Lungenkrankheiten zu sein. Sie wissen ja selbst, was da gerade los ist in Ludwigshafen.« Metzger schaute sich um. »Ist noch nichts passiert, oder? Wenn ich Ihnen einen Tipp geben darf, Palzki: Für das ganze Desaster ist der Landrat verantwortlich. Als wir vorgestern die Leiche im Straßenbahntunnel fanden, kam der Landrat bei uns am Arztmobil vorbei. So verdächtig, wie der uns aushorchte, kommt er allemal als Täter in Betracht.« Metzger bekam einen irren Blick. »Wann geht's los, Palzki? Rechnen Sie mit vielen Verletzten, wenn der Tumult losgeht?«

Ich ließ die beiden stehen. Eigentlich müsste ich in Erfahrung bringen, woher die Chaoten von dem Treffen wussten, doch ich verzichtete darauf. Ändern konnte ich es ja nicht mehr.

»Herr Palzki«, sprach mich plötzlich jemand von der Seite an. Es war der Landrat Clemens Körner. »Warum sind die beiden Pseudoärzte hier?« Er schüttelte sich. »Ich habe sie kennengelernt, als der Tote im Straßenbahntunnel gefunden wurde. Ich kam gerade aus meinem Büro, als der Polizeieinsatz begann. Dann bin ich, neugierig, wie ich manchmal bin, zum Tatort gelaufen. Den beiden traue ich echt alles zu. Ich kann nicht verstehen, dass es offensichtlich niemand schafft, das Treiben der beiden zu unterbinden. Das ist doch ungesetzlich, was die da schaffen!«

Ich verzichtete darauf, ihm zu sagen, dass er zumindest im Rhein-Pfalz-Kreis selbst der Verantwortliche ist, der solche Dinge zu unterbinden hatte.

Langsam füllte sich das Restaurant. Auf meinem Weg nach hinten in den Saal wurde ich weiterhin von allen möglichen Personen angesprochen.

»Ich weiß nicht, warum ich herkommen soll«, sprach mich Manfred Storck, der Presbyter der Friedenskirche an. »Ich habe doch mit der Sache überhaupt nichts zu tun. Mir ist zwar klar, dass dieser Engler meiner Meinung nach zumindest einer der Haupttäter ist, weil er …«

Von der anderen Seite haute mir Dietmar Becker auf das Schulterblatt. »So sieht man sich wieder, Herr Palzki«, grinste der Student. »In den letzten Tagen hatte ich den Eindruck, als würden Sie mir ständig aus dem Weg gehen. Aber egal, jetzt wird der Fall aufgeklärt. Ich habe inzwischen mit dem Schreiben des neuen Krimis begonnen. Wenn alles klappt, wird es mein bisher authentischstes Werk. Sogar der Täter steht schon fest.« Er trat näher an mich ran. »Es ist doch das Ehepaar Elert, oder? Nur die beiden konnten, ohne aufzufallen, die Morde und die Sprengung beauftragen. Das Motiv ist aber auch zu verzwickt. In meinem nächsten Krimi werde ich …«

»Machen Sie das, wie Sie wollen«, unterbrach ich Becker. »Ich muss noch etwas erledigen, bevor es losgeht.«

Weit kam ich nicht. Vom Nebeneingang kamen Markus Lemberger und Yann Fürst ins Restaurant. »Hoffentlich haben Sie recht, Herr Palzki«, begann Lemberger, »wenn Sie nachher Paul Platz festnehmen.«

»Wieso sollte ich den festnehmen?«, fragte ich.

Lemberger reagierte pikiert. »Aber das ist doch unser Mörder, oder? Sie haben doch selbst gesagt, dass …«

»Legen Sie mir nicht in den Mund, was ich nicht gesagt habe«, forderte ich ihn auf. »Nur Sie halten Platz für verdächtig. Warten Sie noch ein paar Minuten, dann sind wir schlauer.«

Anatol Elerts Frau drückte mir ein frisches Pils in die Hand. »Ich hoffe, Sie dürfen.«

»Aber klar doch«, antwortete ich und nahm sogleich einen tiefen Schluck. »Dopingmittel sind bei der Polizei erlaubt.«

»Mein Mann und ich denken, dass der Mörder der Presbyter der Friedenskirche ist«, sagte Frau Elert. »Anatol meinte, dass er schon in der Vergangenheit das eine oder andere Ding gedreht hat. Mit dem Motiv sind wir uns aber noch etwas unschlüssig.«

»Danke für den Hinweis, Frau Elert. Mal schauen, ob Sie und Ihr Mann richtigliegen.«

Inzwischen hatte ich die Vorhalle zum großen Saal erreicht. Ein fröhlich wirkender Steffen Boiselle kam mir entgegen und begrüßte mich schwärmerisch. »Im Turmrestaurant gefällt es mir immer wieder sehr gut. Wenn ich nur nicht so weit weg in Neustadt wohnen würde.« Er zeigte mit einer unauffälligen Geste in Richtung Jochen und Doris Bruch. »Ich bin zwar mit den beiden befreundet, doch mein sechster Sinn sagt mir, dass die beiden für dieses ganze Unglück verantwortlich sind. Vor zwei oder drei Tagen hat mich Jochen Bruch angerufen und ...«

»Da sind Sie ja endlich, Palzki!«, grölte KPD vom Innern des Saals nach draußen. »Ich dachte schon, Sie drücken sich vor diesem Termin.«

Ich glaubte, nicht richtig zu sehen. Neben ihm stand die leitende Beamtin aus Ludwigshafen.

»Herr Diefebach hot mir grad noch emol versichert, dass Sie zu keinem Zeitpunkt Ermittlunge zu denne Tote gführt hän, Herr Palzki. Dann sind Sie jetztert fer mich sowas wie rehabilitiert.« Sie lachte. »Ihr Chef meent, dass er die Gauner allä durch Aktestudium iwwerführe kann. Ich bin schun gspannt wie ä Flitzeboche, ob er dess a wirklich kann.«

Ein lauter Gong ertönte. KPD schaute auf seine Uhr. »Punkt 18 Uhr, auf Anatol ist Verlass.«

Da alle Eingeladenen hochgradig neugierig waren, füllte sich der Saal schnell. Das Ehepaar Elert verteilte am Eingang Champagner, sodass jeder außer mir einen Sektkelch in der Hand hielt.

Wie von selbst bildete sich ein Halbkreis um KPD und die Ludwigshafener Beamtin. Die Gespräche verstummten. Mein Chef merkte, dass er im Zentrum des Interesses stand. Mit fragendem Blick schaute er zu mir, doch ich ignorierte ihn. Ich genoss sichtlich die für ihn peinliche Situation. Keiner sagte ein Wort, alle warteten auf meinen Chef. Die Stille wurde unerträglich. KPD räusperte sich an einem Stück und wurde von Sekunde zu Sekunde nervöser. Schließlich erbarmte ich mich.

»Im Namen meines Vorgesetzten, Herrn Klaus Pierre Diefenbach, dem guten Dienststellenleiter der Kriminalinspektion Schifferstadt, darf ich Sie herzlich begrüßen.«

Wieder ließ ich eine peinliche Ruhepause entstehen. »Herr Diefenbach hat Sie eingeladen, um mit Ihnen über die unschönen Verbrechen der letzten Tage zu diskutieren, bei denen Sie ja alle irgendwie zumindest am Rande betroffen sind. Es freut mich, Ihnen mitteilen zu können, dass die Ermittlungen abgeschlossen sind und der oder die Täter feststehen.«

Während meiner Rede ließ ich meinen Blick schweifen, doch niemand reagierte ungewöhnlich. »Bei solch komplexen Ermittlungen wie diesen ist es häufig so, dass mehrere Aktivitäten miteinander verwoben sind. Fangen wir mit einem kleinen Randthema an.«

KPD nickte eifrig, obwohl er nicht die geringste Ahnung hatte, was nun kam.

»In einem ungenutzten Straßenbahntunnel neben dem Kreishaus wurde ein Bauingenieur erschossen. In der Nähe fanden wir ein Versteck mit zum Teil seltenen Gemälden. Bereits bei meinen Besuchen in der Kreisverwaltung habe ich in den Fluren und den Büros ebenfalls zahlreiche Bilder entdeckt, die nicht aussahen, als wären es billige Drucke.«

KPD nickte eifrig, obwohl die Informationen für ihn neu waren.

»Bei einer Recherche im Keller des Kreishauses wurde ein versteckter Raum entdeckt, der ebenfalls mit vielen Bildern bestückt war.« Mit Absicht sprach ich nicht in der Ich-Form, um meine Beteiligung möglichst gering zu halten. »Recherchen unserer Dienststelle haben ergeben, dass es einen Verbindungsflur zwischen diesen beiden Räumen gibt. Inzwischen ist klar, dass jemand versucht, die Kunstwerke aus der Kreisverwaltung über die Kellerräume und den Straßenbahntunnel zu entwenden. Die sichergestellten

Bilder wurden inzwischen grob geschätzt: Sie sind mehrere Millionen Euro wert. Hinzu kommen die Werke im Keller der Kreisverwaltung.«

KPDs Mimik versteinerte sich, auch wenn er weiterhin nickte.

»Hat dieser Dieb den Ingenieur getötet?«, fragte Clemens Körner aufgeregt.

»Ich bin gleich so weit. Nicht alle Werke sind wertvoll, aber die meisten. Trotzdem gelang es mir, äh, uns, herauszufinden, wer der Dieb sein muss.«

Nach einer spannungsfördernden Pause löste ich auf: »Paul Platz ist unser Mann. Er ist der gesuchte Dieb.«

»Ich?«, rief der Kulturermöglicher des Rhein-Pfalz-Kreises. »Wieso gerade ich?«

»Weil Sie sich selbst verraten haben«, erklärte ich ihm. »Sie wollten nicht nur die wertvollen Bilder außer Haus bringen, sondern auch die Werke einer gewissen Marina Popovic. Die Bilder dieser serbischen Künstlerin sind zwar alles andere als wertlos, aber in der monetären Bewertung reichen sie nicht an die anderen dran. Popovics Werke lagern seit einer Ausstellung vor ein paar Jahren in Schifferstadt ebenfalls in der Kreisverwaltung. Im Gegensatz zu den anderen Kunstwerken hätten Sie die Bilder von Marina Popovic ganz offiziell mitnehmen können, denn Popovic ist eine gute Bekannte von Ihnen!«

Paul Platz lief der Schweiß von der Stirn. Zittrig trat er vor. »Okay, okay, ich geb's ja zu. Aber den Ingenieur, den habe ich nicht erschossen.«

»Das werden wir noch herausfinden«, entgegnete ich. »War Geldgier das einzige Motiv, das Sie antrieb, Herr Platz?«

»Geldgier?«, schrie er. »Nein, es war doch ganz anders.«

Er verstummte und schaute zu dem Landrat. Dieser nickte kurz, während er beschämt zu Boden schaute.

»Ich habe das im Auftrag vom Landrat gemacht«, sagte Platz. »Wir haben vereinbart, die Bilder, die durch Erbschaften und Ähnliches in den Besitz der Kreisverwaltung gekommen sind, auf dem Graumarkt zu verkaufen, um damit den Etat für unser Großprojekt zu füllen.«

»Ja, das kann ich so bestätigen«, sagte Clemens Körner. »Das war sicherlich nicht richtig von uns, aber es war der einfachste Weg. Für Paul lege ich meine Hand ins Feuer, dass er den Bauingenieur nicht umgebracht hat.«

»Darum kümmern wir uns später. Wollen Sie uns erklären, welches Großprojekt Sie im Auge haben, Herr Körner?«

»Nein«, antwortete er selbstbewusst.

»Dann sage ich es«, konterte ich. »Mit dem Erlös des Gemäldeverkaufs wollen Sie eine neue Kreisverwaltung bei Altrip mitten im Naturschutzgebiet bauen. Es gibt sogar ein 3D-Modell des neuen Kreishauses.«

»Äh, ja, also«, stotterte der Landrat. »Das sind doch bisher alles reine Gedankenspiele. Außerdem steht die Finanzierung noch nicht.«

»Gedankenspiele, die schon recht weit gediehen sind«, legte ich nach. »Neben der Kreisverwaltung wollen Sie das Projekt ›Rheinquerung Altrip‹ unterstützen, das aufgrund der Notsituation mit den beiden Hochstraßen inzwischen neu priorisiert wurde. Damit und mit einer kräftigen finanziellen Spritze wollen Sie Ihre Kollegin Jutta Steinruck unterstützen. Weiß Frau Steinruck eigentlich, dass Sie als Zubringer zu der geplanten Rheinbrücke eine mautpflichtige Autobahn in eigener Regie planen? Nebst Ausfahrt zum Kreishaus?«

Der Landrat war inzwischen kreidebleich.

»Stimmt das, Herr Körner?«, fragte Steinruck streng.

Ein unmerkliches Nicken war die Antwort, doch ich war noch nicht fertig. »Außerdem soll die Erweiterung der Straßenbahnlinie 6 von Rheingönheim nicht nach Neuhofen führen, sondern zum neuen Kreishaus bei Altrip. Ich würde sagen, ein Gemauschel ohne Ende.«

»Und was ist mit meinem Hubschrauberlandeplatz auf meiner Dienststelle? Ich dachte, das ist längst genehmigt«, quatschte KPD zwischenrein.

»Ich sagte bereits, Gemauschel ohne Ende.« Wenn das die Presse erfahren würde.

Da die Grundlautstärke ziemlich zugenommen hatte, klatschte ich in die Hände. »Doch kommen wir jetzt zu der Hauptsache, nämlich den Morden.«

Sofort war es wieder mucksmäuschenstill.

»Entschuldigen Sie bitte den kleinen Ausflug in die Vergangenheit. Beim Bau der Pilzhochstraße in den 50er-Jahren hatte ein Konsortium diverser Fabriken seinen Giftmüll in Fässer abgefüllt und in den Hohlräumen der Hochstraße Süd gelagert. 20 Jahre später wurden die ersten Fässer undicht. Die zu diesem Zeitpunkt noch existierenden Unternehmen taten sich erneut zusammen und überführten die Fässer, nachdem sie kontrolliert wurden, in die damals neu gebaute Hochstraße Nord. Das hat ein gewisser Heiner Gruber mitbekommen. Er arbeitete bei der LUBEGE, einem Vorgängerunternehmen der Lukom. Einige von Ihnen werden es schon erraten haben: Die Knochen, die im Keller der Friedrich-Ebert-Halle gefunden wurden, stammen von Gruber. Er wurde damals eiskalt ermordet. Diese Tat wird wohl für immer unaufgeklärt bleiben.«

»Und was hat das mit heute zu tun?«, fragte die Oberbürgermeisterin.

»Alles«, antwortete ich. »Denn der Giftmüll ist der Schlüssel zur Lösung. Der Giftmüll steckt nämlich immer noch im Unterbau der Hochstraße Nord.«

Die meisten schauten mich mit großen Augen an.

»Es war doch hoffentlich nichts in der gesprengten Vorlandbrücke?«, fragte Dietmar Becker.

»Herr Becker, gerade sie als Krimiautor sollten wissen, dass dieser Teil der Ludwigshafener Brückenlandschaft der neueste ist. Die Vorlandbrücke wurde erst vor wenigen Jahren gebaut. Bei der Explosion gab es zwar eine extrem hohe Staubbelastung, vor giftigem Müll muss aber niemand Angst haben.«

Ich trank mein Pils leer, bevor es warm werden konnte.

»Das betrifft aber nicht die Fässer, die in der nördlichen Tangente liegen.«

»Dann hat das damalige Konsortium die Morde in Auftrag gegeben«, behauptete der Landrat.

Ich schüttelte den Kopf. »Das gibt es nicht mehr. Die meisten der Fabriken sind längst geschlossen, und das Wissen um die Fässer dürfte verloren gegangen sein. Es waren ja nur sehr wenige Personen eingeweiht. Nein, die Morde haben mit dem Konsortium nichts zu tun.«

Man konnte eine Stecknadel fallen hören, selbst KPD vergaß zu nicken.

»Bernhard Zuse, Mitarbeiter der Lukom und ein Kollege von Markus Lemberger und Yann Fürst kam bei einer Recherche den Fässern auf die Spur, was ihm zum Verhängnis wurde. Er entdeckte die Fässer, doch bevor er damit an die Öffentlichkeit gehen wollte, vertraute er sich seinen Kollegen an. Bei diesem Treffen hier im Turmrestaurant wurde er ermordet.«

Alle schauten Lemberger und Fürst an, als würden sie als Mörder feststehen.

»Außer Zuse wusste eine weitere Person von den Fässern. Und diese Person ist heute unter uns.«

Um die aufkommende Unruhe zu unterdrücken, klatschte ich ein weiteres Mal in die Hände. »Bernhard Zuse hatte, natürlich mit Genehmigung, vom Fenster des Büros unseres Herrn Platz Schadstoffmessungen unternommen. Bei diesem Termin erfuhr Paul Platz alles über die Geschichte der Fässer. Er wusste nun, dass er tagtäglich nur wenige Meter entfernt von einem Berg an hochgiftigem Müll arbeiten musste. Jetzt trieb ihn die Angst. Um alle Gemälde der Reihe nach unauffällig aus dem Gebäude schaffen zu können, benötigte er Zeit. Und die Kunstwerke verkauften sich nicht von selbst. Platz wusste, dass der Landrat erst dann das Okay für den Neubau geben würde, wenn das Geld durch den Verkauf der Werke in der Kasse war. Wenn Zuse nun die Polizei über den Giftmüll informiert hätte, hätte man unweigerlich auch die alten Tunnel untersucht und sein Bilderversteck entdeckt. Außerdem wusste er von Plänen zu Probebohrungen, die an der Hochstraße Nord anstanden. Mit seinem neuen Wissen, dass bei den Bohrungen unbemerkt giftige Gase austreten könnten, steigerte er sich noch mehr in Panik rein. Er musste alles dransetzen, dass die Hochstraße Nord für die nächste Zeit unbeachtet blieb. Darum hat Paul Platz über einen bezahlten Killer Bernhard Zuse im Turmrestaurant umbringen lassen.«

Jetzt war es gesagt. Markus Lemberger nickte zufrieden, die anderen waren über alle Maße erstaunt. Paul Platz gab sich locker. »Da bin ich mal auf die Beweise gespannt«, sagte er dreist.

Ich war noch nicht fertig. »Außerdem haben Sie den Killer bei Getränke-Bruch mit einem Granatwerfer getötet.«

Platz lachte auf. »Ich weiß nicht einmal, wie so ein Ding aussieht.«

»Oh doch«, erwiderte ich. »Das wissen Sie nur zu genau. Wir haben nicht nur die Verbindung zu Ihrer Bekannten Marina Popovic herausgefunden, sondern auch zu Ihrem Bruder, der bei der Bundeswehr für Bombenentschärfung als Kampfmittelabwehrfeldwebel zuständig war. Unsere Recherchen ergaben, dass Sie sich mit ihm regelmäßig in seinem Gasthaus ›Kreiter Bäsl‹ in Maudach zum Schorle trinken treffen. Und soll ich Ihnen noch etwas sagen: In der ehemaligen Einheit Ihres Bruders verschwanden vor ein paar Wochen größere Mengen an Sprengstoff sowie ein Granatwerfer. Kann das Zufall sein?«

»Paul hat die Vorlandbrücke gesprengt?«, fragte der Landrat überrascht.

»Ja, die auch«, bestätigte ich. »Sogar mit einem Zeitzünder, damit er ein Alibi hat. »Ob wir ihm auch den Mord an dem Bauingenieur nachweisen können, werden wir sehen. Sie sollten in Zukunft bei der Auswahl Ihrer Mitarbeiter besser aufpassen, Herr Körner.«

Der Gesichtsausdruck von Paul Platz hatte sich radikal geändert. »Ich habe Sie für einen Versager gehalten, Herr Palzki, so tölpelhaft, wie Sie bei uns im Kreishaus agiert haben. Wenn ich gewusst hätte, was Sie herausgefunden haben, wäre es ein Leichtes gewesen, Sie ebenfalls zu beseitigen. Genau wie diesen Ingenieur, der mir zufällig über den Weg gelaufen ist. Schießen habe ich bei meinem Bruder gelernt, genau wie die Sprengerfahrung.«

Wunderbar, dachte ich. Ein Geständnis, was wollte ich mehr.

»Dann wird Ihnen Herr Diefenbach nun die Handschellen anlegen.« Ich schaute zu meinem Chef. »Haben

Sie vielen Dank, Herr Diefenbach, dass Sie diese mörderische Geschichte so geschickt mit Ihrem Können aufgeklärt haben.«

Paul Platz ließ sich widerstandslos festnehmen. Lara Deuerling verkrümelte sich in die andere Ecke des Saals. Mit dieser Auflösung hatte sie bestimmt nicht gerechnet.

»Zum Schluss habe ich noch zwei kleine Hinweise an Herrn Körner und Frau Steinruck.«

Sofort herrschte wieder Ruhe. Selbst der Festgenommene sah mich neugierig an.

»Ich habe Paul Platz erwischt, wie er eine Lautsprecheranlage installierte. So weit, okay. Allerdings hat er gleichzeitig eine Mikrofonanlage installiert, um verdächtige Mitarbeiter auszuhorchen und im Auftrag von Herrn Körner die Stimmungslage wegen des Hochstraßenabrisses und eines Umzugs der Kreisverwaltung zu eruieren. Vielleicht sollten Sie diese Vorgehensweise noch mal überdenken.«

Ich wandte mich an die Oberbürgermeisterin. »Tut mir leid, dass ich für Sie keine bessere Nachricht habe. Neben dem ganzen Theater haben Sie nun zusätzlich das Problem mit den Giftfässern. Ich hoffe, dass alle Fässer dicht sind. Die Fledermäuse haben Sie Herrn Platz zu verdanken. Die Viecher waren nämlich letzte Woche noch nicht da.«

Müde verließ ich den Saal und ließ mir von Anatol Elert ein weiteres Pils einschenken. Von allen Seiten wurde ich beglückwünscht. Wenigstens konnte dieses Mal ich selbst die Lorbeeren ernten und nicht mein Chef. Nach und nach verabschiedeten sich alle Anwesenden und beteuerten unisono, dass sie von Anfang an Paul Platz in Verdacht hatten, sich aber nicht getraut hatten, dies offen zu sagen. Markus Lemberger war der Gewinner des Tages. Der Mord an seinem Kollegen war aufgeklärt, und mit seinem Tatverdächtigen hatte er richtiggelegen. Dennoch blieb er bescheiden und fragte mich, wann er mir das nächste Mal bei meinen Ermittlungen helfen könnte.

Ich wollte mich gerade zum Ausgang begeben, da rief KPD: »Wo wollen Sie hin, Palzki? Haben Sie schon gehört, ich werde von Frau Steinruck und Herrn Körner eine offizielle Belobigung erhalten. Herrn Platz hatte ich übrigens schon seit Anfang an in Verdacht, warum haben Sie nur so lange gebraucht, um ihn festzunageln? Wenn Sie ein bisschen flotter gearbeitet hätten, wäre die Vorlandbrücke nicht gesprengt worden.«

KPD war wieder der Alte. »Ach noch was, Palzki. Ich habe mich eben mit Dr. Metzger unterhalten. Er hat mich zu einem seiner Vorträge im Herzzentrum des Klinikums eingeladen, und Sie dürfen mich begleiten. Na, ist das nicht eine Überraschung für Sie?«

Hatte ich diesen Dämpfer zum Abschluss wirklich verdient? Wenn ich diesen Vortrag überlebe, werde ich das nächste Mal darüber berichten.

ENDE

WIE DIESER FALL ENTSTAND

Liebe Leserinnen, liebe Leser, liebe Palzki-Fans,

der vorliegende 19. Fall unseres Kommissars Palzki hat eine längere Entwicklungsgeschichte. Nicht ganz so lange wie der Bau des Berliner Flughafens, dennoch beschäftigte mich die Grundidee dieses Romans ein paar Jahre. Historisch Interessierte können sich vielleicht noch vage an den Fall, ich glaube es war Palzkis vierter, »Wassergeld« erinnern. Bereits in dem 2010 erschienenen Roman versuchte ein damals noch anonymer Landrat ein neues Kreishaus zwischen Altrip und Waldsee mitten im Naturschutzgebiet zu bauen. In diesem Zusammenhang notierte ich mir in meinem internen Palzki-Entwicklungsdokument (in dieser Word-Datei stehen zurzeit Ideen für die nächsten rund 400 Palzki-Romane), dass das Thema Altriper Rheinbrücke durchaus für einen zukünftigen Band geeignet sein könnte.

In den Folgejahren ergänzte ich den Grundgedanken um die jeweils aktuelle Berichterstattung bezüglich der Überquerungsalternativen des Rheins. Welcher Kurpfälzer erinnert sich nicht an die gefühlt jahrzehntelange Restaurierung der A 61-Rheinbrücke nördlich von Speyer und die dadurch vergeudete Lebenszeit im Stau? Böse Zungen behaupten hartnäckig, dass die Kosten der Baumaßnahme mehrfach durch die Erlöse der Radarfallen innerhalb der Baustelle eingespielt wurden.

Nicht ganz so extrem, aber dennoch heftig war die Dauerbaustelle an der A 6 nördlich von Ludwigshafen. Die Rheinbrücke ist inzwischen wieder frei, was man von dem daran anschließenden Stück auf badischer Seite nicht behaupten kann.

2018 der nächste Paukenschlag: Die einzige Rheinquerung bei Speyer, wenn man die A 61 außen vorlässt, muss für mehrere Jahre komplett gesperrt werden, da die einzelnen Arbeitsgänge sehr zeitaufwändig und nur nacheinander durchgeführt werden können. Ende 2019 stand dann fest, dass die Sperrung über ein Jahr länger dauern wird als geplant und die Bundesstraße voraussichtlich erst ab 2022 wieder befahrbar sein wird.

Die Palzki-Timeline im Jahr 2018 sah daher folgerichtig vor, Mitte des Jahres 2019 den Band »Hochstraßendesaster« (Arbeitstitel) zu veröffentlichen. Aus Krankheitsgründen musste dieser Fall kurze Zeit später auf den Sommer 2020 verschoben werden. Diese notwendige Entscheidung sollte sich als vorteilhaft erweisen. Das ursprüngliche Exposé sah nämlich vor, dass während der Vorbereitungen des Abrisses der Hochstraße Nord ein Attentäter Teile der Pilzhochstraße in die Luft sprengte. Da der Roman zum Zeitpunkt des Erscheinens spielt, wäre das ein bisschen blöd gewesen. Wie soll eine Hochstraße gesprengt werden, wenn sie in den Monaten vorher abgerissen wird? Ich sah meine Reputation als Schriftsteller gefährdet. Niemand würde mir mehr meine Geschichten glauben, die ich stets mit der höchstmöglichen Authentizität anlege.

Ich änderte das Exposé zum ersten Mal. Dann kam im Herbst die Sperrung der Südtangente. Noch konnten die Straßenbahnen fahren und die Autos und Fußgänger unter der Pilzhochstraße hindurchkommen. Dann der nächste Schock: Wegen Baufälligkeit durfte niemand mehr auch nur in die Nähe des Bauwerks kommen, was dem damals aktu-

ellen Exposé (Version 8.2) in mehreren Punkten zuwider-
lief. Von nun an beobachtete ich, längst tief in der Schreib-
phase steckend, täglich die Situation. Wie würde die Lage im
Sommer 2020 sein? Würde die Pilzhochstraße, wie anfangs
gemunkelt wurde, erst in einigen Jahren abgerissen sein?
Letztendlich entschied ich mich für eine meiner Meinung
nach vernünftige Konstellation: Im Sommer 2020 werden,
vorbehaltlich der Genehmigung notwendiger Baumfällun-
gen und eventuellen Umsiedlungen von Fledermaus- und
Käferpopulationen die Durchgänge der Hochstraße Süd
abgerissen sein, sodass der innerstädtische Verkehr wieder
wie vorher fließen kann. Die restlichen Teilstücke der Hochstraße werden im Laufe des Jahres 2020 folgen.

Ich weiß, dass für das nördliche Gegenstück alles Erdenk-
liche getan wird, um den kompletten Verkehr der nächsten
Jahre aufzunehmen. Statisch scheint alles im grünen Bereich
zu sein, doch garantieren kann dies niemand. Auch wenn
in Krimis (selbstverständlich niemals in der Palzki-Reihe)
häufig übertriebene und unrealistische Szenarien beschrieben werden, so hoffe ich sehr, dass die (Pfälzer) Bausünden
der Vergangenheit ein glückliches Ende nehmen. Außerdem handelt es sich eigentlich nicht um Bausünden, da zur
damaligen Bauzeit mit weniger als einem Zehntel des heuti-
gen Verkehrs und wesentlich leichteren Fahrzeugen geplant
wurde.

Sie fragen sich, was mit dem Ludwigshafener Rathaus
und der Friedrich-Ebert-Halle passiert? Woher soll ich das
wissen? Wahrscheinlich sind Sie jetzt, im Sommer 2020 oder
später, durch die aktuelle Berichterstattung längst schlauer
als ich im Moment beim Schreiben dieser Zeilen. Kurz vor
Abgabe des Manuskriptes kam die Nachricht, dass das Einkaufszentrum im Rathauscenter komplett geschlossen wird.

Ob der Rathausturm saniert oder abgerissen wird, soll nach einer Prüfung im Sommer 2020 bekanntgegeben werden.

Ob inzwischen der Standort der neuen Kreisverwaltung feststeht, weiß ich auch nicht. Die im vorliegenden Roman genannten möglichen Standorte entspringen allesamt meiner Fantasie. Es wäre reiner Zufall, wenn sich eine dieser Thesen bewahrheiten sollte ...

Streng vertraulicher Nachsatz: Ein Vöglein hat mir zugezwitschert, dass das neue Kreishaus entweder in Rheingönheim oder in Schifferstadt auf dem Gelände der ehemaligen Bereitschaftspolizei entstehen wird. Mal schauen, ob das Vöglein recht hat.

DANKSAGUNG

Der Roman konnte auch dieses Mal nur durch Mithilfe vieler hilfreicher Menschen entstehen. Wo ich auch hinkam, wurde ich bereitwillig mit Informationen versorgt. Mein Dank gilt (Nennung in zufälliger Reihenfolge):

Markus Lemberger und seinem Arbeitskollegen Yann Fürst von der Lukom. Markus versorgte mich nicht nur mit besonders vielen Hintergrundinformationen. Seine Fantasie scheint grenzenlos zu sein. Einige Ideen des Romans fußen auf seinen Ideen. Ich bin mir sicher: Wenn er wollte, könnte er ein richtig guter Kriminalschriftsteller werden. In kleineren Rollen mischen auch Markus´ Kollegen Dieter Jung und Michael Hwasta in dem Krimi mit.

Wenn Sie sich über die Lukom informieren möchten: https://www.lukom.com/

Danke auch an den Kulturermöglicher des Rhein-Pfalz-Kreises Paul Platz. Bei unseren Recherchegesprächen war Lara Deuerling dabei, die zu der Zeit ein Freiwilliges Kulturelles Jahr absolvierte. Ich bin mir sicher, dass sich beide riesig über die Aufnahme im Palzkiversum freuen. Auch Paul Platz bereicherte den Krimi mit vielen Ideen. Es entspricht übrigens der Tatsache, dass die serbische Künstlerin Marina Popovic eine gute Bekannte von ihm ist. Und auch der Raum im Keller, in dem einige Gemälde aufbewahrt werden, existiert wirklich. Die genaue Ortsbeschreibung entstammt zum Teil der schriftstellerischen Fantasie.

Falls Sie sich mal bei der Kreisverwaltung umschauen wollen, und wenn es nur für die Sperrmüllanmeldung ist: https://www.rhein-pfalz-kreis.de/kv_rpk/

Und hier ein paar Informationen zu Marina Popovic:

Marina Popovic, geboren 1976 in Belgrad, Professorin am Lehrstuhl für Malerei an der Universität in Novi Sad, lässt in ihrer künstlerischen Arbeit geballte energiegeladene Bilder und Collagen entstehen. Die Künstlerin ordnet und komponiert mit Farben, Kontrasten, Linien und geometrischen Formen. Marina Popovic schafft abstrakte Malerei, ihre Farbkompositionen mit Flächenauffüllung sind der Ausdruck eruptiv empfundener Gedanken und Emotionen sowie in Struktur gebrachter Träume.

Anatol Elert, der Pächter des Turmrestaurants im Ebertpark, stellt so etwas wie den Beginn und das Ende der Geschichte dar. Es hat viel Spaß gemacht, gemeinsam mit Anatol die letzten Ecken des Restaurants zu erkunden. Verbinden Sie einen Besuch bei Anatol mit einem Spaziergang im Ebertpark.

https://www.turmrestaurant.de/

Manfred Storck, Presbyter und Organisator der Friedenskirche ist bereits zum dritten Mal mit von der Partie. Vermutlich liegt es an dem mystischen Flair der Kirche, dass es Palzki immer wieder an diesen etwas verwunschenen Ort zieht.

https://www.friedenskirche-lu.de/

Danke auch an ein weiteres Ludwigshafener Original: Jochen Bruch, zusammen mit seinem Bruder Helmut Geschäftsführer des Getränkeimperiums Bruch, stellte gemeinsam mit seiner Frau Doris nicht nur wieder einmal das Firmengelände für ein furchtbares Verbrechen zur Verfügung: Mit einem niemals endenden Repertoire an (nicht immer gelungenen) Witzen malträtiert oder begeistert (je nach Sichtweise) er seine Kunden und sein komplettes soziales Umfeld. Auch dieses Mal konnte ich wieder mehrere seiner Ideen im Roman unterbringen. Danke, dass ihr beiden mitgespielt habt.

https://allesgehtzubruch.de/

Besonderen Spaß hat es mir gemacht, dass Clemens Körner, der Landrat des Rhein-Pfalz-Kreises, in einer Realrolle mitspielt. Kurze Zeit nach Erscheinen des Falles »Wassergeld« erzählte er mir, wie begeistert er von der Geschichte sei, in der der anonyme Landrat mitten im Naturschutzgebiet eine neue Kreisverwaltung bauen lassen wollte. Na ja, dachte ich mir dreist, das kann man durchaus noch toppen, wie der vorliegende Band zeigt.

https://www.rhein-pfalz-kreis.de/kv_rpk/

Vielen Dank an die Oberbürgermeisterin von Ludwigshafen, Jutta Steinruck, die trotz der mannigfaltigen Probleme und Aufgaben, die ihr Job mit sich bringt, ihren Humor nicht verloren hat und bei dieser fast unglaublichen Geschichte mitspielt. Hier finden Sie alles über Ludwigshafen:

https://www.ludwigshafen.de/

Mein Dank geht auch an Martin Kempf, der bei der Premierenlesung zu dem Thriller NAFD im Pfalzbau Ludwigshafen eine Echtrolle gewonnen hat. Ich hoffe, du bist mit deiner Statiker-Rolle zufrieden.

Gunter Engler, das zu klein geratene Sean-Connery-Double, begleitet die Palzki-Reihe seit dem Band »Sagenreich«. Nach einem Auftritt in der Stadtbücherei Frankenthal überzeugte er mich davon, dass nur er weiß, wo der sagenhafte Nibelungenschatz liegt. Und was soll ich sagen: Er hatte recht. Gunter ist außerdem zu einem unverzichtbaren Rechercheur der Krimireihe geworden. Er ist quasi der lebende Jürgen, auch wenn er verheiratet ist und nicht mehr bei seiner Mama wohnt.

Günter Wallmen, Notarzt und Chirurg aus Speyer, ist für die Palzki-Reihe ein weiterer Glücksgriff. Als ich ihn im Vorfeld des Bandes »Hambacher Frühling« für eine Echtrolle ausloste, glaubte ich zunächst nicht, an einen echten Arzt geraten zu sein. Inzwischen dürfen Günter und sein (vermutlich) erfundenes Pendant Dr. Metzger in keinem Band fehlen. Günter liefert mir ständig dermaßen viele abstruse medizinische Quacksalber-Ideen, dass ich bereits überlege, eine eigene Doktor-Metzger-Reihe zu schreiben. Auf jeden Fall wird Günter auch in Zukunft als Metzgers Lehrling auftreten.

Steffen Boiselle ist ein weiterer Stammgast der Palzki-Reihe. Zeitungsleser kennen seine wöchentlichen Cartoons in der Rheinpfalz am Sonntag. In seinem Verlag finden Sie alles rund um den 100 Prozent PÄLZER!, reinschauen lohnt sich. Falls Sie vorhaben, demnächst (wieder mal) zu heiraten: Als Hochzeitszeichner ist Steffen viel gebucht!
https://www.agiro.de/

Björn Wojtaszewski suchen Sie im Roman erfolglos. Bisher hatte er nur einmal einen Auftritt: im dritten Band »Erfindergeist«, der im Holiday Park spielt. Doch seitdem begleitet mich Björn bei zahlreichen Buchprojekten und stellt häufig die Schnittstelle zwischen mitspielenden Unternehmen wie zum Beispiel der Erzeugergemeinschaft Pfälzer Grumbeeren oder der Salatmanufaktur NAFA und dem Autor dar. Die von ihm organisierten Pressegespräche sind legendär.

UND JETZT NOCH EIN PAAR SÄTZE ZUR ZUKUNFT:

Mehr als 100 real lebende begeisterte Menschen haben inzwischen in mindestens einem der Palzki-Romane Einzug erhalten. Sie sind damit unsterblich geworden. Zumindest literarisch. Immerhin ein erster Anfang.

Falls Sie dem immer größer werdenden Heer der Palzkianer folgen und im Palzkiversum aufgenommen werden wollen, so verrate ich Ihnen eine Möglichkeit dazu: Auf der Palzki-Internetseite www.palzki.de können Sie sich unverbindlich für einen Palzki-Newsletter anmelden. Etwa alle zwei Monate erhalten Sie auf elektronischem Weg News zum Palzkiversum. In jedem Newsletter gibt es die Möglichkeit, sich kostenlos für eine Echtrolle vormerken zu lassen. Sie müssen dazu nicht mehr tun, als eine kurze E-Mail zu schreiben. Und wenn Ihnen das Glück hold ist, dann melde ich mich eines Tages, und Sie sind dabei. Was das kostet: natürlich nichts – oder wie der Pfälzer sagt: Alles fer umme!

Für die Newsletter-Leser habe ich aber noch einen besonderen Bonbon:

In der Tageszeitung DIE RHEINPFALZ und mehreren Kundenmagazinen veröffentliche ich seit vielen Jahren Ratekrimis mit dem Kommissar Palzki. Weit über 250 Folgen sind bisher erschienen. Hinzu kommen mehr als 100 Ratekrimis der Palzki-Kids, die in der Freizeitbeilage Leo erschienen sind. In einem Digitalisierungsprojekt habe ich inzwischen rund 150 dieser Ratekrimis digitalisiert und in meiner Internetcloud hochgeladen. Im Palzki-Newsletter veröffentliche ich regelmäßig einen Direktlink zu diesen Krimis. Ohne Wenn und Aber dürfen Sie diese 150 Ratekrimis kostenlos herunterladen und im privaten Umfeld auch gerne weitergeben. Nur eine gewerbliche oder kommerzielle Nutzung muss ich leider untersagen. Ich habe aber nichts dagegen, wenn die Ratekrimis, wie es teilweise bereits gemacht wird, in Altersheimen oder in Wohnheimen für Menschen mit Behinderungen zur Unterhaltung genutzt werden. Auch Lehrer haben sich bei mir gemeldet, die die Ratekrimis im Schulunterricht nutzen, und zwar sowohl die »Erwachsenen-Palzkis« in den höheren Klassen als auch die Palzki-Kids in den Grundschulen.

Wenn Sie die Ratekrimis lesen und mitraten möchten, aber kein Interesse an dem Newsletter haben: Eine kurze E-Mail reicht, dann verschicke ich den Link auch ohne Anmeldung. Sie dürfen gerne anonym bleiben. Und das alles ohne einen Hinweis auf die Datenschutzgrundverordnung …

Ich hoffe, dass Sie dem Palzkiversum gewogen bleiben!
Viele kriminelle Grüße
Harald Schneider
http://www.palzki.de/

BONUS 1 RATEKRIMI
PALZKI UND DER FINGIERTE ÜBERFALL

Es hätte so ein schöner Tag werden können.

Meine Berufswahl hatte ich ganz bewusst getroffen. Polizist wollte ich schon als Kind werden, aber ein besonderer! Einer, der jeden Tag Verbrecher fängt und das Leben der Bevölkerung angenehmer und vor allem gefahrloser macht. Bevor ich das erste Mal heimlich einen Krimi im TV gesehen hatte, waren die schlimmsten Verbrechen, die ich mir als Kind vorstellen konnte, Dinge wie Taschengelddiebstahl und Raufereien auf dem Schulhof. Meine Fantasie reichte gerade noch bis zu Wohnungseinbrüchen, natürlich ohne verletzte Personen.

Das Älterwerden erweiterte schließlich meinen kriminalistischen Horizont immens. Das Wissen nahm zu, und die Naivität sank auf ein Minimum. So standen eines Tages die Aufklärung von Mord und Totschlag auf meiner Berufsagenda. Da sich mit zunehmendem Alter eine gewisse Bequemlichkeit ins Leben einschleicht, wird es immer schwieriger, diese Komfortzone zu verlassen. Bei meiner beruflichen Weiterentwicklung spielte dies keine Rolle mehr, da ich mich längst auf eine Karriere bei der Kriminalpolizei spezialisiert hatte. Schnell erkannte ich anhand der eingängigen Statistiken, dass eine Beschränkung auf Kapitalverbrechen am ehesten Sinn machte, da dort die Fallzahlen erfreulich niedrig lagen. Natürlich war mir bewusst, dass die Aufklärung eines Mordes einen höheren Zeitbedarf begründete, doch hier war Abwechslung das Zauberwort. Täglich Bagatellfälle auf dem Schreibtisch abarbeiten und in Standardformularen an den Staatsanwalt weiterleiten, der die mühevolle Arbeit dann regelmäßig wegen fehlenden öffentlichen Interesses einstellte, dies war nicht meine Welt.

Mir machte meine Arbeit viel Spaß, auch wenn man dabei allerlei grausame Details der Gesellschaft kennenlernte. Nur an den heißesten Tagen des Jahres, meist im August, ging die Anzahl der Kapitalverbrechen schlagartig zurück. Die Gründe waren unbekannt, vielleicht sonnten sich die potenziellen Täter auch lieber im Freibad und schlugen dafür in der Weihnachtszeit zu, der statistisch gesehen brutalsten Jahreszeit.

Klar, wir nutzten die Zeit der Unterbeschäftigung für Urlaub oder immer wieder aufgeschobene Arbeiten wie das Entkalken der Kaffeemaschine, doch leider wusste auch KPD, wie wir unseren Dienstleiter Klaus P. Diefenbach nannten, von dieser verbrechensarmen Zeit.

Trotz brutalster Außentemperaturen musste ich heute einem einfachen Fall von Taschendiebstahl nachgehen. Ein im Büro geschriebener Bericht über die aufgegebene Anzeige hätte normalerweise bei solchen Unwichtigkeiten genügt. Doch KPD drängte mich, das Opfer Marius Emmer zu Hause aufzusuchen.

Seine Zweizimmerwohnung im ersten Obergeschoss eines Mehrfamilienhauses in Böhl war sehr spartanisch ausgestattet. An den Decken hingen nackte Glühbirnen in hohen Wattstufen, die längst nicht mehr hergestellt werden durften. Die komplette Wohnung war mit Raufaser tapeziert und der Boden mit Billig-PVC ausgelegt.

»Das wird auch Zeit, dass Sie kommen, Herr Palzki«, begrüßte mich Emmer aufgebracht. »Ich muss eine Kopie

Ihres Berichtes so schnell wie möglich an die Versicherung schicken, damit ich meinen Schaden ersetzt bekomme. Zum Glück bin ich gegen alles Mögliche versichert.« Ich schaute kurz auf meinen Notizzettel. »Ihnen wurden also auf dem Rückweg von der Sparkasse 20.000 € gestohlen, ist das richtig?« Marius Emmer nickte wie ein Wackeldackel. »Nicht nur das Geld, Herr Palzki! Die maskierte Person, es war wahrscheinlich ein kräftiger junger Mann, hat mir meine Tasche aus der Hand gerissen und ist damit verduftet. Da waren nicht nur die 20.000 Euro drin, sondern meine ganzen Papiere und Schlüssel. Außerdem eine ganz besondere Brosche, die mich an meine verstorbene Frau erinnert. Das ist besonders schmerzhaft für mich.«

»Warum haben Sie so viel Geld abgehoben? Hat etwa ein vermeintlicher Enkel angerufen und Ihnen von einer außerordentlichen Notlage erzählt?«

Emmer schüttelte energisch den Kopf. »Ich falle doch nicht auf einen Enkeltrick herein. Ich wollte mir heute ein neues Auto kaufen und bar bezahlen.« Seine Aussage entsprach exakt meinen Unterlagen.

»Sie sind im Park überfallen worden. Haben Sie gesehen, ob die vermummte Person Sie vorher verfolgt hat?«

»Davon habe ich leider nichts mitbekommen, Herr Palzki. Nachdem dieser Gauner mit meiner Tasche verschwunden ist, bin ich nach Hause gelaufen und habe von dort aus die Polizei angerufen.«

»Aha«, antwortete ich genervt. »Ich glaube Ihnen auf jeden Fall kein Wort. Sie haben den Überfall fingiert, da bin ich mir sicher.«

Frage: Was ist Palzki aufgefallen?

BONUS 2 RATEKRIMI
PALZKI UND DER CHEFKOCH

Es hätte so ein schöner Tag werden können.

Der Juni endete mit einer grandiosen Hitzewelle, so heiß war schon seit Jahrzehnten kein Juni mehr gewesen. Leider brachte auch der Beginn des Folgemonats keine wesentliche Besserung: Die Wetterprognosen lagen auch für die nächsten Tage rekordverdächtig hoch. Unser Rasen sah aus wie die Sahara und selbst meine Frau Stefanie verzichtete aufgrund der extremen Wetterlage darauf, mir einen Auftrag zur Bewässerung des Gartens zu erteilen. Zuhause hatte ich mir vor Jahren ein kleines privates Büro im Keller eingerichtet, das ich bisher mangels Büroarbeiten nur homöopathisch nutzte, aber zurzeit aufgrund der angenehmen Raumkühle als Rückzugsort hervorragend geeignet war. Die Betonung lag auf dem Wörtchen ›war‹, da meine Frau die Vorzüge des Kellers ebenfalls entdeckte und dort seitdem ihre Bügelwäsche abarbeitete, natürlich mit dem entsprechenden Dampfdruckgerät.

Im Büro auf meiner Dienststelle war es fast nicht mehr auszuhalten. Das lag zum einen an meinem Chef KPD, wie wir den Dienststellenleiter Klaus P. Diefenbach nannten. Dies war ein Dauerzustand, den es unabhängig von der Wetterlage immer auszuhalten galt. Zum anderen lag mein Büro ausgerechnet auf der Südseite und durch das beschattungslose Panoramafenster knallte die Sonne erbarmungslos auf mich nieder, selbst das Furnier der Schreibtischplatte bekam erste Brandblasen. Unser Chef hatte es natürlich besser: Für seine überdimensionierte Klimaanlage, die sein riesiges Großraumbüro auf gefühlt knapp über den Gefrierpunkt abkühlte, hatte er den Stromanschluss der Dienststelle verstärken lassen müssen. Nach Information des Hausmeisters benötigte unsere Dienststelle im Sommer mehr Strom als die Rheingalerie.

Bisher war ich alles andere als froh gewesen, wenn KPD mich in sein Büro bestellt hatte, da es immer mit etwas Unheilvollem verbunden war. Und so war es auch dieses Mal, glücklicherweise konnte ich mich so ein paar Minuten lang arktischen Temperaturen aussetzen, die es sonst nur in den Gefriertruhen der Supermärkte gab.

»Herr Palzki«, begrüßte mich KPD, der einen schicken Schurwollanzug und ein langärmliges Hemd trug. »In der Arrestzelle sitzt Georg Daun. Gehen Sie runter und überprüfen Sie sein Alibi. Das ist extrem wichtig für mich, machen Sie es deshalb sofort und danach melden Sie sich bei mir zum Rapport.«

Mir blieb nichts anderes übrig, als zur Arrestzelle ins Untergeschoss zu gehen. Temperaturmäßig war es nicht ganz so unangenehm wie oben in meinem aufgeheizten Büro. Georg Daun war Chefkoch und Inhaber des Ausfluglokals ›Zum wilden Hirsch‹ in Edigheim. Daun konnte sich durchaus über eine steigende Beliebtheit seines Etablissements freuen, was an seiner exzellenten Kochkunst lag. KPD pflegte regelmäßig bei ihm zu speisen, aus diesem Grund hatte mein Chef mir die Vernehmung aufgedrückt. Georg Daun hatte nämlich mutmaßlich eine weitere Passion: Einbrüche in gehobenen Einfamilienhäusern. Erst der Zufall brachte es ans Tageslicht, dass die Besitzer der ausgeraubten Wohnungen zur Einbruchszeit stets im wilden Hirsch speisten. Der Verdacht fiel daraufhin schnell auf Daun, doch dieser präsentierte stets stich- und hiebfeste Alibis. Vor zwei Tagen kam es zum bisher letzten Einbruch dieser Art, der exakt in das gleiche Schema passte. Ich konfrontierte Daun mit diesem Fall. »Ich hoffe für Sie, dass Sie wieder ein erstklassiges Alibi haben. Sie können sicher sein, dass ich es äußerst penibel überprüfen werde.« Der Chefkoch lächelte siegessicher. »Aber Herr Palzki, hat sich mein Alibi in der Vergangenheit ein einziges Mal als falsch erwiesen? Warum glauben Sie und Herr Diefenbach mir nicht, dass ich unmöglich Ihr gesuchter Täter sein kann.« Nach einem fetten Grinsen legte er los: »Zu der Zeit, als der Einbruch geschah, war ich auf dem Wochenmarkt und habe dort frischen Spargel und Radieschen gekauft. Sie wissen ja, dass ich meine Ware tagesfrisch beziehe. Manchmal fehlt etwas, das besorge ich dann höchstpersönlich auf dem Markt, denn ich achte sehr auf Qualität.« Ich starrte ihn provozierend an. »Können Sie mir Zeugen nennen, die Sie auf dem Wochenmarkt gesehen haben?« »Aber Herr Palzki«, antwortete Daun. »Mich haben jede Menge Leute gesehen, ob die sich jedoch an mich erinnern, kann ich natürlich nicht sagen, das ist aber schließlich Ihre Aufgabe.« Bisher war ich mit der ganzen Befragung alles andere als zufrieden. »Selbst die Marktbeschicker werden sich wahrscheinlich kaum daran erinnern können, an welchem Tag Sie dort etwas gekauft haben oder nicht.« Daun sah mich frech an. »Das ist nicht mein Problem, Herr Palzki!«

Ich baute mich provozierend vor ihm auf. »Dieses Mal haben Sie es eindeutig zu weit getrieben, Herr Daun. Ihr Alibi ist auf jeden Fall falsch.«

Frage: Wo hat Georg Daun gelogen?

Hauptkommissar Palzki ermittelt:

GMEINER SPANNUNG

WWW.GMEINER-VERLAG.DE
Wir machen's spannend